安徽省“十二五”重点图书出版物出版规划项目

曹禺晚年年谱

曹树钧 编著

北京师范大学出版集团
BEIJING NORMAL UNIVERSITY PUBLISHING GROUP
安徽大学出版社

图书在版编目(CIP)数据

曹禺晚年年谱/曹树钧编著. —合肥:安徽大学出版社,2016.5
ISBN 978-7-5664-1060-3

Ⅰ. ①曹… Ⅱ. ①曹… Ⅲ. ①曹禺(1910~1996)—年谱 Ⅳ. ①K825.6

中国版本图书馆 CIP 数据核字(2016)第 005281 号

曹禺晚年年谱

CAOYU WANNIAN NIANPU

曹树钧 编著

出版发行:北京师范大学出版集团
安 徽 大 学 出 版 社
(安徽省合肥市肥西路 3 号 邮编 230039)
www.bnupg.com.cn
www.ahupress.com.cn

印　　刷:安徽新华印刷股份有限公司
经　　销:全国新华书店
开　　本:170 mm×240 mm
印　　张:17
字　　数:248 千字
版　　次:2016 年 5 月第 1 版
印　　次:2016 年 5 月第 1 次印刷
定　　价:30.00 元
ISBN 978-7-5664-1060-3

策划编辑:刘金凤
责任编辑:刘金凤
责任校对:程中业

装帧设计:李　军
美术编辑:李　军
责任印制:李　军

曹禺与家人合影

曹树钧与曹禺家人合影

曹树钧到医院探望曹禺

曹树钧到医院探望曹禺家人

在答[illegible]上作的答复（之一）

四、您在清华学习期间阅读的《浮士德》剧本是英文本，还是德文本？ 并未读完，是英文本。

五、1929年，熊佛西主持的戏剧系首届毕业生曾赴清华演出，不知您有没有看过他们的演出？ 没有。

六、北平剧联组织新球等四剧社联合在清华大学公演，据有关文章说，您曾热情接待并与后台帮助他们化妆，此事发生在哪一年？ 这是不确的。这件事可向孙浩然同志问去。

七、话剧《财狂》，佟荔说是在1935年冬演出，您的同学成己在一文中说是在1934年演出，是否此剧曾演出过两次？

八、《雷雨》发表前，有人认为是个"坏得不能再坏的剧本"，他们的主要观点是什么？ 大约是乱伦、伤风化等。

九、您写《日出》前，曾到五台山、太原游览过一次，大约在哪一年？ 约在一九三一，或三二年

十、《原野》的素材除来源于段妈的叙述外，其他还有什么出处？幼年您是否到农村访问过或住过若干时候？

十一、《原野》最初发表在巴金的《文学月刊》上，不是发表在《文丛》一卷二期上？ 可问北京[illegible]唐弢等同志会明白

十二、赵丹在一九[illegible]年曾[illegible]您[illegible]《原野》[illegible]，后来此剧如期演出没有？ 我在一九三七年夏到[illegible]与[illegible]等[illegible]上谈过。他们一直在[illegible]，直到七七事变后[illegible]。

十三、1936年[illegible]上[illegible]，您在这一年曾译出《镀金》，

答(十)题：关于农村破了产农民逃荒、农民在街头受饿逃荒，我也在天津、北平街上，我[illegible]周的[illegible]的女仆[illegible]知道了[illegible]同学的谈话中也知道。不少。我也眼看见过天津、北京农民逃荒的悲惨情况。但我未到农村体验生活。我只见过附近农村调查、还不了解生活面貌。

在曹禺的教授以上问题答后（之二）

这都可能。

并由国立戏剧学校在全国巡回演出，此说是否确实？

十四、一位日本朋友说1937年春他曾看过无声片《雷雨》，不知此说是否准确，您的《雷雨》在抗战前有没有拍成电影？ 这是可能的，听说有上海拍的，但我未看到。

十五、抗战期间，您在国立剧专除了导演过《日出》、《前方吃紧，后方紧吃》外，此外还导演过哪些剧目？记不得。

十六、1943年您在中央大学（复旦大学？）中文系讲学，讲题或内容是什么？ 谈的，想都是关于写剧问题，只好请问听过的人。

十七、1947年上半年，您在上海实验戏剧学校担任过哪些课程？除在研究班讲课外，有没有在表演科、舞美科等科上过课？您在此校任教时间前后共有几年？至多半年。

没有，但真实我记不得了。

好像是《剧本选读》或编剧

十八、在中央戏剧学院，您除为进修班讲课外，对本科学生有没有讲过课，讲过哪些课？ 我记得只讲过几小时，（讲过一次写作经验）

以上问题，敬请赐教。

结合《中国话剧史》的教学和科研工作，我选择您的作品，准备从中国话剧发展史的角度进行较系统的学习和探讨，并想从编写较详的《年表》、《年谱》开始。目前，《年表》编写暂告一段落，紧接着开始《年谱》（预计十五万字左右）的编写工作。在编写《年谱》的过程中，

让儿童采了生活里的玫瑰
也采了她的刺。让儿童也
学会思索，未经思索的
生活是不值得过的。

中国福利会
儿童艺术剧院四十周年

一九八七年
四月十日 曹禺

树铭兄：

惠函及赠书均收到。足下的人品与文品，俱臻上乘，为近世所罕见，我能有你这样的朋友，乃一大幸事，恨我已老，不能更多请益耳。

丰翁这样的高情逸才，真值得我们重视和珍爱。你在弘扬丰老作品的精神与成就方面做了很多别人所没能做到的工作，不但是丰老的功臣，而是中国人民的功臣，我谨在此向你真诚致敬，愿你今后在这方面能作出更多更大的贡献。年老手颤，潦草乞谅。

敬礼！

钱谷融

29日

自序

ZIXU

曹禺年谱是曹禺生平研究的基础工程，完整的曹禺年谱需要海内外曹禺研究学者通力合作，才能逐步完善。

笔者对曹禺研究开始于1962年，即在上海戏剧学院戏剧文学系撰写毕业论文期间。而关于《曹禺晚年年谱》的写作，则始于1980年，其间曾先后发表过《曹禺年表》《曹禺生平纪事》。后因为熊佛西研究，1986年、1994年两届莎士比亚戏剧节工作的插入，以及教授“中国话剧史”“中外名剧选读”等课程，资料虽然一直在收集，但撰写工作被迫推迟。

随着曹禺研究在全国的深入，先后有两部《曹禺年谱》问世，为曹禺研究提供了有益的参考。但由于资料的局限和其他种种原因，现有的《曹禺年谱》遗漏甚多，有不少甚至是重大的遗漏。

曹禺研究要想向纵深发展，本人认为研究者应树立一种基本观点：坚持“平视”“俯视”，反对“仰视”。

“平视”就是将剧作家、文化名人作为一个活生生的人来研究。既然是人，就人无完人，金无足赤。因此，研究者应该实事求是地撰写、评价剧作家。“俯视”就是将剧作家、文化名人放在一定的历史环境中去撰写、去评述。“仰视”就是神化剧作家、文化名人，将剧作家、文化名人，尤其是伟大的剧作家当作“神”来膜拜，这是一种唯心的观点。

曹禺在人生道路上也有失误和困惑，曹禺研究者必须全面地、实事求是地评价和撰写曹禺。在充分肯定他艺术作品的成就和历史地位的同时，不能“为尊者讳”，讳言他的缺点和不足。只有这样，才能真实地展现曹禺人生道路上的曲折和心路历程，才能真实、全面地揭示出曹禺复杂的性格。

本人从事曹禺研究50年，深感名人既有他的伟大之处，也有他的无奈之处，甚至有时不得不做违心之事、发违心之言。1987年夏，本人专程赴北京采访曹禺前妻郑秀和他的长女万黛（曹禺和郑秀所生）时，有一次坦诚的交谈。我尊敬曹禺先生、敬佩他的才华，学习并研究他的创作。但我并不是将他作为神来研究的。曹禺也是人，是人就有他的长处、优点、强项，也有他的短处、缺点、弱项，甚至会犯错误。然而正因为如此，这样的人才是真实的、活生生的人。万黛赞同我的观点，她说：“我爱我的父亲，但我也明显感觉到经过十年动乱之后，他也不像以前那么真诚了。他的灵魂也有些扭曲了。”

研究曹禺的创作道路，能不能坚持“平视”，反对“仰视”，能不能实事求是地坚持真理，是曹禺研究中的一个很重要的问题。这是因为在实际生活中，往往有许多唯心的、机械唯物论的观点在阻碍我们对曹禺的生平、创作心态做实事求是的、全面的、真实的反映，它需要研究者有坚持真理的勇气和胆识。

本人力图以这样的理念来撰写曹禺年谱。曹禺的晚年更是近年来研究者关注的一个重点。为了将曹禺研究建立在更加扎实的基础之上，本人决定按由近及远的方法，先写一本《曹禺晚年年谱》，然后分阶段完成全谱。

“登高壮观天地间，大江茫茫去不还”。本人深信，锲而不舍，踏实治学，对曹禺年谱的研究定会迈上一个新的台阶。

曹树钧

2015年6月

目录

MULU

本谱

高山景行得天下
英才而教育之
伯苓校長誕辰一百一十週年紀念
受業
萬家寶敬頌
一九八六、三月廿日

曹禺晚年年谱上编

1966～1989

1966年,56岁

5月16日,中共中央发出《五一六通知》,“文化大革命”开始全面启动。

7月初,“文化大革命”已经开始,但曹禺仍作为中国作家的代表,陪同参加亚非作家会议的同行们,在武汉的长江岸边上,观看毛泽东畅游长江。

当曹禺开完亚非作家会议回到北京后,“文化大革命”风暴正弥漫于大街小巷。一队队身穿国防绿军装,腰系铜头皮带,臂上佩戴着“红卫兵”袖章的青少年,唱着“革命无罪,造反有理”的歌曲。他们东杀西砍、横冲直撞。曹禺心里控制不住地战抖、惊恐。

当曹禺一走进北京人民艺术剧院(以下简称“北京人艺”)的大门,就大吃一惊,心头不断发紧。院子里的黑板上和墙壁上都贴了大字标语——“革命无罪,造反有理!”“无产阶级专政万岁!”“红色恐怖万岁!”“横扫一切牛鬼蛇神!”“誓把无产阶级文化大革命进行到底!”“彻底砸烂反革命修正主义文艺黑线!”……剧院内外的“造反派”给北京人艺撰写的对联:

上联“庙小妖风大”,下联“池浅王八多”,横批“彻底砸烂”。

北京人艺三楼排练厅,铺天盖地地贴满了大字报,曹禺的名字已被作为“反动学术权威”点出来了,并画上了红色叉叉,勒令他立即交代“反革命修正主义的罪行”。[1]

北京人艺的“造反派”已经把党委书记赵起扬等“走资派”揪了出来。对曹禺的“勒令”仅是按时上下班，看大字报，写大字报，进行学习，准备交代的问题。曹禺每天从张自忠路铁狮子胡同三号的住宅，胆战心惊地到首都剧场，作为一个特殊人物谁也不敢理，只能看看大字报，有时还要按照“二报一刊”(二报:《人民日报》《解放军报》;一刊:《红旗》)社论的调子，“虔诚”地写出自己的态度。

与北京人艺近在咫尺的中国文联大楼，由红卫兵把持着，每隔一二十分钟，便从后台拉出一个“反革命文艺黑帮头目”来示众，田汉、曹禺、曹靖华等均被拖到台上去，戴上“黑帮分子”帽子，并自报家门。如“我是黑帮分子曹禺”，接下来便是一片响亮的革命口号声，“红色恐怖风暴”就此降临。

下班之后，曹禺回家，首先看到的是街道旁边大门上贴着的大字报标语:“打倒反动权威、反革命文人曹禺”。曹禺吃不进饭睡不着觉，常常一个人坐在椅子上发呆，睁着两只大眼睛，一熬就是一整夜。

这年秋天，背上“反动文人”“反动权威”“三十年代文艺黑线人物”等罪名的曹禺被打进牛棚，“十几个人同挤在一间不大的房子里，潮湿，不见阳光，身下垫着稻草和自己家里送来的一些被褥”。[2]

曹禺一再挨批斗，气愤之下，将手头保存的有关创作稿都撕了、烧了。

12月，一个深夜，北风呼啸，天气格外的冷。

铁狮子胡同三号院子里万籁俱寂，曹禺全家都已入睡。在一阵急促、响亮又令人揪心的敲门声后，一队“红卫兵”破门而入，闯到屋里。曹禺从梦中惊醒。“红卫兵”把曹禺从床上拖下来，在凛冽的寒风中，塞进了小汽车，被押送到中央音乐学院小礼堂。屋里不准开灯，所有人都一律靠墙席地而坐。次日清晨，天渐渐亮了起来。曹禺偷偷地侧目一看，看到了彭真、刘仁等人，惊吓得一句话也说不出来。心中暗想:“我完了！彻底完了！怎么能和这些

① 梁秉堃.老师曹禺的后半生[M].北京:作家出版社，2010:130.

② 曹禺.情意深深忆菊隐[J].艺术世界，1979，1.

'大黑帮分子'为伍呢?"

周总理听到了有关方面的报告,立即赶赴关押现场。周总理对"红卫兵"的头头说:"曹禺算什么呢? 他又不是走资派嘛。你们为什么把他抓来? 赶快把他放回去!"[①]于是,次日,曹禺被释放,被送回家中。

1967年,57岁

1月,姚文元《评反革命两面派周扬》一文发表。曹禺被"造反派"揪出来,斥为"资产阶级反动权威""黑线人物"并接受审查。

在铁狮子胡同三号,曹禺住着三间房,其中有一间书房,被抄了、封了。胡同大院门口张贴着"反动学术权威曹禺在此"的字样。因为思想苦闷,戒了烟的曹禺,又开始抽烟了。由于只给生活费,抽的是九分钱一盒的白牌烟。曹禺觉得自己不配吃好的,连老岳母剥下的白薯皮都吃。老岳母说:"你这是干啥?"曹禺虽天天检查、骂自己,但不说自己是个反革命,因为他觉得说自己是反革命,等于承认自己是特务。[②]

晚间,是写不完的"外调"材料。曹禺知道此事不能马虎,不能写错。这是人命关天的事! 但是,曹禺如实地写出来了,"外调"人员就骂他不老实,逼着他,打他! 一次,上海来了一些"造反派",让曹禺写"外调"材料。他们不满意,就让曹禺读"最新指示",曹禺念了三遍都念错了,他们对曹禺又是打,又是骂。

7月,林彪和江青、陈伯达等揪斗"彭、罗、陆、杨",曹禺陪斗。

本年,长女万黛与丈夫刘小达结婚。女婿刘小达是原中国医学科学院肿瘤医院外科医生,后任美国纽约互信医学中心外科医生。[③]

---

① 梁秉堃.老师曹禺的后半生[M].北京:作家出版社,2010:133.

② 曹树钧,俞健萌.摄魂——戏剧大师曹禺[M].北京:中国青年出版社,1990:474.

③ 田本相,黄爱华主编.简明曹禺词典[M].兰州:甘肃教育出版社,2000:6.

1968年,58岁

北京师范学院革命委员会《文艺革命》第6期,发表《打倒反动作家曹禺专号》。刊登7篇文章:第一篇为本刊评论员写的《打倒反动作家曹禺》,最后一篇为署名“人艺齐学红”写的《曹禺反革命罪恶史》。

本年起,曹禺因不堪精神折磨,病情加重,住进协和医院。

本年,次女万昭与北京电影制片厂导演唐彦林结婚。

万黛、刘小达生子,曹禺把万黛、刘小达姓名巧妙结合,赐长孙以“迈”为名(刘迈现为美国纽约玛摩利医院内科医生)。

1969年,59岁

万昭与唐彦林生一子唐迎(毕业于北京经济学院,后从商)。①

1970年,60岁

本年,张颖从外交部“五七”干校回京,周恩来召见,在西花厅家中见面。

“他第一句话就说老舍先生走了,田汉老也因病死在狱中,孙维世也在狱中被害。过了好一阵,他向我提出了一连串的问话,你从干校回来看望过文艺界的朋友们吗?我听说巴金老被弄去挖防空洞,冰心老都过了古稀之年还到干校劳动,光未然手臂断过,也去干校劳动……”说着说着,“他突然问我万先生怎么样,身体还好吧?那时我家正好住在首都剧场旁的报房胡同,我已听说,也曾见到曹禺同志在北京人艺看守大门,整天缩在传达室的小屋里,我随即告诉周总理,曹禺同志在看大门,但我没敢和他说话。周总

① 田本相,黄爱华主编.简明曹禺词典[M].兰州:甘肃教育出版社,2000:4.

理当时显出不高兴的样子说：'你不在文艺界工作，对这些朋友就不关心吗？'我无话可说。他随即命令我：'你尽快抽时间想办法去看望万先生。就说是代表我去看望他，问候他还有万方好，以后你应该多去关心这些老朋友。'我只得一一答应。"[①]

从干校回来后，张颖被分配在外交部新闻司工作，和周恩来总理见面机会较多，每次张颖都会带去文艺界老朋友的一些消息，并向周总理汇报。

1971年，61岁

本年，驹田信二编译的《郁达夫・曹禺集》由日本河出书房出版。

20世纪70年代初，曹禺因心脏病住进北京协和医学院附属医院，并住了很长一段时间。

1972年，62岁

从北京协和医学院附属医院出院后不久，北京人艺"造反派"命令曹禺在北京人艺看守传达室。外国报纸遂传出"中国的莎士比亚正在给剧团做看大门的工作"的消息。由于人民群众的抗议，也碍于名声，以及日本话剧团要来演出，才改派他到史家胡同56号北京人艺的宿舍看传达室，每天分发报纸、信件，办理来客登记手续，同时也负责打扫卫生。

秋天，曹禺戴着旧蓝色布帽子，脖子上系着一条毛巾，穿着一件已经发灰的白色破背心和一件同样很不干净的黄色短裤，干这干那，跑前跑后，常被喊来喊去，累得满头、满身大汗，但说什么也不肯稍微喘上一口气休息休息。

一次，三女儿万方来剧院办事，烧锅炉的工人老王在一个无人的角落里

① 张颖. 周恩来总理与北京人艺的情缘[M]//刘章春等编. 周总理与北京人艺. 北京：中国戏剧出版社，2008.

低声地对她说:“你爸爸是个好人,懂得人情。”“放心,他不能老是这么惨。”万方迅速地点了一下头。然后,两个人马上分开,似乎什么事情也没有发生过。这样普普通通的两句话,万方回去讲给曹禺听,他听后感到莫大的安慰,受到莫大的鼓舞,激动得泪流满面。①

冬天,当曹禺在清晨走出家属宿舍大门去扫地时,曹禺的前妻郑秀,多次出现在东边一条小胡同上,一动不动地站在那里,注视着曹禺。两人为免给对方带来麻烦,均佯装面对的是陌生人,只是默默地对视许久。

1973年,63岁

9月,患疾,并有沉重的思想包袱。

一次,北京人艺演员狄辛去看望病中的曹禺。曹禺似乎自我感觉不好,就对狄辛讲:“我只求再见总理一面……”“在重病中他仍念念不忘周总理。当时我很难过,此时此刻我到哪里去找总理啊! 后来,恰巧我在街上遇见张颖同志,过去我知道她和总理接触是比较多的,我就拜托她把曹禺的心愿及病情设法告诉总理,她没说什么就走了……后来我听说周总理曾派人去看过曹禺,我也就安心了……”②

下半年,“毛泽东思想解放军宣传队”和“毛泽东思想工人宣传队”一起住进了北京人艺。他们理直气壮地声称要代表无产阶级占领这个已经被资产阶级统治多年的“反革命修正主义文艺黑线桥头堡”。

这时,根据上级指示精神,提出要“解放干部”,让曹禺“认罪检查”以后,回到“革命群众”当中去。也就是说,他必须写出一个像样的、深刻的、上纲上线的认罪检查报告才能获得“解放”。对此,曹禺既惊喜万分,又忐忑不安,因为他知道这个报告是很不好写的。于是,他被特别批准不参加劳动,

① 梁秉堃.老师曹禺的后半生[M].北京:作家出版社,2010:136.

② 狄辛.不尽的思念[M]//刘章春等编.周总理与北京人艺.北京:中国戏剧出版社,2008.

埋下头来专门写“认罪检查”报告。然而，万万没有想到的是报告竟然被“军宣队”政委，以“认识不深刻”和“根本没有上纲上线”为理由，一次又一次地退了回来，命令要重新写。接下来，一而再、再而三地写，又一而再、再而三地被退了回来。当时，曹禺压力很大，苦不堪言，经常坐在小马扎上，一言不发，两只眼睛直勾勾地望着白色的墙壁。

此时，北京人艺已全部改为部队编制。和曹禺同在一个班的第二连第五班的班长梁秉堃（北京人艺编剧）同情曹禺，提出要帮他暗地里代写一份检查。

这一段时间，北京人艺一位在抗战时期的国立剧专（在江安期间）做过曹禺学生、在艺术上很有成就的女演员，当时的处境十分困难——不到年龄就被强迫“退休”，丈夫在山西劳动改造不知道什么时候才能回来，身边只有一个正在上小学的孩子。真是叫天天不应，叫地地不灵。这位演员对生活完全失去了信心，准备找个地方一死了之。曹禺得知此情况后，马上给她写了一封热情洋溢的信，信中说：“雄心不取决于年岁，正如同青春不限于黑夜，也不忍随着白发而消失……”女演员含着眼泪读完这封信，从此打消了轻生的念头，并且，拿起笔来，断断续续写了散文、报道、回忆等几十篇文章，分别发表在报纸期刊上。这些成了她的精神寄托。曹禺知道这一切以后，随口说出：“我真是很快活啊！”

曹禺的“认罪检查”报告送上去以后，“军宣队”政委表示还可以，没有再退回来。在等候上级批复的时候，竟然没有了下文，或许是上边有什么人从中作梗又说了坏话，曹禺的“解放”问题，便成了“可以解放但还定不下来”的特殊状态，硬是给拖了下来。

一次，在农场劳动时，曹禺不小心被一根杉篙碰破了头皮，幸好不太重，只在医务所缝了几针。受伤以后，曹禺躺在宿舍里休息。一天，“军宣队”政委来到班里，大家以为是来表扬一下，起码是来慰问一下。谁想到此人竟然当众对曹禺说：“曹禺啊，你光碰脑袋外边可不行，要狠狠地碰里边儿，那才叫‘灵魂深处闹革命’嘛！”面对这样一句既不讲理又不讲情的话，曹禺表面上笑着，点头称是，实际上受到了很大的打击。很快，他又变成一个长时间“面壁”的“无言者”。[①]

1974年，64岁

4月，日本曹禺研究学者名和又介发表《〈雷雨〉笔记》（发表在《野草》第14、15号）。他探讨了这部剧作中“双重乱伦关系”的灵感来源——继母与继子的乱伦显然受了欧里庇得斯《希波吕托斯》的影响，继母对继子的爱情在剧情发展上发挥着重要的作用；兄妹恋的描写有可能是受了易卜生《群鬼》的启发，一个浪荡公子跟他的女佣重复着他父亲的错误。[②]

本年，曹禺老岳母去世，三女儿万方也到东北农村插队去了（后加入沈阳军区前进歌舞团，任创作员），家里只剩下方瑞和小女儿万欢，显得更加冷冷清清，没有一点点生气。

每天晚上，曹禺要吃很多安眠药才能入睡，方瑞也同样要吃很多安眠药才能入睡。两人不但精神崩溃了，身体也越来越糟。他们经常病倒在床上，一个房间躺一个，虽然尽量控制自己，但也会不停地轻声呻吟，景象十分悲凉凄惨。

一天夜晚，曹禺突然发现，方瑞已经在不声不响中告别了人世。他发现床上散落着许多安眠药片，真不知道是糊里糊涂地吃多了药，还是清醒地结束了自己的生命。这，一直是一个谜团，一个至今也没有解开的谜团。[③]

本年，陪伴曹禺半生、一直给予他创作鼓励、关心他事业的方瑞，不堪多年精神折磨，在缠绵的病痛和阴郁的气氛里去世了。此时，曹禺尚未被宣布“解放”，精神上遭受了沉重的打击。

---

① 1973年内容均来自：梁秉堃. 老师曹禺的后半生[M]. 北京：作家出版社，2010：129-136.

② 耿发起，田本相，宋宝珍编. 雷雨八十年[M]. 天津：天津古籍出版社，2015：174.

③ 梁秉堃. 老师曹禺的后半生[M]. 北京：作家出版社，2010：138.

秋天,在周总理身边工作过多年的张颖,突然来到曹禺的家里。张颖说:“前几天,总理接见外宾,我见到了他。总理特意问曹禺近来怎么样。”曹禺听到以后,一下子忍不住热泪盈眶。张颖继续说:“我向总理汇报,曹禺的夫人方瑞去世了,他的心情和身体都不大好。总理沉默了好一会儿,说‘你该去看看他才是。并请代表我和邓大姐向他问好。请他多多保重。’”曹禺连连点头,不停地说着“谢谢”。张颖还说:“曹禺同志,您要振作起来,好好保养身体,国家需要您做出贡献”,并说“总理想给你安排一点社会工作,使你分散一下思想,帮助你振奋精神”。第二天,张颖又向总理做了汇报。总理说:“这些同志都是中国的宝贝,得想个办法让他们出来。这样,过几天,你给安排一下,先让曹禺出来接待一次外宾,亮亮相,看看社会反应再说。”

随后,张颖出面安排曹禺与正在中国访问的日本话剧老艺术家千田是也见面,并且做了公开的报道。从此,失踪 7 年之久的曹禺又出来了。国外有媒体报道:“中国的莎士比亚曹禺重新复活了!”

又过了不长的时间,曹禺以激动万分的心情,给周总理写了一封长信。信中表示:“愿意用自己的余年为党多做工作!”希望能够得到一份适当的工作。周总理看过信以后,马上让秘书回了信,表示同意曹禺的意见,要曹禺“好好学习马列,读毛主席的书,保重身体”。至此,曹禺才正式得到“解放”,恢复了作为北京人艺干部的身份。[①]

1975 年,65 岁

1 月 5 日至 17 日,曹禺参加了第四届全国人民代表大会预备会议和第一次会议。曹禺见到了久违的周总理,并且听了周总理所做的《政府工作报告》。此刻,曹禺已经得知周总理身患重病,因此心里不止一次地暗暗祝福着、祈祷着。[②]

---

① 梁秉堃. 老师曹禺的后半生[M]. 北京:作家出版社,2010:144.

② 梁秉堃. 老师曹禺的后半生[M]. 北京:作家出版社,2010:156.

同年春，香港市政局主办“曹禺戏剧节”，演出了《北京人》《蜕变》《胆剑篇》，还演出了由李援华编写的包括曹禺各作品片断的话剧《曹禺与中国》。参加这次演出的业余剧社有 24 个，工作人员有 250 多人。

《曹禺与中国》这一话剧别具一格，有以下几个特点：(1)全剧由曹禺 8 个剧本中的 12 个片断组成，按时间顺序排列，也包括曹禺电影《艳阳天》片断；(2)剧中出现不出场的曹禺的声音，还有电影、幻灯片镜头；(3)各个片断中有介绍人串场；(4)演出间隙有观众代表与介绍人之间的讨论，并对现代迷信提出批评。①

日本东京都立大学年轻学者饭冢容，与南云智、渡边新一等人组织中国现代文学研究团体——季节，负责发行学术刊物《季节》，研究曹禺等中国现代剧作。

本年，曹禺从张自忠路中央戏剧学院宿舍迁至三里屯北 24 号楼(位于今朝阳区东直门外大街和工人体育场北路之间)。24 号楼 3 门 4 号、5 号两套单元房，为一般居民住的普通两居室单元房，40 多平方米。曹禺一直住到 1979 年，后迁居复兴门外大街木樨地寓所，直至逝世。

1976 年，66 岁

1 月，毛泽东词二首《鸟儿问答》《重上井冈山》发表。曹禺作诗一首《我们要歌唱——敬读毛主席词二首》，载《北京文艺》本年的第 2 期。

1 月 8 日清晨，中央人民广播电台的播音员，以沉痛的语调宣布了周恩来总理逝世的消息。正在家里的曹禺听到以后，根本不相信自己的耳朵，当他再一次听到播音员说出“周恩来”三个字的时候，心往下一沉，眼泪如同决了堤的河水，一下子涌了出来，不可遏止。

此后，曹禺坐在那里，欲哭无泪、欲泣无声，嘴里不断喃喃地、反复地说

① 曹树钧，俞健萌. 摄魂——戏剧大师曹禺[M]. 北京：中国青年出版社，1990：156.

着:“周总理去了,我仿佛自己的部分生命也随之而逝。”

在悼念总理的日子里,曹禺不止一次背诵着天安门广场上流传开来的一首诗歌:

人民的总理人民爱,人民的总理爱人民。

总理和人民同甘苦,人民和总理心连心。[①]

1月15日,曹禺参加在人民大会堂举行的周恩来总理追悼大会。

4月5日,“四五运动”(又称“天安门事件”)爆发。

清明节前后,曹禺的孩子们天天到天安门广场,收集悼念总理、痛斥“四人帮”的许多诗词,念给他听。他听后十分兴奋,和家中的孩子们兴奋地交谈着天安门广场上发生的一切。另外,他不断地阅读家中收藏的各种版本的《天安门革命诗抄》,说“从那些诗中,我看到了人民的力量与真诚的情意”。[②]

9月9日,毛泽东同志病逝,曹禺参加瞻仰遗容。

9月25日,作《永远铭记毛主席的教导》一文,在《人民戏剧》第5期发表。

10月6日,中央政治局执行党和人民的意志,打倒“四人帮”,举国欢腾。

粉碎“四人帮”后不久,北京在“抗震”,曹禺住在女儿家的一间不到10平方米的小屋中,写了一首怀念周总理的长诗。此时曹禺患了心脏病,常带着药参加批判“四人帮”的活动。

本年,日本曹禺研究学者饭冢容将《原野》译成日文,发表在东京《季节》杂志的第3、4期上。

1977年,67岁

1月,曹禺在《人民戏剧》1977年第1期上发表《亲切的关怀,巨大的鞭策》。

① 梁秉堃.老师曹禺的后半生[M].北京:作家出版社,2010:157.

② 曹禺.一声惊雷[N/OL].人民日报,1978-11-16.

2月，作诗《难忘的一九七六》载《北京文艺》1977年第2期，此诗在《人民文学》发表时改题为《胜利的奠基》。

2月，作散文《我们心中的周总理》，收入北京师范大学编的《敬爱的周恩来总理永远活在我们心中》第四集。

3月1日，曹禺出席《人民戏剧》编辑部召开的戏剧工作者座谈会，纪念"双百"方针发表20周年，并在会上发了言。

7月22日，写信给北京人艺艺术处，就一位同志来信询问自己不愿公开某领导批判《雷雨》的意见一事，声明："并无此事。我也不会如此狂傲，不许人批判的。"

7月，出席中国剧协召开的"实践是检验真理的唯一标准"问题讨论会。

7月，山东师范学院胡授昌来访，后写成访问记《就〈雷雨〉访曹禺同志》，载《破与立》第5期。

8月，为创作《王昭君》，与女儿万方一起去新疆考察。

9月15日至21日，出席北京市文联第三届理事会第二次扩大会议，并在开幕式中宣布市文联及其所属各分会筹委会恢复工作。

9月17日，作散文《寄给远方的同志》载《北京日报》中。此文以寄语边疆和老革命根据地同志的形式，记叙了毛主席纪念堂的建成。

9月，接待英籍华人作家韩素音来访。

9月，在怀柔水库一带修改剧作《王昭君》。

秋，参加全国自然科学规划大会，访问一些科学家、与"四人帮"做斗争的老干部，准备写一个批判"四人帮"迫害老科学家的剧本。此剧本当时已写了一些片断、场面和对话，后因种种原因没有完成。

10月12日，在《人民日报》上发表《"从此旧剧开了新生面"——看京剧〈逼上梁山〉》。

10月，出席《人民戏剧》召开的剧作《杨开慧》座谈会，在发言中称赞这是一出好戏，演出也是成功的，但反面人物刻画一般。因此，他认为，如何写反面人物，怎样出新，这是具有普遍性且值得研究的问题。

11 月 15 日，在《人民日报》上发表《攻关的人们》。

12 月 7 日，在《光明日报》上发表《不容抹煞的十七年》。

12 月 17 日，在《北京日报》上发表《迎接霞光灿烂的文艺春天》。

12 月 19 日，参加《人民戏剧》编辑部召开的学习《毛主席给陈毅同志谈诗的一封信》座谈会，并发了言。

12 月 31 日，在《人民戏剧》1977 年第 12 期上发表了《“黑线专政”论抹煞不了毛主席、周总理的丰功伟绩》。

1978 年，68 岁

2 月 26 日，作为北京市的全国人民代表大会代表，出席全国第五届人民代表大会第一次会议，并当选为第五届全国人大常委。

3 月 21 日，在《人民日报》上发表《纪念易卜生诞辰一百五十周年》。

3 月，日本曹禺研究学者井波律子发表《论〈雷雨〉》，载《金泽大学教养部论丛》第 15 号中。她认为，《雷雨》是一部无可挑剔的悲剧作品，它的成功之处在于“时间和地点的集中”“紧凑的结构”“像惊险剧一样的手法”和“有意夸张的人物形象”。她对《雷雨》的评价特别高，甚至说“以后的作品都比不上它”。[①]

3 月，在《人民电影》1978 年第 2、3 期上发表《重看〈龙须沟〉》。

3 月，作《献给周总理八十诞辰》，载《北京文艺》1978 年第 3 期。

3 月，其散文《一位教师的家信》，载《人民教育》第 3 期。

3 月，去医院看望病中的郭沫若。

4 月初，主持由《人民戏剧》编辑部召开的座谈会，讨论话剧《丹心谱》。

4 月 6 日，经北京市委决定，北京市话剧团恢复“文化大革命”前的名称：北京人民艺术剧院，曹禺任院长。

① 耿发起，田本相，宋宝珍编.《雷雨》八十年[M]. 天津：天津古籍出版社，2015：174.

4月,《曹禺选集》由人民文学出版社再版,这次再版,曹禺写了一篇后记。

4月,参加在北京举行的全国科学大会。

4月,在《人民戏剧》1978年第4期上发表《看〈最后一幕〉》。

4月19日,在《光明日报》上发表《看话剧〈丹心谱〉》,此文4月24日由《人民日报》转载。

同月,与《人民戏剧》编辑部的人员谈话,谈参加全国第五届人民代表大会感想,谈话载于《人民戏剧》1978年第4期的《在新长征的道路上》中。

4月,林默涵在北海仿膳设宴招待美籍华人赵浩生教授,曹禺作陪。席间,赵浩生称赞曹禺的剧作"是中国近代史进程中一团团耀眼的火种,一座座光辉的纪念碑"。

5月18日,参加《人民戏剧》编辑部组织的戏剧创作座谈会开幕式,致开幕词,为1962年广州会议恢复名誉。

5月24日,收到邓颖超赠《革命文物》第2期,其中载有周恩来同志在南开学校的活动。

5月,赵浩生教授来访,后写成访问记《曹禺从〈雷雨〉谈到〈王昭君〉》,载于香港《七十年代》1979年第2期。

5月27日至6月5日,曹禺参加中国文联第三届全国委员会第三次扩大会议。发言题为《团结全国戏剧工作者,高歌猛进》,载《人民戏剧》第7期,同期还发表了《郭老给予我们的教育》。本次会议宣布全国文联和所属各协会陆续恢复工作。6月3日,参加老舍先生骨灰安放仪式。在这期间,中国剧协也举行了第二届常务理事会第二次扩大会议。6月4日,中国剧协宣布立即恢复相关活动。

6月12日,文联主席郭沫若逝世,曹禺向遗体告别,并于6月18日参加追悼会。

6月20日,在《光明日报》上发表《郭老活在我们心里》。

7月,参加中国文联全国委员会扩大会议,并发了言。

7月，作《沉痛的追悼》，载《人民文学》第7期。

8月6日，在《文汇报》上发表《为了不能忘却的纪念》，即本年出版的剧本《家》的后记。

8月，应新疆维吾尔自治区负责同志邀请，到新疆参观访问。写完《王昭君》最后一幕初稿。回京后，在怀柔水库一带做了修改。

8月30日，北京市文化局召开大会，宣布撤销对曹禺等28位同志“犯走资派错误”“犯路线错误”的错误结论。

9月15日至21日，主持北京市文联第三届理事会第二次扩大会议，致开幕词，并做了深切怀念老舍先生的发言。开幕词载《北京文艺》1978年第10期。

10月8日，在《文汇报》上发表散文《新疆札记》。同日，在《北京日报》上发表《怀念老舍先生》。

10月12日，作剧本《〈王昭君〉献词》。曹禺在《〈王昭君〉献词》中说：“我把这个剧本献给祖国国庆三十周年，并且用它来献给我们的敬爱的周总理。”

10月17日，与巴金、成仿吾等参加赵树理同志骨灰安放仪式。

10月30日，出席剧协召开的《甜蜜的事业》座谈会。在讲话中赞扬此剧的创造性，并希望作者对人物性格、情节做更真实的描写。

11月2日，参加齐燕铭同志追悼大会。

11月3日，主持召开吉剧座谈会，座谈吉剧四个传统折子戏《包公赔情》《搬窑》《闺戏》《燕青卖线》。

11月10日，出席《人民戏剧》编辑部召开的话剧《于无声处》座谈会，赞扬这是一出了不起的好戏。

11月14日，会见当天由上海来京的《于无声处》的作者宗福先。

11月15日，新华社电，北京市委在最近举行的常委扩大会议上宣布，“天安门事件”完全是革命行动，对受迫害的同志一律平反，恢复名誉。

11月16日，观看上海《于无声处》剧组在北京举行的首场演出。同日，在《人民日报》上发表《一声惊雷——赞话剧〈于无声处〉》。

11月21日，在北京工人俱乐部主持《于无声处》座谈会，并代表剧协欢迎《于无声处》剧组来京演出。

11月29日，在北京人艺与导演谈《王昭君》一剧，并列出了可参考的26本图书、29篇文章，帮助导演和演员理解剧本和剧中人物。

11月底，同《于无声处》作者宗福先亲切交谈，对《于无声处》从思想上和艺术上都做了一些中肯的、具体的分析。并由《人民戏剧》记者整理成《〈于无声处〉三人谈》，载《人民戏剧》第1期。

11月，在《人民文学》1978年第11期发表五幕历史剧《王昭君》。李玉茹看到《王昭君》剧本，萌发要将它改编为京剧的念头，便与曹禺电话联系。

12月16日，中美宣布建交。

12月21日，主持由剧协、中央戏曲研究院举办的萧长华百年诞辰纪念活动。

12月26日，经中央政治局批准，中央戏剧学院恢复建制，曹禺任名誉院长，金山任院长。

12月27日，为庆祝党的十一届三中全会的召开，作《为了那一天》，并载于《光明日报》中。

12月，主持剧协召开的座谈会，讨论话剧《陈毅出山》。

12月，作《惊雷的回响》，载《人民戏剧》1978年第12期。

12月，在《人民戏剧》1978年第12期上发表《关于话剧〈王昭君〉的创作》。

12月，为《王昭君》改编电影事宜，与女儿万方去上海，其间，拜访了巴金等人，并将剧本《王昭君》赠给巴金、李玉茹等。

1979年，69岁

1月6日，出席文化部在北京饭店举行的宴会，欢迎以林健太郎为团长的日本歌舞伎访华使节团。

1月8日，在《北京日报》上发表《今日送来长相欢——热烈欢迎日本歌舞伎访华使节团》。

1月9日，出席对外友协举行的招待会，庆祝中国和美国建立外交关系。

1月9日，观看日本歌舞伎访华使节团在京首场演出，并对记者说日本歌舞伎同我国传统京剧有不少相似之处。

1月20日，在《大众电影》1979年第1期上发表《大胆地睁开眼睛》（此文主要是评论日本电影《望乡》）。

1月25日，出席剧协在新侨饭店举行的迎春茶话会，并发表讲话。

1月27日，农历除夕，在北京人艺举行的联欢晚会上，邓颖超与曹禺亲切交谈。

1月28日，在《人民日报》上发表《向台湾同胞拜年》。

1月28日，茅盾赠曹禺诗一首，载《人民日报》："当年海上惊雷雨，雾散云开明朗天。阅尽风霜君更健，昭君今继越王篇。"

1月，旧译《柔蜜欧与幽丽叶》由人民文学出版社再版。

1月，《让中美友谊之花盛开》载《人民戏剧》1979年第1期，同期还发表《〈于无声处〉三人谈》（三人分别为曹禺、赵寻、宗福先）。

2月初，为《王昭君》改编电影一事，再次去上海。

2月5日，为国庆30周年献礼，作《闪闪发光的一出好戏——看〈陈毅出山〉》，载于演出《会刊》中，后载于3月6日的《南方日报》中。

2月9日，为纪念老舍80周年诞辰，在《人民日报》上发表《我们尊敬的老舍先生》。

2月15日至19日，出席剧协召开的各分会负责人会议，并与周扬、夏衍、周巍峙等会见与会全体代表。

2月，云南滇剧院将《王昭君》编为滇剧上演。

2月，剧本《王昭君》由四川人民出版社出版。

2月，《几点随想》载《剧本》1979年第2期，着重谈了学习周恩来1961～

1962年关于文艺问题两次讲话的随想。

2月，在《民族团结》1979年第2期上发表了《昭君自有千秋在——我为什么写〈王昭君〉》。

2月，作《简谈〈雷雨〉》，载《收获》1979年第2期。

3月2日，作《情意深深忆菊隐》，载《艺术世界》丛刊1979年第1辑。

3月25日，作《勇于实践的首创精神——看秦腔〈西安事变〉有感》，载《陕西戏剧》1979年第3期。

3月27日，参加著名京剧表演艺术家马连良追悼大会，并致悼词。

3月，接受王朝闻访问，由王育生整理为《曹禺谈〈雷雨〉》，载《人民戏剧》第3期。

3月，作《思想要解放，创作得繁荣》，载《文艺报》1979年第6期。

4月6日，受文化部党委委托，任中央戏剧学院名誉院长，在中央戏剧学院全院大会上讲话。讲话内容以《刻苦学习，加强实践》为题，发表在《戏剧学习》1979年第3期。

4月10日，参加舒绣文追悼会，并致悼词。

4月22日，出席并观看全国文联、中国剧协及其北京分会筹委会举行的欧阳予倩诞辰90周年的纪念演出。

4月25日，参加田汉追悼会。

4月，作《刻苦学习，加强实践》，载《人民戏剧》1979年第4期。

5月16日，与赵寻一起主持中国剧协召开的关于如何繁荣戏剧创作座谈会。晚上陪同胡乔木、邓力群、冯文彬等人观看北京人艺演出的《茶馆》。

5月22日和24日，分别参加焦菊隐、荀慧生追悼大会，并致悼词。

5月26日，会见美国《周末评论》主编诺曼卡曾斯及夫人、律师瓦尼斯，并陪同观看《茶馆》。

6月7日，出席老作家、艺术家同北京电影学院进修班应届毕业生见面会，并发表讲话。他提出："言不由衷的话不写；不熟悉的生活不要写；熟悉的生活还没找出你所相信的道理来的，也不要写。"此讲话以《多写、多写、再多写》为题，载《电影艺术》1979年第4期。

6月初，因病住院。

6月18日，在《人民戏剧》1979年第6期上发表《道路宽广大有作为》。

6月18日至7月1日，出席第五届全国人民代表大会第二次会议。

7月10日，主持由国庆献礼演出办公室评论组召开的京剧《谢瑶环》座谈会。

7月15日，接待陆文璧，谈对四川大学编的《中国当代文学研究资料曹禺专集》的意见，后由陆文璧整理为访问记，收入该专集中。

7月中旬，陪香港著名演员、全国人大代表石慧观看北京人艺《王昭君》的连排。

7月，《王昭君》由北京人艺公演。导演为梅阡。

7月，曹禺为吴祖光戏曲剧本集作《〈求凰集〉序》。

8月1日，新华社刊登《曹禺谈历史剧》。

8月5日，安徽师范大学曹禺研究学者胡叔和写了《曹禺评传》最初几章，寄给曹禺。可曹禺这些日子实在忙，又时常犯心脏病，因此延至今日才写了一封回信，回信中说："我很想写点感想。我较仔细地读(了)您的大作《曹禺评传》的第一章。您用了很深的工夫，读了五六十万字的资料，写出了八千字，这一章是有分量的，有分析，有敏锐的时代感。您对于所写的对象，是充满情感的。因此，既有说服力，又能感动人……"

8月17日，参加国家民族事务委员会和中国剧协联合召开的《王昭君》座谈会。座谈会由张庚主持，与会同志一致肯定作者为巩固和发展我国民族团结所做出的贡献，认为王昭君的形象塑造基本上是成功的、可信的。

8月22日，陪同菲律宾文化考察团及大使雷耶斯和夫人等观看《王昭君》。

8月，接到巴金来信，巴金将《王昭君》与曹禺未完成的《桥》进行了比较，劝曹禺把搁置多年的《桥》写完。

9月1日，陪同胡乔木观看《王昭君》。胡乔木说："这是个很难得的诗剧，演出很成功。”

9 月 12 日，访问瑞士，在月底回国。

9 月 18 日，《文汇报》记者徐开垒曾两次采访曹禺，并写成《访曹禺》，载当日《文汇报》。

9 月，《王昭君》参加庆祝中华人民共和国成立 30 周年献礼演出的第十二轮调演演出。

10 月 13 日，主持召开由全国总工会、妇联、团中央和剧协联合举行的座谈会，讨论辽宁剧作家崔德志的剧作《报春花》。

10 月 30 日至 11 月 16 日，出席全国第四次文艺工作者代表大会，并当选为主席团委员。同时，参加全国剧协、作协代表大会，其间被选为全国文联委员、作协理事。

11 月 3 日，为了对英国老维克剧团来华演出表示欢迎，作《有朋自远方来》，载于《人民日报》中。

11 月 4 日至 10 日，主持中国剧协第三次会员代表大会，并致开幕词《迎接社会主义戏剧繁荣的新时代》，发表在《剧本》1979 年第 12 期上。会上，当选为中国剧协主席。

11 月，曹禺去上海看望著名表演艺术家李玉茹，两人产生了劫后重逢、患难知己的感觉。

11 月，《北京人》由中央广播电视剧团第三次重排公演。导演为蔡骧、梅阡。

12 月 7 日，同李玉茹结婚。

12 月 21 日，应中央电视台之邀，在中央电视台谈《王昭君》创作情况。

12 月，《胆剑篇》经修订，由四川人民出版社出版单行本。

本年，为《王昭君》改编为电影一事，共赴沪 4 次，同上海电影制片厂编导交谈多次。因自己无时间，决定此剧由王炼、谢晋改编。

本年，迁居木樨地西城区复兴门外大街 22 号。这是国家特殊照顾的高级公寓房，俗称“部长楼”，使用面积 100 多平方米。1988 年 8 月，曹禺因病长期住在北京医院。他在病情平稳时想回家中，经医生同意，回木樨地寓所住了几个月。

本年,上海外文书店发行14种英文文艺作品,《日出》为其中之一。

本年,曹禺为潜江中学题写校名“湖北省潜江中学”。[①]

1980年,70岁

1月13日至2月3日,应英国文化委员会邀请,与赵寻、英若诚、吴世良组成中国戏剧家代表团访问英国,为期3周。

其间,顺道去法国,在巴黎会见了国际戏剧协会秘书长,洽谈中国参加国际戏剧协会问题。

3月14日,北京人艺党委传达中共十一届五中全会精神,为刘少奇平反,制订了党内生活的12条准则;决定成立中共中央书记处。

3月下旬,应美国学术交流协会邀请,赴美讲学6周。美方为表示欢迎,特意排演话剧《日出》和《北京人》。曹禺观看印第安纳大学演出的《日出》,向观众致辞。在美国期间,走访了10个城市,每到一地便举行讲演会,题目是《今日中国,侧重于戏剧》。[②] 还访问了哈佛大学、耶鲁大学、加利福尼亚大学、哥伦比亚大学、纽约大学等8所大学。另外,在美国期间还会见了不少在美国和专程赶到美国见曹禺的台湾文化界人士。作家白先勇(白崇禧之子)和美国著名作家阿瑟·米勒都很热情地接待了他们。

4月8日,文化部召开“庆祝中华人民共和国成立30周年献礼演出”发奖大会。《王昭君》获创作一等奖,奖金600元;演出一等奖,奖金1800元。

4月17日,中国笔会成立,第一批共有64位会员,曹禺为会员之一。

4月30日,曹禺、英若诚访美归来。访问十分成功,在美国40天。

5月6日,晚,美国印第安纳州大学出版社的三位外宾观看《骆驼祥子》。

---

① 1977年至1979年部分内容参见田本相,刘一军主编.曹禺全集:7[M].石家庄:花山文艺出版社,1996.

② 黄维钧.美国之行[J].人民戏剧.1980,10.

曹禺、英若诚接待。演出后，他们上台会见演员并合影。

5月20日，晚，曹禺、于是之、英若诚、吴世良出席法国使馆马腾参赞举行的宴会。

6月5日，下午，北京人艺再次邀请四川谐剧艺术家王永梭来院做示范表演。曹禺、赵起扬、刁光覃及全院人员均出席观看。

6月6日，上午，全国政协文化组和全国剧协联合举行《故都春晓》座谈会。曹禺以剧协主席身份参加，刁光覃、石联星以政协文化组代表的名义参加。

6月7日，下午，北京人艺举行党委会，研究出席北京市第四次文代会的代表名单。根据市文联规定的代表条件，决定曹禺、刁光覃、夏淳、于民、田冲、石联星等40人参加会议。

6月12日，北京人艺建院28周年，上午全院到北海游园。下午举行了茶话会。曹禺、李伯钊、胡絜青、王永梭、李玉茹等参加。胡絜青赠画并祝贺，李玉茹、王永梭即席表演了小节目。茶话会由于民主持。

6月16日，上午，西德朋友乌韦母亲追悼会在八宝山举行。曹禺、蓝天野、英若诚、李翔等参加。蓝天野、英若诚担任司仪，曹禺在会上致辞，表示哀悼。

6月21日，曹禺致函在广州的习仲勋同志。请他帮忙与香港新华社方面联系，落实《王昭君》演出团赴港日程。

6月21日，上午，曹禺、刁光覃、梅阡、田冲、叶子出席市文联第三届理事会。

6月22日，曹禺邀请美籍石油专家夏勤铎来看《骆驼祥子》(晚场)。当晚，胡絜青也来看戏。

6月23日，曹禺致函香港新华社的王匡，请他尽早落实《王昭君》演出团赴港演出的日程。

6月24日，北京第四次文代会开幕，曹禺主持开幕式并致辞。

6月27日，英国“英中文化协会”副主任布鲁克小姐来北京人艺看《骆驼祥子》演出，曹禺、英若诚接见。

6 月 30 日，北京市第四次文代会闭幕，曹禺当选为市文联主席、市剧协主席，夏淳当选为市剧协副主席。

7 月，在《剧本》1980 年第 7 期上发表了《戏剧创作漫谈》。

7 月 30 日，北京市文联来函，通告北京人艺的一些艺术家在第四次文代会上当选的职务。曹禺为市文联主席、市剧协主席。

7 月 31 日，曹禺致函《北京周报》的汪溪，为在该报工作的乌韦请假，以便担任《茶馆》出国演出团的同声翻译。

8 月 15 日，曹禺称他因要参加第五届全国人民代表大会，且身体不好，决定不去香港了。

8 月 27 日，上午，曹禺乘机从上海返京，准备参加第五届全国人民代表大会第三次会议，周瑞祥到机场迎接。

8 月 29 日，曹禺以院长名义致函西德曼海姆剧院麦耶先生，对他及剧院为《茶馆》演出团出访所做的努力表示感谢，随函寄出《茶馆》彩色剧照等宣传资料。

9 月 9 日，晚，周巍峙、曹禺观看话剧《左邻右舍》。

9 月 19 日，《茶馆》出国演出团召开全体会，曹禺、赵起扬、夏淳做出发前动员。曹禺说："你们这次出去，人家是把你们看作中国话剧的尖子，是代表中国的艺术家。你们每一个人都不是代表个人，而是代表一个团体，代表一个大剧院，代表国家！你们代表的是祖国！你们是有文化有修养的艺术家，在任何时候、任何方面都不应该给祖国抹黑。祖国是自己的暖水热土，是我们的骄傲！话剧是第一次出国，你们第一位的任务是把戏演好，把戏'打红'。出去一次，总希望你们学点东西。要争取多看看别人的戏，德国、法国、瑞士的话剧水平都是很高的，应该多看点、多学点。回来做一个实实在在的报告，写出有内容的文章来，向祖国汇报。这才是真正的收获。"他还嘱咐大家要千万保重身体。

9 月下旬，赴沪探亲并治疗。

10月，在杭州大学讲学。

10月，《〈雷雨〉人物谈》（钱谷融著），由上海文艺出版社出版。

10月15日，在《文汇报》上发表《怀念赵丹同志》。

10月8日至11月12日，文化部艺术一局、中国剧协创作委员会等5个单位在杭州联合举办戏曲、歌剧现代题材作品讨论会。会议期间，曹禺看望参加讨论会的作家们并发表讲话。这次讲话，后来以《我对戏剧创作的希望》为题，载《剧本》1981年第4期。

12月27日，参加文化部艺术一局、中国剧协创作委员会和《剧本》月刊编辑部举办的话剧剧本讨论会，并讲了话。

1981年，71岁

1月3日，在《小剧本》上发表《漫谈小剧本创作——贺〈小剧本〉复刊》。

1月6日，中午，曹禺以全国剧协主席名义在和平门烤鸭店宴请英国爱丁堡戏剧节负责人卓蒙德，夏淳、英若诚、吴士良等人参加。

1月9日，参加全国舞台美术理论座谈会闭幕式并讲话。

1月17日，开话剧剧本讨论会，给与会人员讲课，分析奥尼尔的剧本《安娜·桂丝蒂》。

1月21日，参加中国剧协天津分会第二次会员大会，并致祝词，载于《天津剧作》1981年第3期中。

2月3日，晚，话剧《谎祸》彩排。北京市市委第一书记段君毅，代理市长焦若愚，副市长叶林、张彭，市委宣传部部长刘导生，市委办公厅主任张明义，文化局局长赵鼎新，副局长张国础、王松声等前来审查。曹禺、赵起扬、刁光覃、夏淳、于民等接待并合影。随后在休息室举行简短的座谈会。段君毅认为这个戏改得好，这样演没问题，并说河南豫剧演的这个戏比这个还厉害（指揭露问题的尖锐程度）。他向曹禺等人介绍了大跃进时期的河南信阳事件，说今天上午刚有了结论，确定为一起严重的违法乱纪的政治事件。

2月13日,晚,西德驻华大使修德和夫人购票110张,请了瑞士使馆的临时代办和夫人及文化参赞、奥地利驻华大使和夫人、葡萄牙驻华大使和夫人,以及西德使馆文化参赞于贝谢尔等人一同观看《茶馆》,乌韦担任同声翻译。开演前,修德与夫人等人会见了曹禺、夏淳等。演出后,外宾们上台会见演员,并合影。

2月14日,中午,曹禺以全国剧协主席的名义在东来顺宴请《请君入瓮》导演罗伯林和拜瑞特。刘厚生、周保佑、夏淳、英若诚、吴士良等人参加。

2月17日,曹禺给北京人艺《日出》剧组做报告,题为《自己费力找到真理》。

2月25日,上午,北京市文化局和市文联举办1980年度新创作剧目评奖活动,并在市工人俱乐部举行颁奖大会。副市长白介夫,市委宣传部部长刘导生,曹禺、夏淳等出席颁奖大会。

3月19日,上午,美国广播电视公司导演爱伦·克拉克、顾问哥德蒙到曹禺家中访问。周瑞祥陪同接待。访问的主要内容有:曹禺的创作情况;去年访问美国的感受;中国在粉碎"四人帮"以后新起的作家中有哪些比较成熟;北京有多少剧院;演出情况如何等。

3月24日,上午,北京人艺召开党委会。赵起扬主持,会议讨论决定了纪念建院30周年活动的主要项目及要求。赵起扬提出:要赶快成立一个工作班子并行动起来。这个班子由刁光覃领导,同意曹禺院长提出的搞院史展览的建议。

4月10日,刁光覃、夏淳、叶子等到北京医院向沈雁冰遗体告别。曹禺为沈雁冰治丧委员会委员,后作《向茅盾先生学习》(12日发表)、《天地共存》(24日发表)两文。

4月14日,中午,曹禺、蓝天野、杨全久、赵崇林等到人民大会堂出席日本访华话剧团举行的答谢宴会。下午,全国剧协在人民大会堂举办与日本访华话剧团的联欢会。曹禺、刁光覃、夏淳、于是之、梅阡、石联星、蓝天野、苏民、狄辛、李婉芬、李翔、李乃忱、赵崇林等参加,曹禺以中国剧协主席名义致辞。

4月20日,《我的生活和创作道路——同田本相的谈话》载《戏剧论丛》1981年第6期。

4月21日,在《人民日报》上发表《今日复何日,共此好时光——赞日本话剧文化演出团》。

4月23日,曹禺出席北京市第七届人民代表大会第五次会议,为大会主席团成员。

4月24日,下午,北京人艺召开党委会。为纪念鲁迅100周年诞辰,决定排演梅阡编写的《咸亨酒店》,并决定6月18日至8月初赴济南、张店、青岛演《日出》。

4月26日,应邀参加庆祝清华大学70周年校庆活动。

5月12日,中国剧协刘厚生等人将于近日赴西班牙参加国际戏剧中心开会,会议期间将举办展览,北京人艺按要求提供《蔡文姬》《茶馆》《雷雨》《王昭君》《骆驼祥子》《伊索》《公正舆论》《请君入瓮》等剧剧照。

5月20日,晚,北京人艺的老朋友乌韦先生和白霞小姐在剧场前三楼宴会厅举行婚礼。婚礼是按我国民间的结婚仪式举行的。《茶馆》剧组为新郎新娘买了礼帽、盖头,一对新人借用了服装组的长袍、马褂、新娘的大红衣裙。英若诚、童弟主持了拜天地的仪式。曹禺、夏淳、于民等及北京人艺主要艺术人员和各部门负责人,以及新郎、新娘邀请的不少知名人士参加了婚礼。

5月27日,晚,北京人艺周瑞祥、韩希愈向曹禺院长汇报了纪念建院30周年筹备工作进展情况。曹禺认真听了汇报,对筹备工作给予了肯定。

5月29日,宋庆龄逝世。曹禺为治丧委员会委员。

5月31日,北京人艺老演员费茵因心脏病去世。上午,曹禺与费茵的生前好友,以及北京人艺200多名员工,在八宝山参加了费茵追悼会。

6月12日,主持《人民戏剧》编辑部召开的在京部分老戏剧家座谈会,讨论如何继承和发扬党领导戏剧的优良传统问题,并以《继往开来》为题在会上发了言,并载于《人民戏剧》1981年第7期。

6月15日,晚,由刁光覃执导的《日出》彩排,刘导生、黎光、胡絜青、江雪、晏学等来看戏。曹禺在看完戏后向演员们谈了进一步提高戏剧水平的要求。

6 月 24 日,下午,由中国剧协接待的日本能乐访华团在首都剧场演出,曹禺出席观看。下午,访王蒙。

6 月 26 日,曹禺以曹禺、夏淳及在院全体人员名义,给在济南演出的《日出》剧组发去祝贺电报:“热烈祝贺《日出》演出成功,望保重身体,再接再厉,精益求精,连战连胜。”

6 月 30 日,参加中国剧协北京分会举行的纪念中国共产党诞生 60 周年座谈会,并在会上发了言。

7 月 1 日,下午,曹禺、夏淳、于民出席在人民大会堂举行的首都各界群众热烈庆祝中国共产党成立 60 周年的万人大会。中共中央主席胡耀邦做重要报告。曹禺在主席台就座。

7 月 11 日,曹禺、夏淳、英若诚、吴士良出席法国使馆举行的庆祝法国国庆的宴会。

7 月 15 日至 17 日,首都文艺界举行学习、贯彻十一届六中全会文件精神座谈会。这次座谈会是由中宣部、文化部、中国文联联合举办。会议从 15 日起连续进行 3 个上午,由中宣部副部长贺敬之主持。首都文艺界知名人士有 400 多人出席了座谈会。周扬、夏衍发了言,阳翰笙、冯牧、傅钟做了书面发言。在座谈会上,发言的或做书面发言的还有艾青、刘绍棠、胡坤、方掬芬、吴祖光、曹禺等。

7 月 21 日,曹禺、于是之、朱琳等出席西德使馆举行的宴会。

8 月,学习《关于建国以来党的若干历史问题的决议》后,撰写心得体会《满怀信心》,载《人民戏剧》1981 年第 8 期。

8 月,在《戏剧学习》第 3 期上发表《黄泉前后人,少壮须努力》。

1981 年夏天的一天,记者去访问曹禺,称明天要讨论《苦恋》的问题了。曹禺说:“我从来不愿意参加这种会,老让我们表态,我现在不去了。”结果第二天还是去了,因为这会议很重要,北京有 300 多人参加。曹禺去了以后又说了非常过头的话:“我从没见过这样攻击祖国的影片,我恨不得一头撞在银幕上。”其实他内心不是那样想的。

9月10日,上午,北京人艺演员训练班开学典礼在北四楼排练厅举行,曹禺、刁光覃、夏淳、于民及全体党委、艺委成员、各部门负责人均出席。曹禺、刁光覃、夏淳相继讲话。学员们表演了自编的小节目。

9月12日,上午,刁光覃与内山鹑谈《日出》。下午,刁光覃和韩晓峰陪内山鹑拜访曹禺,晚上一起看戏。

9月14日,在《人民日报》上发表《舞蹈大家——崔美善》。

9月20日,《咸亨酒店》剧作晚上彩排。请党委、艺委审查,并邀请了新闻记者、观众代表观看彩排,听取意见。曹禺、欧阳山尊来看戏。

9月23日,上午10时,周瑞祥到曹禺院长家中,谈曹禺为建院30周年纪念册、舞台艺术论文集和舞台美术集3本书写的序言,曹禺又逐字逐句地读了自己写的3篇序言,对遣词、用字、标点都做了认真的推敲。他要求将3篇序言都打印出来,发给党委的同志和一些主要艺术干部,请他们在稿子上做修改、提意见,然后统一交给他,再参照修改。他还为舞台艺术论文集定名为《攻坚集》,他认为:北京人艺是党和人民培育的一支攻坚的战斗队伍。“北京人艺的一些成果,都是在反反复复与困难、与矛盾、与复杂事物的斗争中取来的。”“在这个集子里,这些文章是作者三十年间‘攻坚’的体验与探索。‘无坚不克’,这是应该提倡的精神。但‘不怕攻坚’,这是北京人艺的艺术家曾经走过的道路,是北京人艺多年来立足于话剧一角的根本精神”。他还要求周瑞祥查阅《诗经》,核对序言中所用的“鞠我”“育我”的出处。

9月23日,上午,中国剧协在东四八条举行《咸亨酒店》座谈会。曹禺、陈刚相继主持,北京人艺金犁及该剧主要演员参加了座谈会。参加这次座谈会的有戏剧界、文艺界和研究鲁迅的专家代表共50多人。曹禺对剧本做了细致分析,并阐述了它的现实意义。

9月28日,下午,周瑞祥到曹禺家中汇报一些同志对《攻坚集》序言的意见,曹禺十分重视,立即提笔修改,再次订正了文字和标点。另叮嘱:凡我们剧院出去的东西，一定要仔细校订，不能有错别字。不能丢这个丑。他举例说：比如序言中“终于攻破前人的窠臼”的“窠(kē)”，千万不要读成、更不要写成“巢”(注：因为打印稿上将“窠”打成了“巢”，故以此为例)。

周瑞祥还向曹禺转达：夏淳等希望他为《〈雷雨〉的舞台艺术》写一篇后记，蒋瑞等请他为《焦菊隐论文集》写序言。曹禺均慨然承诺，立即用特大封套将这两个题目装好，用“待办”两字标明。

9月30日，上午，曹禺乘飞机去上海疗养。根据曹禺话剧《原野》改编的电影《原野》，1981年由中国新闻社所属南海影业公司摄制成彩色宽银幕故事片，改编为凌子、吉恩，导演为凌子，摄影为罗丹，主要演员：杨在葆饰仇虎、刘晓庆饰花金子、胡世森饰焦母、柳健饰焦大星、孙敏饰白傻子。1981年9月，此片在意大利第三十八届威尼斯电影节上放映，引起轰动，外媒纷纷发表了评论，最终获得世界最优秀影片推荐荣誉奖。影片中花金子穿的红袄黑裙，还被送到法国博物馆展出。参加这次影展的共有来自25个国家的75部影片，只有11部影片获奖，《原野》系其中之一。而后，法、德、意、日、加拿大等国纷纷洽谈购买此片的版权。

10月，在《剧本》第10期上发表《学习鲁迅》。

11月2日，曹禺于10月29日从上海寄来的建院30周年纪念册序言的第二次修改稿，以及给周瑞祥、苏民的信于今日收到。信中写道：

> 瑞祥、苏民同志：
>
> 读了你们的改稿。你们十分认真从事，这是你们多年来的精神。我深受感动！
>
> 我熟读了七八遍，仍感到有些未尽意处，或枝蔓纷杂的地方，都加以改动。甚至在你(指苏民)用红笔修改的段落与辞句，或删，或改，做些更动，我都用黑色或蓝色笔改的……

另外，信中建议此文“用复写纸再抄四份，这一份给我，余三份，仍请几位负责同志再斟酌，看看还有什么毛病”？并称“这文章代表我院，万不可疏忽”。

11月26日，在上海《文学报》上发表《出色的贡献——戏剧节上的祝辞》。

11月，香港举办《原野》首映式，许多影评人在报刊上撰文，对这部影片一致认可，并对女导演凌子第一次执导电影便能获此佳绩，给予了极高的评价。

12月4日，曹禺从上海回北京参加第五届全国人民代表大会第四次会议。

12月9日，晚，贺敬之、曹禺观看戏剧《谁是强者》。结束后上台看望演员并合影，然后在休息室与编剧、导演、主要演员进行座谈。

贺敬之说："这是一个了不得的好戏。好好宣传一下这个戏，可以打消一些人的顾虑。"

曹禺说："这是一个站得住的好戏，是一个喜剧。可贵的是，人物演得很深刻、很生动。看了戏很兴奋，演员一个是一个，都演得很好。这个戏扶了正气，打了邪气。"

12月9日至27日，日本东京民艺剧团上演《雷雨》，曹禺为此演出写了《作者的话》。

12月16日，《人民日报》文艺部与《文艺报》编辑部联合举行《谁是强者》座谈会(在北京人艺举行，会期1天)。曹禺、刁光覃、夏淳、梁秉堃、林兆华参加。座谈会由冯牧主持。发言者有曹禺、舒强、康洪兴、赵寻、吴雪、凤子、侣朋、田芬、顾骧、王景愚、陈默、林涵表、苏叔阳、刁光覃、王日初、刘梦续等。此次座谈会纪要，于12月30日在《人民日报》第5版刊登。

12月17日，在《北京日报》上发表《一出鼓舞人心的好戏——看话剧〈分忧〉》。

12月，在《文汇月报》12月号上发表《我爱北京人民艺术剧院》。

12月31日，夏淳、周瑞祥到北京医院看望因感冒住院的曹禺。

1982年，72岁

1月18日，在《人民戏剧》第1期上发表《〈攻坚集〉序》。

1月28日，在《剧本》第1期上发表《要生活，也要胆识》。

2月26日至3月2日，出席剧协第三届常务理事会第二次会议，并致开幕词。

2月，有媒体报道："一度因种种原因而禁止放映的故事影片《原野》，最近已由广播电影电视部电影局发布通过令……"至于《原野》何故被"禁"，只能用"种种原因"一词加以说明。

3月14日，在《天津日报》上发表《回忆在天津开始的戏剧生活》。

3月14日，下午，夏淳、周瑞祥到北京医院去看望曹禺。曹禺因胆结石于3月1日做了手术。现已可下床行动，情况良好，精神也很好。他昨天晚上看了《谁是强者》电视转播，遂很有兴致地与他们谈了他对几位演员表演的看法，在肯定的前提下，指出了一些应该提高以及应该注意的地方。

随后，又谈了他对一位曾访问过他的同志写的文章的看法。该同志于1年前访问过他一次，现在写了一篇访问记，请他审看，说有的刊物想发表。

曹禺对此文不太满意。他讲到有时有些同志访问他，交流中往往是很随便的。因而，他所说的一些话并不都是经过深思熟虑的，难免有不准确、不贴切之处。可是，有的访问者往往就借用他的一些话来写文章，用以批评其他研究曹禺作品的人，往往用一两句话就把别人费时费力研究出来的看法给压回去。说曹禺是如何如何讲的，一句话就否定了人家的劳动。这种做法是很不妥当的。曹禺常为此感到恼火。

他认为这位1年前的访问者所写的文章也有这方面的倾向，不太妥当，所以不同意发表，并给这位作者写了一封信，表明不赞成这种做法。但又怕信中语气过重，伤了这位访问者，于是拿出信稿让夏淳看，征求意见。夏淳对个别词句稍作改动，对一些句子顺序提出了调整建议。曹禺均虚心接受。

3月30日，曹禺病愈出院。

4月2日，曹禺去上海休养。

4月18日，在《人民戏剧》第4期上发表《评论需要学识与胆识》。

5月10日，周瑞祥打电话向在上海休养的曹禺院长汇报接待西德曼海姆民族剧院访华演出《屠夫》的情况，曹禺对他们的接待工作表示满意。

5月16日，西德曼海姆民族剧院在上海成功演出，上海市文化局为此举行接待会，曹禺出席。

5月26日，周瑞祥向曹禺汇报了纪念建院30周年活动的安排。

6月1日，曹禺致信周瑞祥：

> 我院30周年纪念，我因病不能参加，实感遗憾。你们各位同志十分辛苦，30年工作，尽心尽力，为北京人艺做出了成绩，应该充分鼓励，大大庆贺。然凡事总在盈满中易保守、易退步。好话听多，可以鼓舞人心，也可生骄满情绪，似不可不防。我们相处30年。相知也深，相爱也切。
>
> 知道我院各事都欣欣向荣，在奋斗中日见成就。衷心喜悦，不可言喻。谨祝北京人艺所有同志们胸怀大志，宽阔眼界。今日之成就与来日之功绩，不过是沙丘与泰山之比。我们现在应该庆贺，但更可庆贺的，是我们无限的将来！

6月8日，下午，曹禺刚收到来信后即致信周瑞祥，来函称“来信敬悉”，“我真是想回京参加纪念会的。但是，反复考虑，我的病与写作计划都不允许我北归，一到北京，公事私事纷至沓来，我将支撑不住。我总感到时间不多，要追回我浪费的许多光阴。我还是不回去了，请向阳翰老解释一下，感谢他对我多年的关怀。”

6月9日，在上海作《〈莎士比亚研究〉发刊词》。

6月，《〈雷雨〉的舞台艺术》由上海文艺出版社出版。

8月20日，曹禺接到全国剧协来函，内称：全国剧协将于今年10月派戏剧家代表团访日。由曹禺任团长，蓝天野为代表团成员，日方特邀朱琳随团访问。代表团于10月20日启程，时间为两周。

8月，在《戏剧报》上发表《侯喜瑞对人物形象的塑造》。

8月，应邀观看凌子导演的电影《原野》（内部播映）并大加赞赏，对凌子说：“你们的这一尝试深得我心，你们的电影使沉睡多年的《原野》复活了。”

曹禺还高度评价了影片在改编、导演诸方面所做的努力。

9月1日至10月2日，全国中青年话剧作者读书会在安庆举行，曹禺出席开幕式，致开幕词，并做学术讲演。

曹禺和安徽安庆读书会的青年剧作家合影

10月，在《剧本》上发表《和剧作家们谈读书和写作》。

10月16日，致信巴金：

> ……
>
> 今晨参加“现代文学馆筹备处”建立典礼，乔木、周扬、朱子奇、罗荪、艾青、王瑶等都来了，部队方面，有总教部主任、后勤部方面，市里刘导生、房管局单位等，各新闻机构与电影记者也参加。
>
> ……

10月21日，中国戏剧家代表团今晨启程访日，曹禺任团长、蓝天野为代表团成员、朱琳为日方邀请的随团人员。

在曹禺率代表团访日期间，日方于10月25日上午专门安排了一个日程来商谈《茶馆》访日演出的事，并请代表们回国后向中国演出公司及有关方面转达他们的邀请，促其实现。

我方参加人员：曹禺、吕复、朱琳、蓝天野。

日方参加人员：千田是也、杉村春子、村冈久平等。

11月3日，在《光明日报》上发表《三访日本》。

11月28日，参加日中文化交流协会的井上靖和白土吾夫两位先生到曹禺家中看望曹禺。朱琳、蓝天野陪同接待。

12月1日，致信巴金：

……

小祝来信说上海电影厂想请我，在十二月廿日接我去上海住一阵，谈谈《雷雨》电影本的事。请告诉他，“正中下怀！”我十分想乘此机会看看你。当然，我会写信答复他。

目前，人大开得很有精神，讨论新宪法，大家都十分热烈。昨日，听了赵紫阳的第六个五年计划报告，有内容、有办法，我很高兴，我们这个民族、这个祖国、这个社会确有可能富强起来。想想几十年我们盼望着、盼望着。受苦受难近百年的中国老百姓有一天确能幸福，过着一个真正像“人”的生活，有一个理想能为之奔走、流汗、流血，而不至于白混了一场！这岂不令人兴奋。

……

12月3日，在《重庆日报》上发表《〈茶馆〉的舞台艺术序》。

12月4日，下午，全国剧协与北京人艺联合宴请西德曼海姆民族剧院的彼得森和迈耶两位院长，同时请了老朋友乌韦和白露，中方出席的有曹禺、赵寻、刘厚生、夏淳、田冲、于民、宋垠、田春奎、朱旭、周瑞祥、李容、周正、黄宗洛、米铁增、苏德新。

12月7日至18日，出席全国剧协召开的全国戏剧评论与戏剧期刊工作座谈会，并做了讲话。

12月28日，下午，北京市市委第一书记段君毅到北京医院看望曹禺，和他商量为北京人艺配备党委书记之事。

12月31日，下午，夏淳、于民到北京医院看望曹禺。

本年，在筹建中国莎士比亚研究会（以下简称“中莎会”）过程中，筹备组几位同志向曹禺征询意见：一是邀请他担任中莎会会长，二是如何筹建这个组织。曹禺提议，为了建立组织，先办刊物，刊物是建立组织的先导。根据曹禺的意见，编委会由张君川、王佐良、李赋宁、杨周翰、黄源等人组成。

1983年，73岁

年初，参加电视剧导演会议，并做了讲话。

1月8日，致信巴金：

……

昨夜又读《探索集》（随想录之二），你说，说真话得自卢骚（梭）。他是你的启蒙老师。你今天的种种真话，想亦可启发众人说几句心里话，但也未必，世风如此，恐未见得有此神效，我们爱社会主义，爱人民，爱祖国，说出话，也是为了改改一些邪气，其意也是帮助党改正党风，吐吐民间真气，使昏昏然者能稍清醒，使蒙蒙然者知中国尚有可为。一呼百应，固然听来顺耳，然千呼不一应者，亦大有人在。我们是国民一分子，义当吐，则吐，不可因目前有希望，便有些飘飘然心满意足。顺其上，而逆于心，使大部分人还在昏聩中讨生活，而党内还有不少各种不义、不信、不知羞耻、不为人民操一点心的东西，在那里扯肘，仍在争名夺利，作“大人”状，做各种口是心非的事情，予岂好辩哉！于不得已耳。

……

1月28日，在《剧本》第1期上发表《新年的祝愿》。

2月，在《戏剧报》上发表《重视编辑工作，办好戏剧刊物》。

3月21日，应邀赴昆明参加第一届大众电视金鹰奖、第二届繁荣电视剧飞天奖授奖大会。

3月，“中莎会”学报《莎士比亚研究》创刊号由浙江人民出版社出版。曹禺十分关心这一刊物,特为创刊号写了发刊词。

3月20日,曹禺挚友画家黄永玉,致信曹禺,信很长,信中尖锐地批评了曹禺:

你是我的极尊敬的前辈,所以我对你要严!我不喜欢你解放后的戏。一个也不喜欢。你心不在戏里,你失去伟大的灵通宝玉,你为势位所误!从一个海洋萎缩成一条小溪流,你泥溷在不情愿的艺术创作中,像晚上喝了浓茶清醒于混沌之中。命题不巩固、不缜密,演绎、分析得也不透彻。过去数不尽的精妙的休止符、节拍、冷热、快慢的安排,那一箩一筐的隽语都消失了。

谁也不说不好。总是"高!""好!"这些称颂虽迷惑不了你,但混乱了你,作践了你。写到这里,不禁想起莎翁《马克白》中的一句话:"醒来啊马克白,把沉睡赶走!"

4月2日,曹禺致信黄永玉(此信15页,有2000多字),信中说:"你鼓励了我,你指责我近三十余年的时间,'泥溷在不情愿的艺术创作中'。这句话射中了要害,我浪费了'成熟的中午',到了今日——这个年纪,才开始明白。

"你提到我那几年的剧本,'命题不巩固、不缜密,演绎、分析得也不透彻',是你这样理解心灵的大艺术家,才说得这样准确、这样精到……"

4月,《〈日出〉导演计划》(欧阳山尊著)由中国戏剧出版社出版。

7月3日,《曹禺同志谈芭蕾的舞剧〈雷雨〉和它的录音剪辑》在中央人民广播电台播出。

8月,《原野》被人揭发为搞"精神污染","左"的领导认为电影《原野》宣扬的是"诲淫诲盗"。在他们指使下:电影《原野》竟与《苦恋》被共同列为批判对象,曹禺对此敢怒而不敢言。在给巴金的一封长信中,他专门有一段文字谈及此事。信中说:"《文艺报》登了唐弢的《我爱〈原野〉》,据说写得好。《原野》久不得认识,倒无所谓,只是曾与《苦恋》(该剧全国评论也是不公,我妄去评论,系旧日恶习!)在文学家们面前同放,以便批判,此一着诚属意外,教十年前旧作,也拿出来'鞭尸',威风凛凛,真是得意之极!"

9 月 5 日，北京人艺《家》剧组请曹禺做有关此剧的报告。

9 月 6 日，上午，夏淳、周瑞祥就《茶馆》访日事件向曹禺院长汇报、请示。

曹禺嘱咐说：到日本后，第一件事就是要到我驻日使馆汇报、请示。在日期间，遇到大事也要及时向使馆请示。

到了日本，要争取多看看日本的戏。日本的戏，演得很见功夫，看之前，请人先讲讲故事，要仔细地看。

他还强调：对我们的一些主要演员的身体健康要特别加以注意，他们都是宝贝！对英若诚、朱旭、林连昆等一批演员要重视。

曹禺还嘱托：到日本后，要去拜会曾参加日中文化交流协会的井上靖、白土吾夫两位先生，并代他向他们问候。

此外，由周瑞祥代为起草的曹禺致杉村春子、千田是也、井上靖和白土吾夫的三封信，曹禺已认真修改定稿，并嘱托周瑞祥找人用毛笔书写清楚后，再交他阅后签名。

9 月 8 日晚，曹禺带领部分《茶馆》剧组人员，赴西德大使馆参加修德大使为祝贺乌韦编辑的《东方舞台上的奇迹——〈茶馆〉在西欧》一书出版而举行的酒会。参加者有于是之、蓝天野、郑榕、英若诚、胡宗温、童弟等。

9 月 10 日，北京人艺《茶馆》访日演出团全体启程赴日。曹禺、于民及各部门负责人、出访人员家属均到机场送行。

9 月 24 日，上午，曹禺、于民、杜澄夫、王宏韬到北京电视台审看该台摄制的、全面介绍北京人艺的电视片《繁星》(第一集)的样片。

9 月 26 日，晚，《王建设当官》一剧彩排。市委宣传部、文化局的领导，外请的老师、学生家长，相关的新闻单位，观众代表，以及作者深入生活的国棉一、二、三厂的有关领导都来看戏。曹禺院长在幕间休息时会见了国棉一厂的党委、工会、共青团的领导，征求他们的意见。演出后，曹禺与学员们合影，勉励他们说：这是万里长征的第一步，今后还要长期努力学习。27 日早场再次彩排。

10 月 6 日，文化部外联局转来驻马来西亚使馆文化处来函：马来西亚的穆斯塔德·诺准备排演《雷雨》,要求北京人艺提供资料。经请示,曹禺院长和刁光覃、于民副院长同意为之提供《雷雨的舞台艺术》一册,剧照、景照、人物照各一套。

10月9日,在《戏剧电影报》上发表《空谷足音》。

10月14日,上午,北京文化局和北京市剧协在民族宫联合举行欢迎《茶馆》访日演出团胜利归来的茶话会。演出团全体成员出席,曹禺在会上致辞,祝贺演出获得巨大的成功。

11月7日,下午,杉村春子、稻野和子、渡边浩子、原信之来院访问。曹禺、夏淳、于是之、蓝天野、狄辛、周瑞祥、孙凤琴、谢延宁、葛崇娴、严敏求、徐月翠、吕中等接待并座谈,曹禺热情致辞表示欢迎,并再次向杉村春子先生致谢。

11月8日,晚,杉村春子一行来观看《女人的一生》(以下简称"《女》"),曹禺、夏淳等接待。演出结束后,他们上台会见演员并合影留念。随后在前三楼"文化交流中心"举行欢迎酒会。曹禺、夏淳、于民和《女》剧组、《茶馆》剧组全体成员参加。中国剧协副主席赵寻、常务书记刘厚生等亦来参加。9日下午,杉村春子一行到北京人艺与《女》剧组座谈。5时,曹禺、夏淳在翠华楼宴请他们,蓝天野、朱琳等参加。

11月28日,北京市市委十分重视北京人艺党委书记的人选。段君毅同志找到赵鼎新和宣传部其他领导,谈道:北京人艺不只在国内,而且在国际上也是很有影响的剧院。现在黎光同志去不了,赵起扬同志也回不来,你们考虑一下人选,"要谁给谁"。

经赵鼎新、黎光、李筠等同志讨论后,提出了林挺同志适合担任党委书记,并上报组织部。组织部认为,段君毅同志说了"要谁给谁",要是林挺就给林挺当,宣武区的第一书记遂报告了市委。段君毅同志委托市委宣传部征求曹禺意见。曹禺表示同意。

12月14日,北京市市委宣传部部长徐惟诚宣读市委决定:任命林挺同志为北京人艺党委书记,黎光兼任北京人艺顾问。免去赵起扬兼任的北京人艺书记职务。会上，徐惟诚还转达了胡乔木对剧院的关怀，说："北京人艺的影响很大，希望人艺把社会主义、现实主义的旗子举下去。"

12月15日，上午，曹禺、刁光覃、夏淳，田冲、梅阡、叶子、朱琳、于是之、狄辛、陈宪武到人民大会堂参加文化部、中国文联、中国剧协、田汉著作编辑出版委员会联合举行的纪念田汉诞辰85周年，逝世15周年的纪念会，曹禺在会上发了言。

12月16日，上午，老演员赵恕因患脑肺心病逝世。19日上午，在协和医院举行了告别仪式。曹禺、刁光覃、夏淳、于民及北京人艺其他部门同志，赵恕的亲属赵荣琛等参加。

12月31日，晚，观看《小巷深深》彩排。领导同志们走后，曹禺把演员们留下来，高兴地对他们说：看了戏很激动，这个戏是近几年来比较好的一出戏，境界高，抓到了推动社会前进的力量，演得很成功。尤其是戏里的演员，老中青三代结合，北京人艺后继有人，大有希望。另外，他勉励演员们继续努力，在成功的道路上继续奋斗，最后祝大家新年快乐。

12月，《戏剧报》为庆祝曹禺创作生涯50周年举行座谈会。座谈记录以《立于世界戏剧之林的中国剧作家曹禺》为标题，载于《戏剧报》中。

12月，为了演好话剧《原野》，北京青艺导演张奇虹花费了几个月的时间与曹禺商谈剧本的修改方案，得到了曹禺的大力支持。同时，为顶住关于《原野》内容有精神污染的奇谈怪论，张奇虹特地邀请曹禺亲临剧组看初次连排，并请曹禺发表意见。曹禺在讲话中明确表示此剧没有搞精神污染，甚至激动地说演出"真是不错，我觉得很好，很受感动。各位同志，我们的导演张奇虹同志用了极大的努力和极大的热情演出了这个戏"。曹禺还提出了演他剧本的一个原则："我的剧本要叫导演、表演、舞美的才能都发挥出来，只要这样，怎么改我都喜欢，只要不离题。这次你们改，不但不离题，而且是丰富了。"预计《原野》公演后可能会有人横加指责，曹禺特地又讲了这样一段话："每个演员都演得非常好，都很称职。原来我担心傻子，傻子也很好，他没化任何妆，但我觉得还是傻子。焦大星也不错，你这个大星很有派头，有焦家的气派。你们的戏加上休息两个半点，这很好。你们删得很好。”

1984年，74岁

1月5日，曹禺观看潜江县荆州花鼓戏剧团进京演出的《家庭公案》。演出结束后，曹禺拄着拐杖兴冲冲地走上舞台，和演员们一一握手。他提高嗓门，动情地说：“老乡见老乡，两眼泪汪汪，你们戏演得这么好，我很高兴啰！”

1月7日，曹禺将写好的文章《潜江新花——推荐〈家庭公案〉》托人交给剧团，并附了一封信。信中说：“嘱稿已写就，附上，请斟酌修改。登载地方，均遵你们意见，望径直接洽。十分感谢，我看了一场十分动人的好戏！”

1月11日，上午，曹禺出席了北京市文化局与北京市剧协为《家庭公案》联合举办的报告会，会议由北京市文化局局长田兰主持。曹禺首先发言，他说：“我代表北京市文化局、北京市剧协，欢迎我们的潜江县荆州花鼓戏剧团来北京演出，给我们介绍经验。”会上，《家庭公案》编剧介绍了创作体会，荆州地区文化局、潜江县文化局负责同志介绍了抓好戏剧创作和推进剧团改革的做法。

1月14日，在《人民日报》上发表《一面镜子——〈劳资科长〉观后》。

1月15日，曹禺在家中接待潜江县荆州花鼓戏剧团领导、编剧、演员等11人，并为剧作者和6位主演一一题词留念。

1月19日，在《解放军报》上发表《让〈火热的心〉更多一些吧》。

1月26日，在《光明日报》上发表《潜江新花》。

3月，任首都戏剧舞台青年优秀演员“梅花奖”评委会顾问。

3月15日，中国青年艺术剧院演出《原野》（张奇虹导演）。

4月3日，在上海华东医院会见中岛健藏的夫人中岛京子一行。

4月，在《人民文学》上发表《我很想念老舍先生》。

5月，日本关西大学演出《雷雨》。

5月，电影剧本《日出》（和万方一起改编）在《收获》第3期发表。《曹禺的戏剧艺术》(辛宪锡著)由上海文艺出版社出版。

6月3日,致曹禺研究学者朱栋霖一封信,信中说:“来示并大作早已读过。我不大好读书,至今引为遗憾。从您的文章里,看出您对古书、外国作家下过功夫。如谈到契诃夫,您的见解就相当精确,谈到我的那几本戏,您也有独到意见。您从一九八零至一九八一写作《论曹禺的戏剧创作》,耗费多少精力,我感觉惭愧。我的作品,如果还算个作品的话,是不值得您下这么大精神的……我近来开会多,见人多,写作简直停下来。岁数较大,而无长进是件难堪的事。”

6月,《原野》刚演出不久,美国奥尼尔戏剧中心主席乔治·怀特看后说:“我从西欧去苏联,最后来到中国,一路上看了许多戏,你们的《原野》是一出最好的戏,我非常喜欢。”

6月,在《戏剧电影报》第16期上发表《学而优则美》。

9月5日,在上海作《看了〈青丝恨〉的排练》。《青丝恨》是由李玉茹编写的京剧剧本。

9月11日,为《南开话剧运动史料》作序。

10月,在《戏剧报》上发表《国庆抒怀》。

同月,在《文汇月刊》上发表《看了〈青丝恨〉的排练》。

11月上旬,参加全国人大常委会视察组在重庆视察工作。

11月15日,出席《戏剧报》《戏剧论丛》联合举行的“蒲剧的新局面和戏曲的振兴”座谈会,并发言。

11月20日,出席中国剧协召开的“中国旅行剧团成立50周年、唐槐秋同志逝世30周年纪念会”,在题为《唐槐秋与中国旅行剧团》的发言中指出,“今天,话剧产生了不少优秀的剧作家,有的是直接地,有的是间接地接受了中国旅行剧团这个职业剧团的一种说不出来的影响。历史传统永远不能忘记。”

11月21日,下午,出席北京人艺党委会,指出人艺演员借出去拍电影要特别注意,“尤其是青年演员,要告诉他,话剧演员的‘根’在舞台上”。

12月3日，中莎会在上海成立。孙道临代表中莎会筹委会主任、中国剧协主席曹禺宣读开幕词。市文联主席夏征农、上海市市委宣传部长王元化出席讲话，胡乔木发来贺信。大会通过中莎会章程，选举第一届理事会，曹禺被选为会长。巴金任中莎会基金会名誉董事长。大会通过1986年举办首届中国莎士比亚戏剧节的决议。

12月11日，参加重庆市川剧青少年"新苗奖"授奖大会，并题词："培养新苗，贵在领导；苦学成材，良师为宝；振兴川剧，惊人功效。"

12月12日，在重庆接见重庆剧协主席田广才和他在国立剧专任教时的学生，并为重庆剧协题词："我们这支文艺队伍是热爱党、热爱社会主义、热爱人民的好队伍。"

12月，为《蒲剧艺术》作《回忆蒲州梆子》，又载于《戏剧报》第12期中。

12月17日，出席中国剧协在北京举办的第一届全国戏剧著作奖授奖大会：《编剧理论与技巧》(顾仲彝著)、《曹禺剧作论》(田本相著)、《〈茶馆〉的舞台艺术》(刘章春著)等获戏剧理论著作奖。

12月19日，曹禺随全国人大视察组以全国人大常委会委员的身份赴重庆视察，本日由四川经宜昌来到古城荆州。因必须随视察组集体行动，不能回故乡。《荆州报》记者鲁家雄陪他参观。在荆州大北门楼，曹禺与夫人李玉茹与鲁家雄合影。曹禺还欣然命笔写下"江山相雄不相让，形胜争夺古城壮"的题词。

在沙市江津宾馆为沙市书协王美之题词。另为荆州博物馆题词："古楚多国宝，杲杲复煌煌。荆州博物价，珍藏复珍藏。"为潜江人大题词："明月故乡晓钟，远隔千里心同。不知今夜何处？犹在思乡梦中。"为鲁家雄题"乡情"二字。

12月31日，在洪深90周年纪念会上发表讲话，赞扬"他是我国话剧界功绩极大、卓有成效的老前辈之一"。

年底，参加丁玲召开的《中国杂志》创刊大型招待会。

1985年,75岁

1月,在《新剧本》创刊号上发表《祝贺〈新剧本〉诞生》。

同月,在《外国戏剧》上发表《我所知道的奥尼尔》。

3月,在《新清华》报上发表《水木清华与〈雷雨〉》。

5月,《论戏剧》由四川人民出版社出版。

秋,一天傍晚,落霞映照着清华的校园,曹禺在众人的拥簇下,回到了阔别50余年的母校。母校巍峨高大的礼堂,显得更加壮美,道路两旁的草坪堆绿叠翠,还有那土丘、亭台、小桥无一不显得妩媚、婀娜多姿。这一切,唤醒了曹禺的记忆,他的双眼湿润了,似乎回到了充满憧憬的学生年代,脑中出现了一幅幅美妙的景象……他没有驻足流连,一直走向了绿树掩映中的图书馆,走进了书库。面对着一排排的书架和已发黄的图书,他想起了那位早已离开人世的姓金的图书管理员,沉默片刻,深深地鞠了三躬。然后走到西文阅览室的大厅的东北角,轻轻抚摸着那张靠近借书台的长桌,久久不语,然后慢慢地坐在50多年前曾坐过千百次的椅子上,提笔写下《雷雨》中的周朴园、蘩漪、四凤等人物的名字。他在呼唤、追溯已逝的年华。

8月10日,上海曹禺研究学者曹树钧写了长达3万字的《青年曹禺》(此文实际上是1990年5月由中国青年出版社出版的《摄魂——戏剧大师曹禺》的大纲或毛坯)。初稿经曹禺审阅后做了较大的修改。

本年秋,两位作者专程赴京访问曹禺,聆听他的意见,准备再做修改,后由《上海文化艺术报》发表(此文于1985年8月至11月在《上海文化艺术报》上连载10次)。短短几天,曹禺竟将作者的文稿又做了一次仔细的修改,连一些标点的误差也一一做了更正。关于《日出》的创作经过,他还用蓝笔亲自在文稿上补写了如下一段:

在三个月的观察、体验中,曹禺见到了许许多多翠喜式的人物。一个个被压在社会底层的灵魂一次又一次地在曹禺面前展现出来。他的心为之战栗:这是“损不足以奉有余”的社会里最黑暗、最需要阳光的角落啊!

曹禺又一次强调:“文稿对我褒扬过多。我这个人就是一堆感情,没有什么可写的。其实,我的成就,都是人民给的,是人民给我提供了丰富的创作养料。”

《青年曹禺》是阶段性传记,主要描述曹禺从小到《北京人》问世这30年的生平和创作道路。全文共10节。曹禺逐节谈了他的意见,并补充了一些细节。在谈到第8节“见到了周先生”,他又深情地回忆起在重庆时周总理对他的亲切关怀:“1938年冬天,周总理派张颖同志捎来信。上次我说错了,说是给了我一封邀请信,可能没有信,你还可以再去问问张颖同志。”说着,他就当即给《青年曹禺》的作者曹树钧写了一封给当年周总理秘书张颖的信,并在信封上用毛笔写上张颖家的地址。信的全文为:

张颖同志:

兹介绍上海戏剧学院曹树钧同志、上海团市委俞健萌同志,请予拨冗接待。不知可否?敬祝。

夏安!

代问文晋同志好。

曹禺　一九八五.八.十

谈毕文稿意见,曹禺合上文稿。“你的文章其实是在激励我呀!”曹禺感叹地说,“我现在虽然年纪大了,体力日下,但我还想在有生之年再写点什么,总觉得自己还有不少东西没有倒出来,我还想再写点什么……我对自己在解放后(新中国成立后)这几十年没有写出好作品经常抱憾,对自己很不满意,也很苦恼,常常自问:这是怎么回事呢”,“现在回想起来,那时我每当拿起笔要写点什么,总好像无形之中有人攥住我的手,瞻前顾后,落不下笔”。这时,曹禺看了看我们:“我年纪大了,像到了秋天,各方面都不及年轻人。你们正在年富力强的时候,跟你们这样的年轻人谈谈,能得到新的活力。”

8月5日至6日，经过中莎会组织者反复协商，邀请了上海市、北京市、陕西省、武汉市、浙江省等地戏剧团体负责同志共11人，在上海召开了首届中国莎士比亚戏剧节的第一次筹备工作会议。

第一次筹备会前夕，曹禺来到上海，听了筹备戏剧节的情况后，很激动，连连称赞这是一件大好事。当习仲勋同志来到上海，在上海市委书记芮杏文、市长江泽民陪同下去看望曹禺时，曹禺简要地汇报了中莎会及首届中国莎士比亚戏剧节的情况。习仲勋同志称赞："很好。"

8月，在《文艺报》上发表《曹禺谈电视剧〈四世同堂〉》。

9月，在《剧本》上发表《从夏衍那里学到什么》。

9月5日至16日，上海人艺《家》在日本东京巡演16场，受到日本专家与观众的欢迎。

10月，赴天津南开大学参加曹禺从事戏剧活动60周年学术讨论会。

11月，参加中国话剧文学学术讨论会，在开幕式上做题为《话剧的新时代就要到了》的讲话。

12月，在《瞭望》第31期上发表《一部极其出色的电视剧〈四世同堂〉》。

1986年，76岁

1月15日，出席胡风追悼大会。

1月，作《危机里蕴藏生机》，载于《剧本》第1期中；作《在夏衍的目光里》，载于《戏剧报》第1期中。

1月15日，在《戏剧与电影》报上发表《能开天地春》。

2月7日，出席中国剧协召开的主席、副主席会议，谈戏剧工作者坚持四项基本原则等问题。

2月18日，出席中国剧协春节联欢会，做题为《劲可鼓，不可泄》的讲话，后载《剧本》第4期。本月，作《张庚的道德文章》，载于《戏剧报》第2期中。

2月20日至21日，参加在上海召开的莎剧节第二次筹备工作会议，有关单位负责同志共20余人参加了会议。曹禺听取了筹备汇报，还亲自察看了戏剧节的中心会场——上海戏剧学院新建的现代化实验剧院，称赞道："在这里举行莎士比亚戏剧节非常好、非常有意义。"

3月8日，作《人的悲剧——看〈上帝的宠儿〉》，载于《文艺报》中。

3月12日至13日，《电影艺术》编辑部发起《日出》《雷雨》《原野》影片座谈会，黄式宪、黄宗江、苏叔阳、夏淳、晏学、吕恩、石羽、刘诗兵等20余位专家、艺术家对3部影片的成就与不足进行了具体的评价和分析。这次座谈会对曹禺剧作改编的创作实践多有启发。

3月底，曹禺在北京医院与上海的莎剧节会刊记者杨梢交谈3个半小时，十分关心莎剧节在上海的演出，询问了莎剧节的经费、表演的剧目、宣传、来宾接待、学术交流、电视录像等方面，并作了指导，他为会刊第一期题词："莎士比亚是我们当中的一个、最贴心的一个。愿中国莎士比亚戏剧节的举行，使更多的人成为莎士比亚的知音。"

4月7日，出席在京召开的中国剧协工作会议，并致开幕词。

4月8日，出席第三届"梅花奖"授奖大会。

4月10日，出席首届中国莎士比亚戏剧节开幕式，致开幕词，作《为中国莎士比亚戏剧节而作》，载于11日《人民日报》中。首届中国莎士比亚戏剧节(4月10日至23日)，由中国莎士比亚研究会发起倡议，分成南北(北京、上海)两个演区，同时举行。曹禺为首届中国莎士比亚戏剧节组织委员会主任。

4月11日，曹禺在上海戏剧学院外宾接待室，主持中莎会全体理事会第一次会议。

4月16日，曹禺来到上海戏剧学院实验剧场贵宾室，看望正在举行莎剧表演艺术研讨会的专家、艺术家，并对大家说："莎士比亚不属于一个世纪，是属于全时代的、全人类的。我们正处在一个振兴中华的伟大时期，我们这样热烈地来搞一个世界文化巨人的纪念，我想这个影响将是深远的。"曹禺指出我们不但要引进，也应该走出去，"因为中国的文化在世界上不仅是站得住的，而且完完全全是第一流的。所以，我们要看得远一点。一方面我们要好好学习，努力提高自己；另一方面要宣传我们自己的东西”。

在上海观看西安话剧院演出的《终成眷属》。会见全体演职人员，赞扬此剧演得不错，并当场挥笔题词：“西安话剧院演出《终成眷属》为首届中国莎士比亚戏剧节添了极大的光彩。”

4月17日，录音报道：首届中国莎士比亚戏剧节在中国国际广播电视台播出。此次报道主要采访了曹禺、中国著名莎学家孙家琇教授和国际莎协主席布洛克班克教授。此报道由中国国际广播电台英语部路疆、张小红采制，主持人魏琳。节目播出后受到外国听众的热烈欢迎。

该节目在1986年第五届全国优秀节目评选中获特等奖(参加评议的有40家电台的368个节目)；在1987年第八届全国好新闻评选中荣获一等奖；在1986年度大洋洲广播艺术和科学院举办的国际广播培特奖竞赛中荣获最佳对外广播节目奖(参评的有26个国家的2807个节目)。

4月18日，在上海参加中莎会第二次常务理事会。会后与莎剧节各演出团、剧组负责人进行座谈。

4月19日，在上海观看上海戏剧学院82级内蒙古班演出的蒙语话剧《奥赛罗》，赞扬内蒙古班学生在演出中表现出来的激情和活力是非常难得的，十分真实，使人信服，全剧演出节奏流畅，很有气魄。另外称：“我代表全国剧协和中国莎士比亚研究会，谢谢你们。”

4月21日，在上海观看安徽省黄梅戏剧团演出的黄梅戏《无事生非》。

4月23日，在上海出席莎剧节闭幕式，作闭幕词《莎士比亚属于我们》，后载于《戏剧报》第6期中。

4月25日，在上海主持中莎会部分会员座谈会，座谈首届中国莎士比亚戏剧节所取得的辉煌成果。

1986年春，北京青艺《原野》应邀参加香港第14届国际艺术节演出，邵逸夫(邵氏电影公司创办人)年过八旬，专程从台湾赶来，连看了两遍，观后欣喜地对剧组、导演说：“我是第一次看大戏，坦白讲，在台湾几十年没看到这样好的话剧，在香港更看不到……你们这个话剧，好就好在中国气派、中国味道。”

5月，上海电视台《大舞台》专栏邀请曹禺、吕瑞英等有关人士进行座谈，探讨中外戏剧文化交融问题。

5月5日，作《振奋精神，繁荣戏剧》，载《人民日报》中。

6月，担任中国剧协举办的1984～1985年全国戏曲、话剧、歌剧评选委员会顾问。

7月，电影剧本《日出》由曹禺、万方改编，获第六届“金鸡奖”最佳编剧奖。

7月9日，中央戏剧学院召开纪念李伯钊同志座谈会，曹禺发了言。

8月，在《评论选刊》上发表《我对歌剧的几点意见》。

10月5日，出席《戏剧电影报》召开的粉碎“四人帮”10周年座谈会，作题为《应该记住》的发言，并载该报中。

11月11日，主持在北京召开的中国剧协主席、副主席工作会议，讨论戏剧界如何贯彻党的基本路线的问题。

11月，出席上海举行的纪念黄佐临从事戏剧活动50周年大会，作《贺佐临》，载《戏剧报》1987年第1期。

12月，北京人艺召开纪念焦菊隐诞辰80周年暨逝世10周年大会，上海著名记者秦来来在北京采访了曹禺。

面对记者采访的话筒，曹禺兴致勃勃地介绍起这位被他称为“真正感受到彼此心灵相通的戏剧艺术家，一位杰出的导演——焦菊隐”。

他赞扬焦导努力“把中华民族的传统艺术学透搞懂，再运用到西方的话剧艺术当中去，把它改造成有中华民族特色的、中国人的话剧。这是他一生的想法和追求，是他创立的一个独立的学说”。

然而，当话题转向现实的时候，曹禺露出了犹豫和担忧，“我想念他。我老怕北京人艺受过训练的老一辈艺术家于是之、英若诚、朱琳，他们总有老的一天。如果下面没有人接，或者说，虽然有人接，能不能达到他们的水准不敢说。更年轻的也没有人。我常常担心，常跟人艺的同志讲，要赶紧抓，不然的话，北京人艺就剩个招牌了。光有招牌没用。人艺的艺术传统，要真正有人传下去。还有重要的就是，焦先生的导演方法、培养人才的方法，要真正有人接下来"。曹禺抑扬顿挫、充满感情地说："我们常说，没有好剧本、没有好演员，就没有好戏。但我愈发明白，没有一位才能和思想都攀上高峰的导演，就是有好剧本、好演员，也是枉然！"说到这里，曹禺明显激动了，"我真担心我们这些老家伙有一天死了，当然不是一起死，而是一个一个死，下面没人怎么办？光剩下北京人艺的招牌有什么用！"

本年，曹禺第4个女儿万欢考入首都医学院，赴美国留学，学习公共卫生专业。其毕业后，在北京医学院少年儿童卫生研究所工作，今在美国疾病防治中心工作。

1987年，77岁

1月，为了通过电视向全国人民介绍我国著名的文学家、艺术家，曹树钧应中央电视台之约，执笔撰写了6集电视传记片《杰出的戏剧家曹禺》初稿。打印稿事先请曹禺过了目。一天下午，曹树钧与中央电视台摄制组的几位同志来到曹禺在上海复兴西路的寓所，登门聆听意见。

曹树钧等人在曹禺寓所采访曹禺

依照预先想好的访问提纲，曹树钧结合曹禺的剧本问及一些有关的演出情况，提出一些问题，请曹禺先生畅谈。

在谈到《全民总动员》(即《黑字二十八》)演出情况时，曹禺兴致勃勃地说:“这个戏的演出可以说集中了重庆的所有大明星，白杨、赵丹、舒绣文、魏鹤龄、张瑞芳、王为一、章曼苹……全来了。那时搞统一战线，张道藩也上了台。连我这个五音不全的人也扮演了一个资本家侯风元……”谈话足足进行了近4个小时。

5月初，曹禺荣获法国荣誉勋位团高级军官勋章。

5月16日，在《人民日报》上发表《赞大学生电视剧》。

7月12日，致信巴金:

> 你信中有几句话给我很大力量:“我现在的确看穿了，要活下去，必须保重自己。”
>
> 还有两句，使我受到鼓励，感到人活着，无论遇着什么，活着还是要有劲，有点分量。你说:“经常挨骂挨批，却始终不倒下去。既然不死，就不必顾虑太多，所以我常常乐观。”
>
> 芾甘，你说得对，我们还是不能放下笔，尤其是你。萧伯纳九十多岁，还写长戏，而且写得很好。你这几年写的《随想录》是你最勇敢、最有智慧、最显出你的生命活力的大文章，是给祖国，给你的读者最热情、最有朝气的文章。
>
> ……

7月，在北京医院会见台湾著名影视剧导演，即当年剧专毕业生彭行才。

7月，在《艺术交流》上发表《曹禺谈秦腔创新》。

8月，《曹禺戏剧研究集刊》由南开大学出版社出版。

11月，《曹禺研究五十年》(潘克明编著)由天津教育出版社出版。

12月，在《剧本》上发表《骏马雄鹰》。

1987年的一天，潜江县办公室主任陈焕新与县城乡建设环境保护局副局长陈必俊趁从潜江赴京向国家建设部汇报工作的机会，登门拜访了曹禺，向他提出了兴建“曹禺著作陈列馆”，今后再改为“曹禺艺术馆”的想法。曹禺听后十分谦虚地说：“家乡人太看重我了，其实我没有什么可以陈列的。”两位再三恳求：“您应该给潜江人民留点什么，因为潜江是个对外开放的城市，经常接待国内与国际友人和游客。客人们如果知道潜江是曹禺的故乡，想留下来看一看，能看什么呢？我们不好向世人交代。”由于两人的诚恳与执着，感动了曹禺，因此曹禺说：“让我考虑考虑再说，好吗？”两人当即表示回去向当地政府汇报，并恭候佳音。

1988 年，78 岁

2 月，我国第一部描写曹禺生平与艺术生活的传记片《杰出的戏剧家曹禺》（曹树钧、孙福良撰稿），在中央电视台《文化与生活》专栏播出，同年 8 月第二次播出。该片沿着曹禺当年生活过的 7 个主要城市（天津、北京、南京、长沙、重庆、江安、上海）进行实地采访拍摄，由中央电视台与上海戏剧学院联合摄制，导演为徐小卉，制片主任为孙福良，制片为古人驹，电视美术为姚振中，灯光为潘家瑜、韩关坤。

同月，北京人艺著名导演夏淳应新加坡实践表演艺术学院邀请执导的话剧《雷雨》公演 5 场，场场观众爆满。艺术总监郭宝昆，演员阵容：郑民威饰周朴园、程茂德饰鲁贵、翟志玉饰蘩漪、高慧碧饰鲁侍萍、陈玉云饰周萍、黄家强饰周冲、吴悦娟饰四凤、王水平饰大海等。

5 月，南开大学日语专业学生排演日语版《雷雨》，然后东渡日本，在玉川等 6 所大学演出两周，在日本引起轰动。

7 月，《曹禺剧作艺术探索》（华忱之著）由四川文艺出版社出版。

7 月，曹禺夫妇应邀赴西安做客，西安市有关方面向他们介绍了改革开放 10 年来，陕西人民的生活有了明显改善。在宴会上，曹禺兴致极高，侃侃而谈。他说：“其实，解放（新中国成立）前夕国民党的失败主要不是失败在军事上，而是失败在政治腐败，贪官污吏横行，民心丧失殆尽。得民心者得天下，失民心者失天下，这是从古到今，颠扑不破的一条真理。今天，见到陕西老百姓生活大提高，我真是高兴极了。”

7月4日，赴湖南岳阳主持中国剧协第4届优秀剧本评奖活动和授奖大会，作题为《为心爱的事业而奋斗》的讲话。

8月2日，晚，在首都剧场观看哈尔滨话剧院演出的《安提戈涅》，会见演员时表示祝贺。

8月，《曹禺传》(田本相著)由北京十月文艺出版社出版。《曹禺的剧作道路》(杨海根著)由上海文艺出版社出版。

9月，上海沪剧院首次赴香港演出沪剧《雷雨》。

9月，菲律宾首都马尼拉公演《北京人》，导演为丁尼。

9月，第一届中国宣化葡萄节举行，曹禺赋诗一首，并为葡萄节题词：“敬祝佳节圆美，老乡幸福。”

本月，参加中戏首任已故院长欧阳予倩铜像揭幕仪式，欧阳予倩诞辰100周年纪念大会，并讲话。

10月，《雷雨》在韩国汉城(今首尔)演出。这次演出由李海浪任导演。演员阵容：金东园饰周朴园、孙淑饰蘩漪、金国焕饰周萍、朱镇模饰周冲、金在建饰鲁贵、白星姬饰鲁侍萍、崔相禺饰大海、权海顺饰四凤。

10月6日，曹禺因尿毒症住进北京医院。

10月5日至7日，抗敌演剧队建队50周年座谈会在武汉举行，曹禺作贺诗一首：“投身抗日怒吼中，大地颤抖炮火红，百劫不死无反顾，天光万里照长空。”

本月，韩国中央国立剧场上演《雷雨》，导演为李治良。

11月5日，芮杏文、王忍之到北京医院看望曹禺。

11月8日至12日，出席第五次全国文代会，当选为执行主席。

11月17日，北京市剧协第四届代表会议召开，曹禺被选为名誉主席。

11月27日，北京市剧协第二次会员代表大会召开，曹禺被选为名誉主席。

11月,澳籍华人江静枝女士与来澳探亲的上海著名话剧演员李家耀夫妇一起筹建澳洲第一个华人业余剧社,把《雷雨》作为建社后第一个公演剧目,特邀李家耀为剧社讲学7次,并与电影《雷雨》主演顾永菲进行交流。《雷雨》在澳大利亚的悉尼公演后,获得很大成功。

我国第一部描写曹禺生平和创作道路的长篇传记文学《摄魂——戏剧大师曹禺》,在写作过程中,曹禺曾多次带病接受两位作者的来访,详尽地听取他们的写作大纲、思路。这年秋天,两位作者再次赴北京木樨地寓所聆听先生的意见,曹禺说:“传记文学不同于正史传记,它应该是一种在史实基础上的文学创作。既然是文学创作,那就应该让作家有更多的自主权。我相信你们的采访和核实是到家的,我也信任你们会实事求是的。你们在史实基础上进行创作,这是你们的自由和权利,我无权干涉。你们只是用我的经历做素材,在写你们的作品。至于我,以我自己的作品和言行来让想了解我的人了解。你们从你们对我理解的角度,任贬任褒都无妨。”

曹禺对作者的这种支持和信任、关心和“放纵”,使两位作者由衷地尊敬他的磊落和宽宏,同时又使他们感觉到身负的责任。1988年,再次见面时,作者还告诉他,书名拟取《摄魂——戏剧大师曹禺》,并征求他的意见。曹禺说:“大师这个头衔不要,我就是曹禺。摄魂这个词做书名好,不落俗套。”

不久,两位作者先后收到曹禺挂号寄赠的条幅,对他们表示支持和勉励。寄给上海戏剧学院曹树钧的条幅,全文为:

一九八八年早秋

登高壮观天地间
大江茫茫去不还
黄云万里动风色
白波九道流雪山

录李白诗赠曹树钧同志　曹禺

本年,湖北潜江县县办公室主任陈焕新随同县长罗心华赴京,向国家民政部汇报“撤县设市”的工作,得到了当时崔乃夫部长的首肯,两人非常高兴。借此机会,两人准备拜见曹禺先生,并邀请他参加在京的潜江同乡会。这时,潜江图书馆馆长刘清祥也赶赴北京,于是,与他们一同前往。罗心华很善谈,与曹禺谈笑风生;曹禺兴致也很高,表现出极大的热情,声称家乡的父母官来了,并拿出纪念册,要他们一一签名留念。在交谈中。罗心华说,兴建"曹禺著作陈列馆"已纳入县政府向全县人民承诺的十大实事之一。曹禺说:"家乡给我建馆,感谢家乡父老和家乡政府的关怀,我一定全力支持。"

12 月 3 日,罗马尼亚诺塔拉剧院演出的《雷雨》在导演处理上更加大胆。年轻的导演亚历山德鲁·达比萨构思独特大胆,令观众耳目一新。

12 月 3 日,湖北潜江筹建"曹禺著作陈列馆"负责人刘清祥致信曹禺,告知筹建工作目前进展非常顺利,称"工作的进度情况我将随时跟您沟通和汇报,并希望及时得到您的建议和帮助"。

此后,曹禺把各个时期的剧作和有关书信、手迹、珍贵实物赠送给了陈列馆。如法国密特朗总统授给他的军团勋章、各种聘书、国内外友人赠送的纪念品。曹禺说:"到了一定时候,我的所有藏书捐给家乡图书馆。"在场的曹禺夫人李玉茹表示,她在上海也有一些藏书,到时可以一起捐给家乡。

1989 年,79 岁

2 月 1 日,在北京市文代会上,曹禺当选为市文联名誉主席,于是之当选为副主席。

2 月 3 日,刁光覃到北京医院看望曹禺。

2 月 4 日,曹禺以院长的名义给邓颖超写信拜节。

2 月 5 日,下午,北京人艺于是之、周瑞祥、赵崇林到北京医院看望曹禺,向他献花表达全院慰问。

2 月 16 日,《人民画报》记者到北京医院采访曹禺。

同月,在《话剧》上发表《曹禺电贺佐临获奖》。

5 月 31 日,下午,李筠、林连昆、赵崇林到北京医院看望曹禺。

5月，《曹禺戏剧欣赏》(赵惠平著)由广西教育出版社出版。

8月29日，下午，苏民、周瑞祥、林连昆到北京医院看望曹禺。

8月30日，曹禺第一位夫人郑秀因病去世，病重时，郑秀提出要见曹禺一面，通过多种渠道联系，不知何故这个愿望竟没能实现。郑秀是呻吟着“家宝……家宝”这个名字离开人间的。

郑秀毕业照(1936)

死后，医院方为郑秀设置简单的灵堂，曹禺献上一个大花篮，最引人注目，这不仅是因为他的名字，而且是因为一个足以使整个灵堂内所有的挽联、花圈黯然失色的、最大的、“品位”最高的花篮。

9月4日，文化部通知，要林兆华、赵崇林陪同市委宣传部马玉田副部长到北京医院看望曹禺。

9月底，香港话剧团在香港演出《北京人》。

10月12日，《江安经济导报》发表《在国立剧专迁来江安50周年文化经济交流会上曹禺同志的录音讲活》。

10月23日，北京人艺新版《雷雨》彩排，以年轻演员为主，龚丽君主演蘩漪。演出后观众反映很好。

10月28日，晚，曹禺、李玉茹观看新版的《雷雨》，开演前会见了来看演出的台湾作家琼瑶女士。演出后，曹禺上台与演员见面，夏淳向他一一介绍了青年演员。曹禺说：“这次青年演员演得很不错，有成绩，看到了你们这一代年轻人，很高兴，也非常感动。谢谢导演夏淳把我几十年前写的戏导得这么成功!”

11月4日，市领导王光、李志坚到北京医院看望曹禺。中央电视台、北京台均播发了北京人艺新排《雷雨》演出的消息。

11月5日，上午，湖北市潜江县举行“曹禺著作陈列馆”落成典礼。开馆典礼由潜江市市长罗心华主持。中国戏剧家协会常务副主席刘厚生、湖北省人大副主任梁淑芳、湖北省政协副主席胡恒山为开馆典礼剪彩。湖北省省委宣传部副部长邓泽民、荆州地委副书记柯余双为曹禺铜像揭幕。中央戏剧学院院长徐晓钟、北京人艺副院长于是之、中国艺术研究院话剧研究所所长田本相和武汉大学的陆耀东、北京大学的孙庆升、上海戏剧学院的曹树钧、安徽师范大学的胡叔和、华中师范大学的黄曼君等出席开馆仪式。曹禺女儿万方在开馆典礼上宣读曹禺的《我是潜江人》。

11月5日，下午，在潜江宾馆举行“曹禺著作陈列馆”落成开馆座谈会暨曹禺研究学会筹备会。会议由副市长周启汉同志主持，曹禺夫人李玉茹、刘厚生、徐晓钟、于是之、田本相、陆耀东、曹树钧等50多位专家、学者和有关人士参会。

11月5日，晚上，由剧作家胡应明执笔改编的文学剧本，由著名导演余笑予执导，经过几个月的边排边改，一出散发着江汉平原泥土芳香的花鼓戏《原野》开始首演。演员阵容：胡新中饰仇虎、李春华饰花金子、孙世安饰焦母、余红传饰焦大星、肖作伟饰常五、潘兰平饰白傻子。来自全国各地的50多位专家、学者观看了演出。中国戏剧家协会常务副主席刘厚生、中央戏剧学院院长徐晓钟，北京人艺副院长于是之，中国著名京剧演员李玉茹对此剧给予了高度评价，兴奋地赞叹道“曹禺戏剧园地又增添了一个新的艺术品种”。

对“曹禺著作陈列馆”落成开馆的盛况，中央电视台、湖北电视台、湖北电台及《人民日报》《湖北日报》《光明日报》《文汇报》《工人日报》《农民日报》《中国文化报》等10多家新闻媒体做了报道。另由中央电视台制成的《悠悠故乡情》专题电视片，与全国观众见面。

曹禺得知开馆盛况后，在给陈列馆馆长刘清祥的信中说：“夫人告知故乡盛情，欣不成寐，禺拜托你代问家乡领导、父老乡亲好，我是十分感谢的！”

11月30日，在《荆州文化报》上发表《我是潜江人》。

12月2日，在北京医院作诗《一片绿叶》，渴望“从心里头唱出来的”“愉快的声音”。

12月3日，在北京医院作《无题》诗一首，内有一句：“风雨一生难得过，雷电齐来一闪无。”

12 月 6 日，曹禺将重庆出版社赠给他的由该社精编出版的《中国抗日战争时期大后方文学书系》20 册，全部转赠给北京人艺图书馆。

12 月 10 日，收到巴金的来信，信中说：

家宝：

电报收到。玉茹谈了你的近况。我多么想能像从前那样同你畅谈半天！但是我不能去北京，你也无法来上海，连梦中我也听不见你的声音。不管怎样，你的面貌永在我的眼前，三十年代、四十年代、五十年代、六十年代、七十年代、八十年代，我们在一起经历了种种奇怪的日子，你怎样悲痛地跟方瑞告别，我默默地把萧珊送到火葬场……想起你我只有一个愿望：不要放下笔。我不断地对你说：你要写，要多写。然而今天我却要对你说：“要保重，把身体养好。”你安心养病吧。你的存在就是一种力量，千万不要轻视自己。我经常从你那里受到鼓舞，这是真话！

……

12 月，《曹禺戏剧人物的美学意义》（柯可著）由花城出版社出版。

12 月 27 日，《文汇报》高级记者唐斯复转来上海市对外文化交流协会编辑出版的《北京人艺在上海》纪念特刊。该特刊由曹禺题写刊名。此后北京人艺在上海演出 20 天左右，通过新闻媒体传播 200 次之多，这一盛举，在上海被公认为“1988 年中国十大文化新闻”之一。

20 世纪八九十年代，在非洲埃及首都开罗的艾因·舍姆斯大学中文系，有二三十位硕士、博士研究生和几十位本科生，都十分热爱曹禺及其代表作《雷雨》《日出》，称曹禺为“最可爱的剧作家”。每年仲春，该校中文系都举行一次“中国文化周”，学生们争演的保留剧目之一就是《雷雨》。埃及女大学生纳希德主演的蘩漪特别成功，获得文化周表演一等奖。

曹禺晚年年谱下编

（1990～1996）

1990年,80岁

1月1日至3日,北京人艺《雷雨》在首都剧场演出。

1月初,剧专1940年毕业生、导演蔡骧来看望曹禺,带了一束花。进门后看见桌上有个花篮,并未在意,把花插在花瓶里后转过身,这时曹禺气吼吼地对蔡骧说:“岂有此理,这些人真没人味,我都病成这个样子了,还要我写文章!”蔡骧问生活秘书小白:“怎么回事?”小白说:“刚才来了两位领导,要他写文章……”蔡骧便用缓和的语气劝曹禺不要生气:“这是他们的职业,你不写就是了。”他却放不下,反复地说:“他们怎么能这样!?他们怎么能这样!?”

1月5日,夏淳、周瑞祥先后到北京医院看望曹禺。

1月7日,东方化工厂在首都剧场举行“云燕杯青年演员表演进步奖”授奖大会。于是之发言题目是“迎接下一世纪观众的考验”,他代表曹禺院长感谢北京东方化工厂提议“建立云燕杯青年演员表演进步奖,是非常有远见的,他们是帮助剧院建设我们的未来。”

1月19日,下午,于是之看望曹禺。

1月22日,下午,周瑞祥、张学礼看望曹禺,曹禺精神很好,对举办“青年演员表演进步奖”的活动甚为肯定，认为做得很好，影响也好；认为北京人艺的《人艺之友报》办得不错，要坚持下去。

1月31日，下午，北京人艺书记、院长会议召开，为庆贺曹禺从事戏剧活动65周年，决定为曹禺制作半身塑像。

2月5日，致信与前妻郑秀的女儿万昭：“妈妈故去，我内疚很深，你们——你和黛黛小时候我都未能照护，只依妈妈苦苦照顾，想起这些，我非常愧疚。事已过去，无法补救，人事复杂，不能尽述。”

2月8日，巴金致曹禺信，信中说：

家宝：

感谢你的长信。四十年的往事无法谈，无法写，我们都老了！你的信到了我这里已经一个多月，我读了不止一遍，后来我忽然觉得这信也像是我写的，你我的处境、的心情、的想法完全一样。你“每天想出医院”，我每日想不再进医院，可是你只能短期请假出来，我也还得在什么时候住进医院。我多么怀念五十年代、六十年代和八十年代初期我们在一起过的日子，可惜我没有精力写回忆录了。但是它们会永远留在我的记忆中，何况我这里还有不少照片。

……

3月16日，下午，于是之、周瑞祥、林兆华、林连昆、赵崇林开会研究纪念曹禺从事戏剧活动65周年的具体活动项目。原则商定：(1)演出《雷雨》《北京人》；(2)与北京图书馆联合举办曹禺作品展览；(3)举行学术研讨会；(4)制作曹禺半身塑像，置于剧场前大厅等。

3月24日，上午，夏淳给北京人艺87级学员讲授曹禺的《北京人》。

4月10日，为纪念曹禺从事戏剧活动65周年，北京人艺重排《北京人》，今天建组。导演：夏淳。舞美设计：王文冲、霍焰、冯钦。演员：张瞳、吴刚、龚丽君、李珍、马星耀、王涛、郑天玮、江珊、郑幼敏、王长立、尹伟、任炼(外借)、张福元、王刚、刘勤。

4月28日，上海人民艺术剧院庆祝建院40周年，祝贺曹禺80诞辰，在上海艺术剧场公演《日出》，导演为庄则敬，主要演员有赵曦、魏启明、魏宗万、杨宝河、程素琴等。

5月，我国第一部曹禺文学传记《摄魂——戏剧大师曹禺》（曹树钧、俞建萌著）由中国青年出版社出版。该书出版后，由北京人民广播电台的《长篇小说连续广播》栏目连播两个月，并在北京《广播电视报》举办了专题征文评奖活动。后又被列入"中国现代名人传记系列丛书"，并被改名为《曹禺》，重印了三次。1990年该书被列为"振兴中华读书活动"推荐书目。

5月28日，晚，北京师范大学的许嘉璐、黄会林教授来北京人艺，对北京人艺顾威、杜澄夫为北京师范大学北国剧社执导的《镀金》（曹禺改编）和《三块钱国币》表示感谢。两剧在该校演出时，受到同学们的热烈欢迎。

6月2日，北京人艺举行《人艺之友报》创刊3周年纪念研讨会。曹禺为此报创刊3周年题词："艺术永久，友谊长存。"

6月5日，曹禺致信巴金：

芾甘：

从你给我复一封长信后，有半年我没有回信。原因是少见的疲乏，看来，我出院的希望只是幻想，说不定今生再见你是不可能的。心里乱糟糟的，时常想念你，我的兄长；想念我们曾在一起欢聚的情景，想起靳以。读了散文集中一位萧似写的纪念萧珊的文章，我又念起许多见着萧珊的场合，重庆的文化生活出版社，上海武康路的你的家，甚至想第一次我和靳以在兆丰公园见着十几岁的萧珊的笑脸，笑个不停的少女声音。

我念起那篇描写她去世的状况，小林喊："姆妈！姆妈！"的哭声；小棠一直诧异为什么妈妈不来看也在病中的小棠，我不知为何那样酸楚，我不敢再看第二遍，而经常那样想细细再读一遍。

我觉得许多往事使人流泪、使人高兴、使人那样渴望它再现。大约我这一生快走到尽头，回顾这一辈子，可想的事情不多，错失确是不少。自己想算算总账，我欠这个世界的太多，太多了！

芾甘，你永远燃烧着热情的火，你是对一切世界的丑的、坏的事物永远反抗的灵魂，因此有正义感的人对你总抱着崇敬的热情的感情。真希望，你一点不感到累，你是总在战斗着的人。

……

6月14日，文化部艺术委员会、中国文联、中国戏剧家协会向中共中央宣传部、文化部报送请示文件：

中宣部、文化部：

今年是我国杰出的戏剧家曹禺同志从事戏剧活动65周年，又适逢他80寿辰。鉴于曹禺同志半个多世纪以来，通过话剧创作、话剧教学、文艺领导工作等活动对我国文学艺术事业，特别对话剧事业做出了巨大贡献并享有国际声誉。我们计划于今年10月20日至30日在北京举行祝贺曹禺同志从事戏剧活动65周年的活动，借以弘扬民族文化，促进我国文学艺术，特别是话剧艺术的发展和繁荣。现已成立了由林默涵同志任主任委员，由吴雪、赵寻、孟伟哉、李志坚同志任副主任委员，"祝贺曹禺从事戏剧活动65周年"的组织委员会及其办事机构，并初步确定了祝贺活动的主要项目为：举行祝贺大会，演出曹禺同志创作的剧本和根据曹禺同志创作的剧本改编的戏曲、歌剧，曹禺同志戏剧学术研讨会，出版祝贺曹禺同志从事戏剧活动65周年文集。

现将《祝贺曹禺同志从事戏剧活动65周年计划草案》送上，请予批示。

文化部艺术委员会、中国文学艺术界联合会、中国戏剧家协会……一九九〇年六月十四日

活动计划包括宗旨、时间、地点、祝贺活动项目、主办单位与协办单位、组织委员会、经费及工作步骤等项。

宗旨：从弘扬民族文化出发，多方面地展现曹禺同志半个多世

纪以来通过从事话剧创作、戏剧教育和文化领导等工作，对我国的革命和建设特别对话剧事业的发展做出的卓越贡献及其产生的深远影响，深入探讨曹禺同志在丰富发展中国话剧艺术现实主义学派方面做出的巨大成绩及其创作的宝贵经验，推动广大文艺工作者特别是广大话剧工作者，结合当前实际情况，认真汲取曹禺同志的创作经验，学习和发扬曹禺同志长期为振兴话剧奋斗不息的献身精神，以促进我国话剧事业的发展和繁荣，使话剧艺术更好地为人民服务、为社会主义服务。

活动地点主要在北京，部分演出在外地。

祝贺活动项目有祝贺大会、祝贺演出、学术研讨会、出版纪念文集等，并分别规定了各项活动的详细内容和具体做法。

主办单位有文化部艺术委员会、全国文联、全国剧协、中国话剧艺术研究会、北京市委宣传部、湖北省文化厅、中共潜江市委暨潜江市政府、北京市文化局、北京文联、北京剧协、北京话研会、北京人艺、中央戏剧学院、中国艺术研究院话研所等。

协办单位有中央电视台、《中国文化报》、中国青年艺术剧院、中央实验话剧院、中央歌剧院歌剧中心、北京电视台、北京市学联、北京图书馆、中国煤矿文工团、北京师范大学北国剧社、上海人艺、上海音乐学院周小燕歌剧中心、山东歌舞剧院、哈尔滨求索剧社、湖北省潜江市荆州花鼓剧团、甘肃省青年京剧团、潜江市曹禺著作陈列馆等。

组委会

主任：林默涵

副主任：吴雪、赵寻、孟伟哉、李志坚

委员：于是之、于仲德、兰光、田本相、刘汝成、刘厚生、刘湘如、任继愈、沙叶新、许嘉璐、宋讯、吴雪、吴培义、李仲岳、李汉飞、李志坚、李默然、邹德华、陈颙、孟伟哉、金和增、林默涵、周小燕、胡可、

赵寻、洪民生、徐晓钟、徐春林、夏淳、瞿弦和、董长河

顾问:巴金、阳翰笙、陈荒煤、张庚、张光年、张骏祥、欧阳山尊、赵起扬、黄佐临、舒强

秘书长:李汉飞、颜振奋

演出的主要剧目有北京人艺的《雷雨》《北京人》、哈尔滨求索剧社的《蜕变》、湖北省潜江市荆州花鼓剧团的花鼓戏《原野》、山东歌舞剧院和上海音乐学院周小燕歌剧中心联合演出的歌剧《原野》、甘肃省青年京剧团的京剧《原野》、中国青年艺术剧院的话剧《原野》、中央歌剧院音乐中心的音乐剧《日出》、北京师范大学北国剧社的《镀金》和《雷雨》第二幕等。

6月27日,北京人艺复排的《北京人》在首都剧院公演。导演为夏淳,舞美设计为王文冲、霍焰、冯钦。演员阵容:张瞳饰曾皓、吴刚饰文清、龚丽君饰曾思懿、马星耀饰江泰、王涛饰曾霆、郑天玮饰瑞贞、江珊饰愫方、王长立饰张顺、尹伟饰袁任敢、任炜饰袁圆。曹禺观看了演出并与主要演员交谈合影。

6月29日,巴金致信曹禺:

家宝:

信收到。你那些话我读了很难过。我想到你的病情,也想到我的病状,我不敢多写。我们两个都落到这样的境地里了。我知道靠自己的力量是摆脱不掉的。但无论如何我们要振奋起来。

不然我们两人谈起过去对哭一场,有什么用处?家宝,我们还是向前看吧。还是多想着未来吧。即使未来不属于我们,但是听见年轻人前进的脚步声,我会放心地闭上眼睛。好好地将息吧,今年人们要为你创作生活六十六年庆。你那几本书一直在放光。愿你早早养好病,提笔再写。你说你欠这个世界的东西太多,这是因为你的才华太大。八月我要给你打个贺电。

……

6月，上海音乐学院周小燕歌剧中心与山东歌舞剧院在济南首演歌剧《原野》(万方根据曹禺同名话剧改编)，作曲为金湘，指挥为杨又青，导演为李稻川，艺术顾问为周小燕。此剧先后在山东演了7场，上海、北京各3场。演员阵容为：文曙光饰焦大星，施鸿鄂、丛培红饰常五，雷岩饰仇虎、李彩琴饰花金子，周小燕、赵飞饰白傻子。

6月，《曹禺创作启示录》(李丛中著)由云南大学出版社出版。

8月，在北京医院会见《摄魂——戏剧大师曹禺》主要执笔者曹树钧。曹树钧专程赴京看望曹禺，面赠刚刚发行的《摄魂——戏剧大师曹禺》一册，并对曹禺的支持表示深切的谢意。曹禺躺在病床上，正在吊水。他高兴地说："祝贺这本书的问世，谢谢作家们的辛勤劳动。"他还说有的作者写关于他的书，老是从他这儿问这问那，而你们主要靠自己广泛地调查研究，这很不容易。曹树钧告诉曹禺，下一步他准备从演出角度研究先生的剧作。曹禺说："这样研究才对路。剧本的生命在于演出，不联系演出，剧本的得失就不容易搞清楚，剧本的价值也不能充分显示出来。"

8月21日，北京图书馆、北京人艺、北京东方化工厂和湖北潜江曹禺著作陈列馆4家单位，在北京图书馆展览厅联合举办曹禺从事戏剧活动65周年展览开幕式。

8月23日，上午，首都剧场二楼休息厅，纪念曹禺从事戏剧活动65周年组委会举行记者招待会。

8月，黄殿祺代表天津和天津戏剧博物馆，去北京参加了在首都剧场举办的纪念曹禺诞辰80周年、从事戏剧活动65周年大会。筹委会临时决定，让黄殿祺代表天津在大会上发言。黄殿祺立刻与时任天津剧协主席赵路同志，一同起草发言稿到深夜。当第二天大会准备发言时，筹委会又觉得发言人数太多，可能无法安排黄殿祺发言。赵路知道后觉得非常遗憾。李玉茹临时代表曹禺参加了大会，闻悉这一情况时，她主动找到大会组织者，表示天津是曹禺出生并走向戏剧艺术道路的地方，应该有一个代表发言。后经研究，还是决定让黄殿祺代表天津方面发言。

秋,中央戏剧学院青年老师张先(为谭霈生先生的研究生),在学院校刊编辑部工作。他有一个出国做访问学者的机会,需要国内重量级专家写推荐信。张先是个普通编辑,不认识任何名人。急切之中找到了与曹禺先生的一张合影,准备找上门去,因为曹禺时任剧协主席,可谓德高望重。

由于没有合适的联系方式,也不认识其他的关系,在找到大概的地址之后,张先便跑到复兴门外一所高楼(俗称部长楼),行至楼前却又踌躇起来。约半个小时后,恰逢曹禺女儿万方回家。通过问询,进了曹禺家客厅。张先向曹禺说明来意,并想请他在推荐信上签字。曹禺戴上老花镜看了后说:"这个信我不能签。"接着说:"我是中国剧协主席,这个信的英文写得比较差,是你写的吗?"接着说:"我可以签推荐信,但英文要够水平。"几天后,张先拿着新的推荐信站在曹禺面前,曹禺认真地阅读了一遍,然后说:"这次差不多了!"然后拿来钢笔在信上用中文签上了"曹禺"两个字。此后,张先的出国手续便办得十分顺畅。

金秋时节,曹禺回到木樨地寓所,与夫人李玉茹,女儿万黛、万昭、万方,女婿唐彦林等儿孙们共度 80 寿辰。

9 月 8 日至 20 日,"曹禺戏剧活动 65 周年展览"在天津戏剧博物馆展出。开幕式当天,天津市市委常委黄炎智、天津市文化局副局长高长德、剧协天津分会主席赵路、中国艺术研究院话研所所长田本相,以及天津戏剧界、博物馆界等专家、学者冒雨赶到会场,北京人艺副院长于是之、办公室主任张学礼,陪同代表曹禺从美国专程来参加活动的万黛从北京赶来。这是我国首次为健在的戏剧家举办的展览,采用了编年形式,分 6 个单元,通过 200 余张照片和百余本书,翔实地展示了曹禺 80 年生活历程和 60 余年的创作成就。最后一个单元,通过 30 余幅剧照,形象地表现出了曹禺剧作久演不衰,在培育了一代又一代演员的同时,征服了一代又一代观众。

观展完毕后,天津戏剧博物馆的歌舞台上演出了《雷雨》第一幕(北京人艺)和第二幕片断(天津人艺)。当天下午,曹禺母校南开大学学生又演出了《雷雨》全剧,动静结合的展演活动,得到了与会者的认可。

9 月 24 日，上午，北京市市委领导李锡铭等到北京医院看望曹禺，献上鲜花，并祝他健康长寿。

下午，北京人艺副院长于是之、党委书记鲁刚、著名导演艺术家夏淳来到曹禺家中，为他 80 岁生日祝寿。

当晚，北京电视台播发了李锡铭等看望曹禺的新闻。

当日，曹禺给巴金发如下电报："巴老：读到你热诚的贺电，看到你送来的非常美丽的花篮，我感奋不已。60 多年来你对我的关怀、帮助和支持，我永远不能忘记。感激你，祝你健康长寿！家宝。"

9 月 25 日，晚间，中央电视台播发了李锡铭等看望曹禺的消息。当天，《人民日报》《北京日报》《光明日报》等都刊登了这一消息。

9 月 28 日，病中作散文《雪松》，后发表在《收获》1991 年第 6 期。

9 月，《金钱和衣裳——曹禺与外国戏剧》（焦尚志著）由中国戏剧出版社出版。

秋，一天午后，上海《文学报》记者红药到北京医院采访曹禺，曹禺躺在病床上，手捧一本《弘一大师传》，台灯的暖光静而透明。李玉茹向红药低低地说着过往，纯然有种梦里不知身是客的氛围。

曹禺轻声嘀咕了一下，李玉茹走到床边，原来他想起了早上为"赵丹逝世 10 周年艺术纪念活动"题写的字，"灿灿明星，光耀中华"，感觉改成"灿灿明星"更好，便习惯地将意识流露给老伴儿。曹禺郑重地讲完这件心事后，两人一个回到了书里，一个回到了从前。

曹禺说起张恨水的《啼笑因缘》《八十一梦》，说当年把张恨水排斥在新文学之外是不对的，那么多人爱他的书，他的作品怎么不是新文学呢？

突然曹禺很兴奋地抓住妻子的手，要李玉茹把他天天剪贴的一本《品子》拿给记者欣赏。《品子》是李玉茹写的第一部小说，在上海《新民晚报》上连载已有 4 个多月。曹禺得意得像个孩子，炫耀他精心剪贴成的这部《品子》。《文学报》1992 年 11 月 1 日，刊载了《桑榆之年眷眷情——访曹禺、李玉茹夫妇》。

10月1日，黄佐临从上海寄给曹禺一封祝贺信，如下：

家宝：

乘你八十大庆之际，向你道喜。本应送你件礼物，又念你我相识已有六十一年之久，是深交。既然如此，就免俗了吧。

想起件往事。姑且道出来，当作秀才人情：我第一次读《日出》是一九三六年冬在伦敦。读后，我和丹尼都十分惊喜，翌日，我情不自禁地告诉我的恩师圣丹尼。他也极感兴趣，并示意我译成英文。利用寒假，我一边将丹尼打发到奥地利滑雪，一边独自躲在剑桥着手翻译。细读后发现除立意深、人物厚外，其语言特别生动、上口，而为译者造成很大困难。"点煤油火炉"当然是现成的，但那几段数来宝可收拾我了！寒假后我向圣丹尼交卷，他非常欣赏，并有意搬上伦敦舞台。他和我甚至分配了角色，真有意思！

你知道吗？我们想让劳顿演潘月亭……总之，这些大部分都是圣丹尼的赞助者或班底，都是当时伦敦剧坛上的红人……这个班子还不是剧团，但常搭在一起演好戏。人们习称他们为"新剧院"，后来发展成为老维克莎士比亚剧院，开始几年圣丹尼仍是领导人之一。

我离开圣丹尼时，战争风云四起，《日出》于是只成为纸上谈兵，连译文也无下落了，真可惜！

今天乘你的大喜日子将这一往事告诉你，供你一乐。

人逢喜事精神爽，愿你精神天天爽！

佐临

10月3日，曹禺致信巴金。信中写道：

……我多想念你，仿佛八十岁的人思念八十六岁的老人几乎不可能那样想，事实确是如此。不能给你写几个字，就像犯罪一样。

……

我在病房有两年了，经常有人来看，尤其是这两天，热热闹闹的，我感到孤单，做人的孤单。因此，我想念你，你这位永远诚心诚意的兄长和朋友。

……

我怀念北平的三道门，你住的简陋的房子。那时，我仅仅是一个不知天高地厚的无名大学生，是你在那里读了《雷雨》的稿件，放在抽屉里近一年的稿子，是你看见这个青年还有可为，促使发表这个剧本。你把我介绍进了文艺界，以后每部稿子，都由你看稿、发表，这件事我说了多少遍，然而我说不完，还要说。因为识马不容易，识人更难。现在我八十了，提起这初出茅庐的事，我感动不已……

10月12日，三露厂的领导到北京医院看望曹禺。

10月15日至17日，上海音乐学院在上海市市政府礼堂演出歌剧《原野》。

10月16日，《瞭望》周刊记者殷金娣在北京医院采访曹禺。采访内容以《访曹禺》为题发表在《瞭望》周刊1990年第45期上。

10月18日，在医院会见台湾友人、国立剧专校友彭行才，以及北京人艺同事李乃忱等。

10月20日，晚，哈尔滨求索剧社在首都剧场演出《蜕变》，演至22日。

10月21日，国立剧专学生鲍昭寿、万流、寇嘉弼、肖能芳4人到北京医院看望曹禺。当他们离开时，曹禺热泪盈眶，依依惜别。

10月22日，曹禺戏剧活动展从今日起在首都剧场大厅展出。

10月23日，《人民日报》发表曹禺的《我的祝贺——为纪念中央戏剧学院四十周年作》。

10月24日，北京人艺《雷雨》从今日起在首都剧场演出。

10月，在北京医院与日本汉学家、剧作家影山三郎会晤，亲切握手。影山三郎，是早在 1935 年与中国留日学生邢振铎一起将《雷雨》译成日文，并付诸出版的第一个外国人。

在庆祝曹禺从事戏剧活动 65 周年活动期间，在北京参加演出的团体、剧目及剧场如下：

哈尔滨求索剧社，《蜕变》(10 月 20 日至 22 日)，首都剧场；

湖北潜江市荆州花鼓剧团，花鼓戏《原野》(10 月 22 日至 24 日)，吉祥戏院；

北京人艺，《雷雨》(10 月 24 日至 25 日)、《北京人》(10 月 29 日至 30 日)，首都剧场；

甘肃京剧团，京剧《原野》(10 月 26 日至 28 日)，吉祥戏院；

山东歌舞剧院和上海音乐学院周小燕歌剧中心，合演歌剧《原野》(10 月 26 日至 29 日)，民族宫礼堂；

北京师范大学北国剧社，《镀金》《雷雨》第二幕(10 月 27 日)，首都剧场；

中国青艺，话剧《原野》(10 月 28 日至 31 日)，青艺剧场；

中央歌剧院音乐中心，音乐剧《日出》(11 月 4 日至 6 日)，首都剧场。

音乐剧《日出》，由万方改编，总导演为夏淳，总指挥为郑小瑛，作曲为金湘，导演为李稻川，乐队为中国儿艺管弦乐队。曹禺于 1990 年 9 月为此致辞：

> 《日出》改编成音乐剧，是我没有想到的事情，但是我感到欣喜的事情。音乐剧是一种很好的艺术形式，它很容易让观众喜爱。同时，音乐剧又是各方面水准很高的艺术形式，歌唱、舞蹈、表演都应该多姿多彩，引人入胜。
>
> 音乐剧《日出》的演出，作为一种试验是十分有意义的。我相信所有创作人员付出的辛劳一定会有所收获，他们的汗水会浇灌出一朵新鲜的、充满生机的花，会给我们的观众带来欢乐。
>
> 我祝愿音乐剧《日出》演出成功。

10 月 25 日，上午，在首都剧场隆重举行祝贺曹禺从事戏剧活动 65 周年大会。出席大会的有：中共中央顾问委员会常委胡乔木，全国政协副主席屈武，中宣部部长王忍之，中宣部副部长、文化部代部长贺敬之，中国文联党组书记林默涵，中国剧协党组书记赵寻，北京市委副书记王光，以及文艺界知名人士吴雪、孟伟哉、张庚、舒强、胡絜青、英若诚等，邓颖超同志派秘书赵炜代表她出席大会，还有湖北省文化厅副厅长阮润学，湖北省潜江市市委宣传部长刘汝成。除此，还有北京人艺的领导及全院同志，首都文艺界的朋友和来自日本、美国的戏剧界朋友。曹禺的夫人李玉茹代表他出席大会。

林默涵主持大会并致开幕词。他指出，曹禺同志是人民的艺术家，他热爱党，热爱社会主义。早在20世纪30年代，曹禺同志在马克思主义和左联戏剧运动的影响下，把创作实践与时代的呼唤和人民的命运联系在一起。曹禺同志是一个有时代责任感和使命感的剧作家。他的作品有强烈的鲜明的思想倾向。

林默涵在讲话中对曹禺塑造艺术典型的功力和深挖人物灵魂的技巧给予了充分的肯定。他认为曹禺的剧作标志着我国现实主义话剧的成熟。他还谈到曹禺同志是一个博学多才、兼收并蓄的剧作家，研读过许多中外戏剧作品，但又决不食古不化、食洋不化。曹禺同志十分熟悉他塑造的那些人物的个性和环境，曹禺剧作的语言是中国化的、个性化的，他的是非爱憎是中国人民的是非爱憎，这就是曹禺剧本能够拥有广大观众、久演不衰的原因所在。

会上，李玉茹十分激动地向大家转达了曹禺同志特意让她捎来的两句话："祖国和人民给予我的太多太多了，我对祖国和人民奉献得太少太少了。"李玉茹说："曹禺几次拿笔想为大会写几句话，可是他几次拿起又几次放下，他要写的话太多太多了，写这样的话，笔太沉，使他无力动笔。"

大会结束后，与会者在剧场前大厅参观了曹禺从事戏剧活动65周年展览。大厅正中摆着古铜色的曹禺半身塑像和各单位赠送的花篮。献花篮的有祝贺活动组织的委员会、参加曹禺学术研讨会的全体代表、参加祝贺演出的各演出团和各演出场所、天津市戏剧博物馆、湖北潜江市委和市政府、潜江市曹禺著作陈列馆等。

当晚，中央电视台播发了庆祝大会的消息。

同一天，祝贺曹禺从事戏剧活动65周年学术研讨会于下午开幕。参加学术研讨会的有来自全国各地高校、研究单位和话剧团体的专家、学者、教授、编导演艺术家共59人。赵寻、刘厚生、吴雪、欧阳山尊、夏淳、张奇虹、李默然、田本相、胡叔和、辛宪锡、孙庆升、曹树钧、黄殿祺、潘克明、蔡骧等35人做了学术发言。会上最年轻的代表、北京人艺公关部的黄中俊发表了题为《曹禺与北京人民艺术剧院》的论文，突破了只把曹禺作为剧作家和戏剧教育家进行研究的局限，而是从一个国家剧院领导人的角度，论述了曹禺对北京人艺的建设发展所做的贡献，引起了与会者的广泛关注。

10月30日，晚，吴雪、梁光弟、李玉茹等人与从日本来参加祝贺曹禺活动的内山鹑、小林宏等人观看了《北京人》。演出后，吴雪等上台向剧组颁发了荣誉证书，林连昆邀请内山鹑、小林宏等小聚。

10月31日，晚，《人艺之友报》举行祝贺曹禺从事戏剧活动65周年的庆祝会。

参加大会的有沈求我、仇春霖、荣高棠、赵炜、黎光、马玉田、强卫、江平、陶斯亮，以及清华大学、北京工业大学、北方工业大学等校领导和会员800余人。李玉茹代表曹禺到会。

本月，曹禺小女儿万欢及其丈夫迈克・林南从美国回来祝贺父亲80寿辰。美籍华人首席演员卢杰到北京医院给曹禺祝寿。

中国台湾“中国舞台剧协会大陆戏剧访问团”来北京做戏剧交流和访问。其间，曹禺在北京医院接待访问团团长张英、教授黄美序、剧作家高前和吴柏廷(台中县青年高中影视科戏剧组主任)。这是中国台湾戏剧界第一次正式访问曹禺。

日本友人杉村春子、白土吾夫等人到北京医院探望曹禺。

10月，曹禺因病未能出席相关活动，他在北京医院病房应学术研讨会的与会者要求——在新出版的《曹禺文集》上签名题字。

11月1日，中央戏剧学院院长徐晓钟、王永德、马驰等领导去北京医院祝贺曹禺80寿辰。

11月16日，中国青年出版社等单位在人民大会堂吉林厅召开《摄魂——戏剧大师曹禺》研讨会。出席会议的有中共中央副主席李德生、全国政协副主席程思远、文化部副部长吴雪、中国剧协常务副主席刘厚生、曹禺女儿万昭、北京人艺副院长欧阳山尊（经曹禺同意出席）以及著名的曹禺研究学者黄会林、孙庆升等50余人。当晚，中央电视台播发了新闻。

人民大会堂举行《摄魂——戏剧大师曹禺》研讨会，第二排右四为曹树钧

11月18日，由北京人艺周铁贞、郑天玮辅导的，北京大学学生排演的《北京人》《雷雨》片断，在北京大学演出。

11月，《人艺之友报》报道了在中央戏剧学院戏文系就读的日本留学生山本真理，将于近日完成关于北京人民艺术剧院艺术风格研究及《雷雨》中周萍与《北京人》中曾文清做比较方面的论文。在论文写作过程中，山本真理曾到北京人艺学习，除观摩有关剧目演出、翻阅有关艺术资料外，还得到杜澄夫的指导，副院长于是之也曾与她交谈。

11月，文化部与中国剧协在北京联合举办“第5届（1988～1989）全国优秀剧本评奖”活动，评委会由18人组成，曹禺为顾问，胡可为主任，《天下第一楼》《火神与秋女》等18部剧作获优秀剧本奖，另有《魔鬼面壳》等10部剧作获提名奖。

11月，上海沪剧院“六代同堂”大会串暨部分优秀剧目展演、重排沪剧《雷雨》，主要演员阵容：汪华忠饰周朴园、马莉莉饰蘩漪、张杏声饰周萍、褚惠琴饰鲁妈、孙徐春饰周冲、王明达饰大海、茅善玉饰四凤、王明道饰鲁贵。

本年，广东小红豆剧团公演粤剧《家》，由陈自强改编，郑平、红线女导演。

12月24日，曹禺致信巴金：

……

李舒来，给我看了你在西湖游览照片，你精神好，我也愉快起来。

你回家，立刻在餐桌上给我写信，李舒摄了四张，我留下一张，是你在你的筷子旁边，四周有全家老小的筷子的那张，我着实高兴，看老人把眼镜放在额头上，握着自来水笔，一个字、一个字地给家宝写信。这信其实早收到了，我就是无力握笔。每晚，尤其是在深夜，时常想到你，不知你睡着了还是未上床，有家人和你谈天？玉茹说要把这张相片和你写来的信放在一道。现在这张照片搁在玻璃板下，我随时能看，那信只好放其他你的信一处了。

……

如果回到五十多年前，你我又在北京聚会，那是多么幸福啊！

……

12月，为纪念田汉诞生94周年、左翼戏剧家联盟成立60周年题词：“发挥田汉和左翼剧联革命精神，为繁荣社会主义戏剧而努力奋斗！”

1991年，81岁

1月18日至2月9日，由金湘、万方改编的歌剧《原野》在美国华盛顿歌剧院公演，大获成功。

2月，三幕话剧《曹禺与中国》（李援华著）在香港中天制作有限公司出版。

2月13日，下午，北京人艺领导鲁刚、刘锦云、刘尔文到北京医院看望曹禺，给他拜年。

2月14日，上午，北京市市委副书记、宣传部副部长马玉田到北京医院看望曹禺院长，祝贺春节。

2月15日，春节，回木樨地寓所与家人团聚。

2月23日，曹禺、于是之、梅阡被聘任为中国国际书画艺术研究会顾问，并于当天上午出席人民大会堂举行的成立大会。

3月，内蒙古话剧院准备上演《雷雨》。

4月5日，致信巴金：

……

祝贺你，《巴金全集》你编好了，出版了。这是你的毕生的心血。你的爱、你的正义感、你的智慧在《全集》里放出热情，给人们以温暖和鼓励。这部集指点人们应该走什么道路。人一生总是为了寻路，你是找着了路，找着大路。你说你十分疲劳，一生写出许多这样的文字，流着心血的文字，岂止是会疲劳，而是苦痛，也是苦痛后的满足，做人的大满足。多少人赞扬你、尊重你的勇敢与道义。我平生最感到的，是你给朋友的热与力，你给我以无限。我是多么渺小，不是自卑，是我这一生的懒惰，整日地优哉游哉恍惚了八十年。

我最近最以为痛疚是失去的光阴，是最近日趋无力的健康。

你疲劳，必须养好到西湖春游，养养身体，多住些天，使你发挥起你的热与力。你的力与热是用不尽的。相信你无穷的生命力！

我在医院快三年了。有玉茹与一个护工陪伴照护，我现在无力到这一步，连吃饭都要人喂，然而即使如此也累得不行。我经常拿你的信看看，我觉得你在我身边极亲切地和我谈着话。这封信写了快十天，时写时放，周身无力，你看到此信想已从西湖回来了……

4月13日，中国台湾公演《雷雨》，由抗战时期国立剧专的毕业生崔小萍导演。

4月15日至20日，上海戏剧学院孙福良受曹禺委托，以中莎会秘书长身份应邀赴苏联参加莫斯科国际莎学研讨会，在会上作题为《华夏文化与莎士比亚戏剧演出》的演讲，并得到与会代表的广泛关注。回国后，他在北京医院向曹禺汇报时，曹禺高兴地说："这样做很好，我们就是要多多向外国宣传中国莎学已经取得的成就。"

4月20日，《曹禺研究通讯》（由曹禺研究学会筹备会与潜江市曹禺著作陈列馆合编）第1期出版，1993年出版第2期，共两期。

4月30日，对外友协接待日中文化交流协会访华团一行7人，访华团由千田是也先生带领，访问北京人艺。

5月2日，日中文化交流协会访华团千田是也等到北京医院看望曹禺。同日，夏淳、刘华夫妇到北京医院看望曹禺。

6月18日，曹禺致信巴金，信中说：

……

又许久不通信，怪我一直无力气复你信。

前两天，接到范泉同志来信，才知你患上呼吸道炎，又进了医院，并且输液。真想你，更盼你早点痊愈，回家休息。

我最近找着了一种名"促红素"的针剂，一星期三次，用了两周，血液见好。虽然疲乏，毕竟比前些日子好些了。我确实想出院，有一天回上海去看你。该药剂还有些，够用，也许能使我起来，走出医院。当然，这是梦想！

然而梦想也好，我想一旦能看见你，那是多大一件喜事。我们会见面的，也许在秋天，或早冬。你也健康些了，也精神了，哪怕谈几句话，也不枉这几年的盼想。

芾甘，你一定长寿！活百岁，活到一百一十岁，咱们再见几次面。我真想看你脸上的微笑。

……

7月7日，曹禺致信巴金：

……

又有许久没给你复信了，其实每天催自己动笔，总是疲乏，推迟下去。这样在医院，我快住三年了。我想见你，希望有一天到上海，在你的书房和你对坐闲谈。你把我们这两个老头子见面的希望寄托在明年，你是坚强的！你的希望会实现，我们会见面的。我曾经想要好好地读你写的传，写你传的人一定很多，我希望能得到一本比较好的传陪伴着我，就如我们见面一样。

……

7月12日，致信巴金，信中说：

……

连日多地暴雨，洪水成灾，上海、北京也大雨不止，户外阴天，想到你在上海身体如何，正想写信，还是无力。

午饭后，睡着了。仿佛一个小女孩叫我到你家里吃饭，我看她十分好玩，问她："你是巴老的第几代？""走吧！"她拉着我的手，快活地叫着跑着，"第三代！"到了一间相当大的饭厅，你已坐在大圆桌旁，连续有人来坐。你吃饭很好，鱼吃得特别多，我说："老巴，你身体真不错啊！"你笑呵呵地应着，眼神是那样慈祥……我就醒了。

我梦许多旧事，这次确确实实感到我来到你身边，真实地看见你，你很好，没有一点病，完全不是坐在书房的那个你。我把这个梦告诉玉茹。

我写信给你，告诉你，我想你身体一定很好，精神也好，我想你也为国内这次大水灾着急。这次水灾，实在太大，万分令人着急！

……

7月19日，巴金致信曹禺，信中说：

家宝：

十二日信收到。你的梦太好了，我真想到你身边，和你畅谈，而且我还十分想念我那个给她妈妈带去美国的小孙女，你居然也梦见了她，那太好了。可惜梦只是梦，梦醒后反倒使人更加怀念一些不能忘记的事情。我近来身体的确不好，拿笔困难，写字不到两行就疲乏不堪，吃饭无味，睡眠不熟。以前我每天做梦，而且做各种各样的梦。现在我醒来脑子就像一张白纸。

……

8月1日，"中国档案事业发展成就展览"在皇史宬开幕。北京人艺演出的《茶馆》《蔡文姬》《雷雨》等资料，作为我国话剧界的代表作品参展，主要包括3个戏的剧本、角色日记、演员对角色的分析、布景、服装设计图及叶浅予先生的《茶馆》人物速写等。

8月5日，蒙古戏剧家协会代表团来北京人艺访问。蒙古人民军话剧院将上演曹禺的《雷雨》，代表团是专程为此来学习的。

8月16日至19日，曹禺研究国际学术讨论会在天津南开大学召开，此会由南开大学、中国艺术研究院、剧协天津分会联合举办。曹禺因病未能出席，夫人李玉茹出席开幕式，并代曹禺向母校献上题词："春风化雨，辈出英才。"

9月9日，致信巴金，信中说：

……

多少日夜思念着给你写信，还是前些天的样子：写不动，体力不行。我矛盾、踌躇。疾病捆着我，终于我不能不说：我不能到南方看你了。医生们早已对我说，不能行路，我现在每夜离不开氧气，饭食需要医生定下，不可乱吃。这样连回一趟家都不行了！

我多想念你！那天小林与鸿生劝我到杭州去，与你在那里见面，我一直盼望这样能和你聊聊，这是多么愉快的事。

听说你已经定了十月到杭州，就在眼前需要做个决定的时候。

我只能说希望以后再能见见，我已经八十一，过几天，就八十二了，又有这个讨厌的肾脏病，还有心脏病，看来这个美好的期望，可能落空了。

我经常回忆我这一生，我太不勤快。你一直热情地劝我多写点东西，我却写不出一个字。小林也约我为《收获》写点散文，五百字也成。她真是和你一样的诚恳，要我写点文章，这是一位热诚的编辑的好意，我却做不到，我惭愧极了，不安极了！

想念你啊，我的老朋友！我的老师一样的老朋友。玉茹一直陪伴我，我这样病下去，真是折磨她！

……

9月28日，作散文《雪松》，载于《收获》1991年第6期中。

10月21日，由文化部外联局接待的蒙古人民军话剧院考察团一行4人，在团长通嘎拉格带领下来院访问。他们是为排演《雷雨》专程来考察的。夏淳、林兆华、张学礼接待。此考察团于29日回国。

10月22日，蒙古人民军话剧院考察团到北京人艺，请夏淳谈《雷雨》的导演构思，请原设计陈永祥讲设计意图。23日看北京人艺演出的《雷雨》录像。24日再次请夏淳讲导演构思。26日再请陈永祥讲设计意图，陈永祥给他们复印了设计图。

10月23日，在北京医院作诗《玻璃翠》。玻璃翠系巴西一种普通的小草花，生命力极强，一年四季均开小花。

11月13日至15日，话剧《天下第一楼》相继演出，即满300场。当天，曹禺以院长名义给在广州的《天下第一楼》演出团发出贺电。全文如下：

北京人艺《天下第一楼》演出团夏淳、林连昆：

值此演出300场之际，谨向你们及演出团全体同志、作者何冀平女士致以热烈祝贺！

《天》剧自1988年问世以来，受到广大观众欢迎，并在日本、中国香港产生巨大反响。望你们精益求精，团结奋进，为弘扬祖国的话剧艺术做出更卓越的贡献。

曹禺　1991.11.13

12月，《曹禺研究资料》(上、下册)(田本相、胡叔和编)由中国戏剧出版社出版。

本年，电视传记片《杰出的戏剧家曹禺》在日本东京举办的“中国演剧资料展”上向外国朋友播放，这是中国第一次通过电视向国外系统地介绍曹禺的创作道路和艺术成就。

1992年，82岁

元旦，曹禺赴女儿万方家，与万方、外孙苏蓬等团聚。

1月15日，《文化报》转载了中共中央办公厅调研室关于北京人艺的调查报告第二部分，并刊载了向云驹写的短文《献身艺术，服务人民》。全文如下：

提起北京人民艺术剧院，无论文艺界还是社会大众，都是有口皆碑。人们佩服、欣赏、称誉他们从个人到整体、从主角到配角皆堪称一流的艺术营造和高深造诣。也倡吁、赞叹、歆美他们过硬的思想作风和良好的社会形象。北京人民艺术剧院的艺术家们的的确确是值得人们为之献上鲜花和掌声的。早在五十年代建院之初他们就创造了具有鲜明社会主义时代风貌的艺术团体形象，推出了无数璀璨艺术群星，上演了一批至今仍然久演不衰的优秀剧目，形成了艺术上有浓郁民族特色的中国气派，为中国当代话剧史，也在社会主义文艺发展史上竖起了一座艺术丰碑。

令人深为赞佩的是，他们几十年如一日，不断地在艺术上孜孜以求，更上一层楼，而且始终坚持党的正确的文艺方向。贯彻党的文艺方针，保持着新中国国家级水准的艺术风范，弘扬了为人津津乐道、无限神往的五十年代特有的社会主义院风和艺德。他们紧跟时代步伐,他们的文艺实践灌注着改革的生机和活力。他们继续贴近生活,坚持现实主义,不仅出人出戏,而且出学术成果出管理效益,全方位地提高了剧院整体艺术品位,并且使话剧这门外来艺术样式,以其中国气派征服了西方观众,饮誉世界舞台。他们没有辜负老一辈无产阶级革命家的厚望,不愧为我们社会主义文艺的"国家队""排头兵"。

从中共中央办公厅的调查报告中,我们看到北京人民艺术剧院代表的社会主义文艺团体的建设发展之路自然是多种合力、多方努力的结果,但重要的一点是剧院自身坚持了艺术生产的社会主义方向,人人献身艺术,艺术为了人民,即端正了个人理想,有了不懈的艺术追求,摆正了艺术与人民的关系,全面调动了各个方面的积极因素,获得了与时俱进步步高的效益。我们的文艺根本上不同于旧时代封建社会的文艺,也迥异于资本主义被金钱主宰的文艺,它的新气象和新境界就是我们从北京人民艺术剧院几十年发展中所见到的面貌。如果说文艺舞台因其作用于人们的思想感情,有铸造人类灵魂的功用,是一座神圣殿堂,那么社会主义文艺舞台就不仅仅是艺术殿堂,也是一块思想阵地,一方精神文明的园圃,这就更需要艺术家高扬理想,献身艺术,服务人民。北京人民艺术剧院的艺术家们为我们社会主义文艺工作者做出了表率。

诚如调查报告所说:北京人民艺术剧院走社会主义发展之路的经验"是我们建设社会主义国家级艺术院团的宝贵精神财富"。国家级艺术院团也是我们各级文艺团体的示范团。所以说,北京人民艺术剧院的经验值得推广和学习。可以想象,一旦我们各级文化部门都涌现出一个到几个像北京人民艺术剧院这样思想艺术过得硬、叫得响的艺术团体,以点带面,我们社会主义文艺事业就会跃上一个新的台阶,文艺舞台就会更繁花似锦、欣欣向荣。

1月24日，《光明日报》发表了该报记者程丹梅的综合报道："本报刊登《构筑国家级艺术殿堂的成功之路》引起强烈反响——北京人艺经验值得学习"。文中谈到，自该报1月6日刊登上述调查报告以来，"社会各界反响强烈，不少报刊、电台陆续转载广播。一时间，北京人艺的经验成为热闹话题。文艺界，尤其是戏剧界人士普遍认为，该调查报告不仅仅是对于北京人艺的艺术成就和经验的认真总结。同时也是对当前文艺团体的自身建设和艺术发展的一个重要启示"。

中央戏剧学院院长徐晓钟说：北京人艺在十一届三中全会以后，的确在出剧目、出人才、出理论以及培养观众等方面做了许多工作，很有成就。这在于他们对党的文艺方针有正确的认识，并在实践中能始终如一地坚持"二为"方向和全面贯彻"双百"方针，不受任何干扰。北京人艺的经验也告诉我们，"生活是源泉"的问题值得重视。假如我们戏剧工作者不回答生活中人民大众所关心的问题，那么人民大众也不会关心我们的戏剧。

文艺理论家马少波认为，北京人艺在抓剧院基本建设，包括组织建设、思想建设、剧目建设、艺术建设等方面，重视治本。北京人艺不追求表面的热闹，而是从根本上坚持正确方向，因此团结了艺术家，并很好地继承并发扬了北京人艺的光荣传统，不断出好剧目，涌现新人才，北京人艺的经验值得推广，不仅仅是话剧界，其他艺术团体包括戏剧学院都应好好地学习北京人艺的经验。

中国煤矿艺术团团长翟弦和说我们学习人艺，要学习他们严谨的工作作风和对艺术的探索精神。北京人艺的确是话剧界的一面旗帜。

音乐指挥家李德伦说：许多年来，北京人艺不管风风雨雨，一直扎扎实实地走自己的路。学习北京人艺，一方面要学习他们深入生活的创作态度，同时也应学习他们认真借鉴世界先进艺术经验的探索精神。北京人艺内部的学习空气和艺术上的团结都是该院能取得成绩的关键。

中国艺术研究院话剧所所长田本相说：北京人艺是世界一流剧院，是话剧界的典型代表，它所积累的丰富经验具有典型意义。这个调查报告正确地反映出了北京人艺的基本成就和基本经验。特别应指出的是，调查报告对北京人艺如何全面贯彻党的文艺方针方面的总结值得重视。40多年来，北京人艺在艺术创作，特别是风格形成等方面为其他艺术团体树立了榜样。

1月26日，粤剧表演艺术家红线女、剧协领导张颖到北京医院看望曹禺。

1月31日，下午，鲁刚、于是之到北京医院看望曹禺。

2月2日，上午，北京市委领导李锡铭等到北京医院看望曹禺。

2月10日，下午，"北京人艺演剧学派国际讨论会"筹备组召开第一次会议。

决议事项有

一、日程安排：7月15日开幕、7月18日闭幕。

二、会议地点：北京和平宾馆。

三、请与会代表观摩的主要剧目：《雷雨》(14日)、《狗儿爷涅槃》(15日)、《茶馆》(16日)、《推销员之死》(17日)……

2月10日，致信巴金：

……

又是春节，多么想念你！

在报上常见到你，只是听不见你的声音，看不见你平时见着我露出温暖的笑容。我更想到上海去。我希望能离开氧气，在春天与玉茹到你家看望你。

因此，我有生命的欲望，我想练习走路，起立自由，到街头走走、自由。

……

2月24日，北京人艺收到文化部外联局外亚字第111号文，拟派夏淳赴蒙古国执导话剧《雷雨》。

春节，在木樨地寓所与女儿万昭、女婿唐彦林、外孙唐迎等团聚。

3月8日，致信巴金：

……

三星期过去了，我写不出一个字，因为我就是推拖，时间飞逝，我的日子，每天一样，旧话“乏善可述”，就是目前的情形。

从报上看见你用熏醋，消除传染物。知道你感冒，但你能接见记者，像是不重，也就放心了。

林放死得突然，一月前尚能见你，真是太匆促了。我很怀念这位老先生，闭眼就看见他那种和蔼可亲的神色。文笔那样尖锐动人、清新可喜，这样的短文作家不多。勇于执笔，又能写得那样亲切，每次读他的文章，就多一点生气。目前应景文字多得吓人。读这种东西，实在看不下去，也着实气人。

……

3月17日，巴金来信，信中告知：

……

我今年身体不好，并不乐观，但我认为还不会有什么大问题，可以多活、多看、多说，要是能多写那就更好。我等待着玉茹南来计划的实现。那么我们还可以在一起说说笑笑。但我已不能高谈阔论了。不过听你谈谈也是莫大的幸福。我还记得八四年在华东北楼住院，做你的邻居时，听到你讲话的录音。你讲得多么好！……我感到疲乏，不写了。请多多保重。

……

3月18日，巴金致信曹禺：

家宝：

我一直想念你。近几个月为全集搞得十分疲劳（王树基比我更辛苦），经常感觉到快要支持不下去了。上个月患感冒，医院给留了房间，我居然躲掉了。但是我并不乐观，我只想过了今年再说。下个月小林他们准备安排我到杭州创作之家住半个月。我一出动很不容易,总得有四五个人照料,路上要是大小便,更加狼狈,不如在家,只要有一个人照顾就解决问题,累了可以随时休息。也很想去北京看望你,可我又怕彼此动了感情。政协开会,我已请了假。

小棠回来,带来你送我的书,谢谢,看到你写的字,好像见到你本人。我有许多话要说。你没有把你心灵中最美好的东西全写出来,我也有责任。

……

3月22日,北京人艺退休舞台工作者杜广沛收藏的京剧、话剧等演出戏单、说明书及其他资料,从20日起在东城区禄米仓智化寺展览。曹禺为展出题词:“戏剧戏单展。”

3月24日,应蒙古国驻华使馆的邀请,经文化部下达任务,导演夏淳当日乘机赴蒙古国,为该国人民军话剧院执导《雷雨》。随行的有蒙语翻译乌云(北京图书馆)和舞美设计陈永祥(中央实验话剧院)。

3月,《曹禺:历史的突进与回旋》(马俊山著)由中国工人出版社出版。

4月1日,美国旧金山演出《雷雨》,导演为崔小萍。

4月上旬,上海定于4月18日举行“纪念朱生豪诞生80周年学术研讨会”,中莎会会长曹禺亲自为大会题词,赞扬朱生豪“正义凛然,贡献巨大”。中莎会派上戏老师、著名青年演员佟瑞敏赴北京取题词,佟瑞敏在北京医院同曹禺谈起他创作的电影剧本《孤独的灵魂》的详细提纲,曹禺兴趣盎然。并说:“现在已经没有人写这样的剧本了。”曹禺对朱生豪译稿几次被毁的曲折经历十分清楚,两人越谈越愉快,足足谈了3个半小时。佟瑞敏坦率地谈到文艺界议论曹禺看戏什么都说好,背后又说不好,还说“好个屁”。曹禺笑了笑说:“我也是没有办法。”佟瑞敏3次要起身告辞,曹禺留他多聊聊并说:“我这一生就是戏剧性太强,后半生多是在演戏,演过各种角色。有些角色不成功,有些角色我怎么也演不好。角色演得太多。”佟瑞敏又说到自己兼任表演系副主任,曹禺说:“你千万不能搞行政工作。”两人一直谈到12点多，连桌上的饭菜也凉了。

4 月 15 日，下午，夏淳到北京医院看望曹禺，向他汇报了赴蒙古国为蒙古人民军话剧院执导《雷雨》的情况，并带去了蒙古驻华使馆致曹禺的信。

4 月 18 日，中莎会在上海举行“纪念朱生豪诞辰 80 周年学术研讨会”。研讨会结束后，秘书长孙福良向曹禺做了汇报，在电话中，曹禺嘱咐孙福良：“中莎会要多举办专题学术研讨会，要多组织演出莎剧。”

4 月 27 日，致信巴金：

> ……
>
> 我练习走走路，我虽然看了遍《战争与和平》，伟大的作家，永不朽的人物，我在《收获》上看你的文章，要学老托尔斯泰，你讲得好，工作得好，越老越要努力写出东西来，为了读者，为了爱你的那些人，那些朋友。
>
> 今天我才开始听你的话，写了几十个字，已经感到疲乏。从前那种行笔如流水的精神早已消逝了。
>
> 但我必须听你的话，每天动动脑筋，写几十个字，坚持下去，就是你鼓励我的话，我就有了“信心”了。
>
> ……

4 月 28 日，《北京日报》以大版面刊登了北京人艺的演出广告。题为《纪念毛泽东〈在延安文艺座谈会上的讲话〉发表五十周年、庆祝建院四十周年，北京人民艺术剧院隆重推出八台戏》。在八台戏中，《雷雨》将于 6 月 13 日至 16 日、7 月 14 日上演。

4 月 29 日，周瑞祥到北京医院看望曹禺，一起回顾剧院建设。

4 月，《人艺之友报》4 月号刊发了院史小组杜澄夫撰写的《北京人艺在首都率先上演“五四”以来优秀剧目〈雷雨〉》一文。

4 月下旬，中莎会在上海的负责人孙福良、曹树钧等同志，听说朱生豪之子朱尚刚有事要去北京出差，建议他去看望一下曹禺，同时帮他们捎一封汇报中莎会工作的信给曹禺。一天上午 9 点，朱尚刚按时到达，曹禺已在病房前的走道上候着了。曹禺耳朵有些背,说话声虽大一些,但交流尚无大碍,有时他的夫人李玉茹在旁边帮助转达一些较难听清的字句。曹禺对朱尚刚家人的情况十分关心。朱尚刚将中莎会的信交给他之后,简单介绍了一下自己家的基本情况。曹禺对朱生豪的工作一再称赞,评价很高,朱尚刚也表示了对曹禺的仰慕之情。

朱尚刚从与曹禺谈话中得知《朱生豪传》出版后,出版社没有寄样书给曹禺,当即表示回去后一定给他寄一本。回嘉兴后,朱尚刚马上以他母亲的名义寄了一本,曹禺当月即回一封信,信纸用的是宣纸,字写得工整漂亮,实在看不出是一位重病在身的高龄老人的手笔。信的全文如下:

清如同志:

你寄下的《朱生豪传》,我读了,很受教益,十分成功。

专此向您表示感谢。

敬祝安吉!

曹禺一九九二年四月北京医院

玉茹致意

另外,会见时,朱尚刚还向曹禺讲起浙江嘉兴在拍电视剧《朱生豪》一事,曹禺显得很有兴趣,表示很想看。后来,朱尚刚得知中央电视台播放此剧的消息和具体时间后,立即给曹禺打了电话。电话是李玉茹接的,朱尚刚告知她中央电视台要放《朱生豪》电视剧的消息和时间,并告诉她曹禺说过想看的。李玉茹问了一句:“他说过想看吗?”别的没有多说,很可能此时曹禺健康情况又有了反复,也许看电视剧都有困难了。

5月7日,北京人艺向北京市市委宣传部报送《关于纪念建院40周年活动安排的报告》。

活动安排有:

一、着手出版、录制一批老艺术家丛书和录像带(第一批老艺术家丛书和录像带选入的有:曹禺、焦菊隐、欧阳山尊、夏淳、梅阡、田冲、刁光覃、朱琳、叶子、董行佶、方琯德、童超、英若诚、于是之),还将与北京市社会科学院联合出版一本《北京人艺风格及其形成与发展》的专著。

二、编辑出版一本《新时期的北京人艺》纪念册。

三、举行纪念演出。

四、与中国艺术研究院、北京市对外文化交流协会联合举办“北京人艺演剧学派国际讨论会”。

五、邀请院内外专业作家举行一次笔会。

六、举行纪念会和联欢会。

以上报告同时抄报北京市府文教办和文化局。

连日来，电视部连续拍摄老艺术家活动的录像带，并到北京医院拍曹禺的活动。

5 月 9 日，上午，电视部到北京医院对曹禺进行电视采访，为制作专题片《曹禺与北京人艺》之用。

曹禺对此次采访非常重视，做了认真的准备，畅谈了北京人艺建设的历程和对今后的展望。他谈道：“1951 年，我正在安徽参加‘土改’，突然接到中央戏剧学院的电报（那时曹禺任中央戏剧学院副院长），叫我赶紧回来。回来后，欧阳予倩老院长对我讲，领导让我办一个专业的话剧院。当时我不大明白这个剧院怎么办。后来领导决定，把中央戏剧学院话剧团和李伯钊同志领导的老北京人民艺术剧院的话剧团合在一起，成为新的北京人民艺术剧院。当时，我知道得比较早，跟北京市市委宣传部长廖沫沙畅谈过这个问题。接着就定好了领导人选，有焦菊隐先生、欧阳山尊同志、赵起扬同志和我。我们 4 个人有一个特点，就是都干过戏，而且都有自己对剧院的理想。还有个共同点，就是对莫斯科艺术剧院有一定的向往。因此，我们 4 个人就准备畅谈一次并讨论一下这个剧院究竟怎么办。那时就在史家胡同 56 号东边大院里，我们聚在一起，畅快地发表意见，畅谈怎么办这个剧院。

“我们那时候一方面非常兴奋，一方面也感到负担很重。国家刚开国，就把一个专业话剧院交给我们办，说明领导对我们的信任，我们只有办好，不能办坏。我们长谈了十余天。首先谈莫斯科艺术剧院，谈他们的风格、特点，有一套理论系统和管理方法等，我们应该借鉴他们的长处来办我们今天的北京人民艺术剧院。但我们有一个共同的认识，那就是：北京人民艺术剧院是中国自己的剧院，它应有自己的特色。我们可以采取莫斯科艺术剧院的许多长处，但这里是北京，不是莫斯科，我们要办的是中国人民的艺术剧院，这一点非常重要。

“那时候，我们剧院的人才很多，有从解放区来的，有从国统区来的，有的是参加过抗日战争、解放战争的，他们都参加过各种进步运动和革命的话剧运动，经受过战争锻炼，这些同志有一个最大的优点就是各方面生活非常丰富，演过不少戏，有实践经验。当时这些人有 40 岁过一点的，有 30 多岁的，有 20 多岁的。这些人干劲很足，但他们的创作方法是不一致的。所以要办好剧院，首先要在创作方法上一致起来，不然的话，这个剧院就容易散了。

“怎样叫作创作方法、创作思想一致呢？这就要回顾一下我们的话剧传统。从春柳社、文明戏到‘五四’以来有进步倾向的话剧——上海的戏剧活动、重庆的戏剧活动……东南西北，都有一个共同点，就是我们的话剧是跟中国时代分不开的，有时代气息，有中国民族的气息，与现实生活息息相关。和现实、和人民、和革命斗争血肉相连，这就是中国话剧的优良传统。所以，我们提倡一个创作方法，就是现实生活很重要。要在创作方法上一致，第一点就是要深入生活。这个深入生活不是一般性的与工农兵相结合，而是根据每个戏的需要去深入生活。比如排老舍先生的《龙须沟》，导演焦菊隐先生要所有的演员都参加龙须沟的生活，与龙须沟的人们共同生活，向他们学习。所以《龙须沟》如此动人。

“第二点，创作方法上要一致，这就要深入地、全面地学习斯坦尼斯拉夫斯基体系，学他的艺术理论，从实践中体会斯氏体系的精华。

“第三点，就是要造成中国的北京人民艺术剧院的特色，要吸收运用中国民族戏曲和各种曲艺的表演方法、表现手段，这是非常必要的。

“这三点使我们的创作方法一致起来，形成大家的共同认识。

“再有就是在艺术上把住两个关:一个是剧本关。对剧本必须严格要求。我们认为,最好的剧本是能提高北京人艺艺术水平的剧本。

“我们与剧作者的合作是非常融洽的。像郭沫若先生、老舍先生这样的大作家,我们的青年小伙子也敢于当面提出意见。他们二位胸怀非常宽阔,很容易接受我们好的意见。

“以后,中年一代、青年一代的剧作家我们都经常联系着。后来有了我们剧院自己的剧作家。

“这些剧作家,给了我们极大的贡献,提高了北京人艺的艺术修养,使我们有了积累保留剧目的可能,现在我们就有了不少的保留剧目。一个剧院没有保留剧目是不行的,一个剧目演完了就散了,这不是办剧院的办法。所以,把住剧目这一关是非常重要的。

“另一个,就是要把住演出关。一个戏排出来要由艺委会批准才能上演的。艺委会包括有修养的艺术人员组成。同时,我们的导演,像焦菊隐先生,他自己把关把得也很紧很紧,不到他认为比较好的时候他是不会拿出来的。演出要质量第一,质量不行不能拿出来。

“我们还采取不同的方法对演员进行个体锻炼,使他们在政治上、业务上都不断提高。

“我们还逐步形成了一套规章制度,包括演出、排练、行政各个方面。

“培养良好的院风也是重要的。每个导演、演员、业务人员及其他工作人员都要有‘艺德’,‘艺德’要好。我们在舞台上是一个绝对的合作团体。京剧有一句话叫‘一颗菜’,很讲究‘一颗菜’。在台上,你该怎样,他该怎样,合在一起才成为一个戏。我们对‘艺德’非常重视。在演出的后台,规矩很严很严。我每次到后台,都有一种到了神圣之地的感觉。大家没有闲话,所有的演员都在那儿沉默。发挥自己的想象力,进入自己的角色。《茶馆》那么多人,都非常严肃、认真。

“院风。就是要把剧院打造成一个有文化的剧院、一个文化剧院。每个人都应该有比较好的文学修养,要读书、画画、听音乐,有丰富的艺术知识。

我们有些老一辈演员，字写得很好，画的画很有点意思，他们肚子里很宽，读了不少的书。所以，谈两句话就能看出他们的味道，甚至走路也能看出来。中国人讲'书香门第'，我们不是说叫人看着像书呆子。而是要让人看到这个人有文化修养、文化素质高。我们认为这很重要。这一点应该向老一辈演员学习。

“我们说40年，其实，实际上只有30年。这当中有10年'文化大革命'，一点事都没做，一点东西也没有；30年当中，我们有一点成就，但大家要防备的是不要把自已比成一个又老又大的剧院，给人家'老大'剧院的感觉，这是最不好的。40年的功夫，拿人来说，是四十而不惑，刚刚懂得是和非，还必须保持谦虚谨慎的态度。

“尽管我准备了一点，但究竟是40年了，我已经是82岁的人了，讲的东西究竟是有限的。我想将来会有真正研究北京人艺的人把它补充起来，另说、另写。我讲的会有许多不周到的地方，希望剧院的很多老同志、年轻同志都来给我补充。”

5月13日，北京人艺表演艺术家刁光覃于12日在北京中医医院病逝，终年76岁。当日，北京人艺成立刁光覃同志治丧委员会，由曹禺、于是之、鲁刚、夏淳、宋垠5人组成。根据家属朱琳同志的意见，丧事从简，决定在医院举行遗体告别仪式并印发生平。

5月17日，北京人艺向党中央、国务院及有关部、委，北京市委、市政府领导同志们发出由曹禺、于是之签名的纪念建院40周年的活动报告，并请予指教。

5月25日，上午，在北京中医医院举行刁光覃同志遗体告别仪式。曹禺、何鲁丽、王晋、吴雪和中国剧协、北京剧协、北京人艺党委、艺委及全体同志送了花圈。

5月26日，向北京市委办公厅报送《关于拟请中央、市委、市政府领导同志，参加我院院庆纪念大会的请示报告》。报告中称：

“今年6月12日是我院建院40周年……多年来剧院在党中央、市委、市政府领导下，得到巨大的支持和关怀，时逢院庆之日，大家都期待着中央、市里领导同志能来剧院和大家欢聚一堂。我们拟邀请的领导同志有江泽民、杨尚昆、李瑞环、李锡铭、李铁映、陈希同、万里、邓颖超、彭真、宋任穷、谷牧、汪锋、吕正操、习仲勋、荣高棠、钱学森、赵朴初、王光、李志坚、何鲁丽等。江泽民同志在我院1988年赴上海演出时，曾亲自出席观看五台戏的演出并主持召开座谈会，使大家深受鼓舞。杨尚昆同志的革命伴侣李伯钊同志是我院前身老人艺的院长。邓颖超大姐曾出席我院30周年院庆活动，之后曾多次带来信息，关心着剧院。李瑞环同志曾在20世纪60年代和剧院合作共同创作剧本，结下了深厚友谊。万里、彭真、谷牧、荣高棠等同志是剧院的老领导、老朋友，多年来对剧院也是非常关心的。剧院的同志们谈起剧院的成就总是不忘这些老领导、老朋友，邀请这些领导同志也是大家的心愿。

特此报告如上，望得到批准和支持！”

6月2日，北京人艺收到北京市文化局的贺信。内容如下：

北京人民艺术剧院：

今年6月12日是北京人民艺术剧院建院40周年院庆，我们谨向你们表示衷心的、热烈的祝贺！

40年来，你们在党和政府的领导下，始终坚持毛泽东同志《在延安文艺座谈会上的讲话》指引的革命文艺道路，与人民同心，与时代同步，孜孜以求，百般磨砺，建筑起世人瞩目的、宏大的话剧艺术殿堂，为我国的话剧艺术事业做出了卓著的贡献。

你们在文艺工作中，坚持以马列主义、毛泽东思想为指导，坚持党为人民服务、为社会主义服务的方向和“百花齐放、百家争鸣”的方针，繁荣和发展社会主义文艺，在“出人、出戏、走正路”上堪称楷模。你们培养和造就了一批与人民的命运血肉相连、与时代的脉搏息息相通的，在艺术上严格要求、精益求精的、终生为话剧艺术效命的艺术家。你们坚持革命现实主义文艺道路，植根于民族文化的沃土，坚持从生活出发的原则，演出了中外古今不同风格、不同样式的话剧200余部，《龙须沟》《雷雨》《蔡文姬》《茶馆》《丹心谱》《天下第一楼》等一大批优秀剧目已为人们家喻户晓，蜚声海内外，你们在商品经济发展的形势下，继承和发扬献身精神、敬业精神，始终坚持把社会效益放在首位。

改革开放以来，你们大胆深入地进行改革，继承和发展了"人艺风格"，使剧院充满了生机和活力，艺术生产力得到进一步解放，好戏连台，人才辈出。人艺的风格，人艺的一整套艺术创造和改革的经验已成为艺术表演团体的宝贵财富。

在这全国人民加快改革开放步伐，团结一心努力建设有中国特色的社会主义的新时期，让我们携手共进，努力为繁荣和发展社会主义文艺而共同奋斗。

祝已届不惑之年的北京人艺，迈出更加雄健的步伐取得更加辉煌的成绩！

北京市文化局，1992年6月2日

6月5日，上午，中央办公厅秘书局派人来院商谈中央领导同志来院参加庆祝建院40周年活动的具体日程和程序。刘锦云、刘尔文、陈秋淮接待。商定6月11日中央领导同志来院看望，并举行座谈会。

下午，召开书记院长会议，研究了6月11日参加中央领导同志来院座谈的名单：曹禺、于是之、鲁刚、刘锦云、林兆华、林连昆、赵崇林、刘尔文、苏民、周瑞祥、田冲、夏淳、梅阡、胡宗温、郑榕、蓝天野、吕齐、周正、李婉芬、宋垠、蓝荫海、郭启宏、任鸣、霍焰、黄清泽、谭宗尧、修宗迪、濮存昕、吕中、宋丹丹、杨立新、陈小艺、吴穹、杨学信、孟彬、陈秋淮、王丈英、张志仁、李绪文、张帆、刘莉、张春林。

6月10日，下午，有关明日活动的各部门协调会召开，鲁刚主持，刘锦云、赵崇林、刘尔文参加。市公安局派人参加。随后，鲁刚、于是之到曹禺那儿，向他汇报北京人艺院庆有关活动，并请他参加明天的活动。

6月11日，下午2时，在首都剧场前大厅，剧院向自建院时就在院直至今日仍在院工作,或在院离休退休的老同志颁发“元老杯”和获杯证书。这些老同志共93人。“元老杯”由在职的剧院领导颁发。而后,按次序入座等候中央领导同志的到来。

下午3时10分,江泽民、李铁映、李锡铭、丁关根、曾庆红、王光、何鲁丽、李志坚、马玉田等中央和北京市的领导同志来到剧场大厅。

江泽民等领导同志与曹禺、于是之等热情握手,并面向老同志们即席,讲道:

“我今天代表党中央、国务院对北京人艺建院40周年致以热烈的祝贺!对剧院不少在话剧舞台上辛勤耕耘、有卓著成果的老艺术家致以敬意。”

江主席还谈道:“因为我是知识分子,对话剧特别爱好。我想工农群众也是一样的。这个剧院演出过许多名剧,1988年我清楚地记得,于是之、英若诚同志他们带了5台戏去上海演出,我至今记忆犹新,我看了以后,非常兴奋。那次演的《狗儿爷涅槃》,这“涅槃”两个字,我回去还专门查了查,后来查到这是印度梵文‘涅杜梵’(NI RVANA)。我看,人是要活到老,学到老,世界上知识太浩瀚了。我看了总算知道‘涅槃’是什么意思了,是‘圆寂’的意思。

“若干年来,人艺一直贯彻‘出好戏、出人才、走正路’这么一个方针,我们感觉,中国在首都北京有这样一个艺术殿堂,我们感到自豪!我衷心祝愿人艺再接再厉,在今后贯彻‘一个中心、两个基本点’上,在社会主义建设的康庄大道上,取得更大成就。”

在接见了“元老杯”获得者之后,江泽民等领导同志来到剧场二楼南侧的观众休息厅,与剧院的老中青三代的代表进行了亲切的座谈。

在座谈会上,江主席谈道:“院长(指于是之)比我小一岁,我们都是同一个时代的人。比如说,抗战年代,戏剧和歌曲对人的鞭策力量大得不得了。《放下你的鞭子》这样的街头话剧鼓舞人心啊!1937年的‘工农兵学商,一起来救亡……’歌曲一唱,就斗志昂扬。还有‘大刀向鬼子们的头上砍去……’再比如,中学生时代,演你(曹禺)的《原野》,我是江苏人,也不是唱大鼓的,当时把大鼓词处理到戏里,‘八月十五庙门开,牛头马面两边排……’我现在还记得。鲁贵也有一段大鼓‘青春一去就不回来……’台词我都记得。这是戏剧给人的力量。所以我说,任何一个戏,它都反映一个时代,这就是戏剧的力量。你的三部曲《北京人》我也看过,给人以鼓舞的力量。”

6月12日,晚,在北京饭店大宴会厅隆重举行了庆祝建院40周年的盛会。

应邀到会的中央和北京市党政领导有杨成武、谷牧、王光、李志坚、何鲁丽、刘导生、张大中、黎光、李筠、张庚等,以及首都各文艺院团的负责人,文艺界、评论界、新闻界、《人艺之友报》的代表等近千人。

曹禺出席了庆祝大会。

庆祝大会由北京人艺党委书记鲁刚主持,于是之致开幕词,他说40年来,剧院主要做了5件事:

一、演出了211个戏。其中历史剧10个,外国戏31个,以现代、当代生活为题材的剧目170个。40年积累下来的保留剧目、有长久意义的剧目约38个。

二、注意培养人才。目前,一批年富力强的编剧、导演、演员和舞台美术人员已经是剧院的主力。其中不少人已经创造出精彩的成绩,为广大观众所认可。

三、从建院之初,剧院就重视理论建设,注意总结经验,积累资料、档案。无论是继承传统还是开拓未来,都需要理论指导,北京人艺风格的继承和发展就是我们当前研讨的主题。

四、剧院从有了首都剧院以后,随着演出,就建立了观众调查制度和便于与观众联系的措施。继承这个传统,5年前又组织了“人艺之友联谊会”,编辑了《人艺之友报》,还在大学中做了普及话剧的工作。这一切全是为了密切剧院与观众的关系,有利于剧院的建设。

五、20世纪80年代初,我们实现了陈毅同志的遗愿:把我们的戏拿到国外、境外去演了,并获得了成功。另外,随着开放,我们也请外国的著名导演来为我们排戏、讲学，增加了我们的知识。

剧院工作千头万绪，没有党组织的领导、保证和行政部门的服务、管理，是万万不行的。北京人艺的党组织，除了“文化大革命”期间我们被迫瘫痪外，一直是坚强的和掌握艺术规律的，我们的行政工作者也是十分辛苦的。

同志们，朋友们，40 年来我们是为人民做了些事情，但是，我们清醒地知道，离人民和国家的要求太远。我们舞台上的精品，有，但太少，寥寥无几。我们的队伍里像曹禺院长那样学贯中西的真正称得上是戏剧专家的人，至今我们还没有第二个。焦菊隐总导演是的，但过世了。过去，院外还有郭沫若、老舍、田汉，他们不只是北京人艺的院外剧作家，他们更是剧院的朋友，我们的师长，与他们相处，就能够受到陶冶，就砥砺人上进。现在，他们都作古了，这是最大的损失。弥补的办法，就是要我们有大志向，要赶上我们的前人。要办成国家级剧院，就要有国家级人才。人才的质量决定剧院的水平与方向，中国的社会主义，正在日新月异地发展，中国人民的文化要求必将日益提高。我们的队伍必须在学习和实践上下大功夫，迎头赶上时代的要求。我们现在这支队伍是要工作到 21 世纪的。我们希望 21 世纪的北京人民艺术剧院，要超过它的所有的前人！

6 月 12 日，《人民日报》《北京日报》均转发了新华社 11 日的电文，全文如下：

> 既是观众，也是朋友，中共中央总书记江泽民今天同北京人民艺术剧院的艺术家们亲切会面，推心置腹地攀谈，听取他们对繁荣话剧事业的意见和建议。
>
> 下午 3 时许，江泽民和李铁映、李锡铭、丁关根等，来到位于王府井大街北侧的首都剧场，看望北京人民艺术剧院的艺术工作者。
>
> 早在 1988 年，江泽民还在上海工作时，就受邀看过北京人艺的演员赴沪演出。五场戏(编著者注：应为五台戏)，江泽民每场必到，并结识了许多人艺的演员。今天，江泽民一走进剧场大厅，就同人艺的院长、82 岁高龄的著名戏剧大师曹禺和在人艺工作 40 年

以上的老一辈表演艺术家们热情握手,互致问候,掌声、笑声不时在大厅响起。

北京人民艺术剧院作为国家级的艺术团体,已经走过了40年的历程。40年中,他们共演出了中外古今不同风格、样式的话剧211个,演出10 661场,观众近1 221万人次。他们上演的话剧《蔡文姬》《雷雨》《龙须沟》《推销员之死》《天下第一楼》等脍炙人口的优秀保留剧目,一大批如群星璀璨的优秀表演艺术家更是倾倒过无数观众。人艺以其鲜明的中国气派和浓郁的民族特色,形成了自己特有的艺术风格。

对于人艺40年取得的成就,江泽民代表党中央、国务院表示祝贺,并向在话剧舞台上辛勤耕耘、成就卓著的老艺术家表示敬意。他赞扬北京人艺40年来一直贯彻"出好戏、出人才、走正路"的方针,演出了许多好戏,产生了良好的社会效果。他说,我们为首都有这样一个艺术殿堂感到自豪。

随后,江泽民等同演职员代表进行了无拘无束的热烈交谈,从人艺40年事业的发展到今后的努力方向,从话剧人才的培养到话剧管理体制的改革,艺术家们谈想法、诉甘苦、说打算,江泽民时而点头、时而沉思、时而插话,与大家共同探讨繁荣话剧事业的途径。

江泽民指出,一部优秀的文艺作品,总是要反映时代精神的,它给人的教育、鼓舞和鞭策是巨大的,常常能够影响一代人的思想感情。他说,作为社会主义精神文明建设的一个重要方面,特别是我们这样一个有着五千年文明的古国,应该要有能够代表我们国家、我们民族文化水平的艺术团体。对此,国家要给予一定的扶持。同时,要有相应的政策,以保证这些艺术团体更好地发挥国家级艺术殿堂的作用。

在谈到话剧所面临的一些困难时,江泽民说,解决这些问题,除了政策要落实外,归根结底是要尽快把我们国家的经济建设搞上去，只有经济大大发展了才能办更多的事情。他勉励北京人艺的同志“发扬优良传统，再接再厉”，在党的“一个中心，两个基本点”的基本路线指引下，为繁荣社会主义文艺事业做出更大成绩。

座谈结束后，江泽民等还来到剧院排练厅，看望并慰问了正在排演《推销员之死》的剧组人员。

《人民日报》的标题是：《既是热心观众又是知心朋友——江泽民看望北京人艺艺术家》，随文发了江泽民在首都剧场前大厅与曹禺热情握手的照片。《北京日报》的标题是：《代表党中央国务院对人艺四十年成就表示祝贺——江泽民总书记看望北京人艺艺术家》，随文发了江泽民到排练厅看望并慰问演员的照片。

7月9日，曹禺看北京人艺演出的《茶馆》，并与演员合影留念。

7月12日，致信巴金：

……

我成天的疲乏，走几步就累，需要吸氧，我每日整夜吸氧气，只这种治疗已使我难于离开医院。远行是很难的。因此，我常想我们何时能再见一面，似是一个大问题了，但愿天助人愿，我还是能回上海，我们能见面谈谈话，即使不能畅谈，默然对坐也是极大快事。

我在电视中露面，是鼓足了劲，在那里做出精神饱满的样子，许多朋友以为我好多了。我自己知道，整个还是不行的，我相信你信中的话，精神良好，可以使身体变得好一点，我最近也有这种感受。就是乐观一些，快活一些，自己鼓舞起来，似乎病体较好，人也有些体力，气足了一些，当然以后还是累的。

我每天傍晚，坐轮椅，到医院大门前和玉茹观望来往行人。男女老少，衣服款式。幼儿跳跃过去，母亲怀抱婴儿，夫妻三口，乘一辆自行车。还有外国倒爷（北京常有洋人买卖货物、衣服，等等，来往出入中国，获利颇丰）走来走去。

……

7月15日，上午9时，由中国艺术研究院、北京人民艺术剧院主办的“北京人民艺术剧院演剧学派国际学术讨论会”在北京和平宾馆隆重开幕。曹禺抱病出席，发表了一篇以《希望有一个更美好的未来》为题的讲话。他认为这个会“是北京人艺建院以来的第一次，在全国也是第一次”。回想过去：“从前我和我的几个朋友，曾经梦想办一座中国式的、有自己风格的剧院，真是朝思暮想啊！”在新中国“我们才实现了这个理想”。40年来，北京人艺涌现了、造就了一批热爱话剧艺术、献身话剧艺术并且受到观众热爱的艺术家们，曹禺表示“我永远忘不了他们的劳动和创造。特别要提到创业者之一，故去的焦菊隐先生，是他和他的同道们为北京人民艺术剧院奠定了基础。今天，开这个会也可以告慰焦先生”。讲话中透出曹禺对北京人艺的未来所寄予的殷殷期望。此讲话经整理以后，以《期望有一个更美好的未来》为题载于7月23日的《人民日报》。

7月22日，巴金致信曹禺，信中说：

……

我八岁的小孙女果然回来了，一个人从美国回来了，可惜只住了短短的一个月，就像一阵风似的不见了。我很想念她。她说两年后还要回来庆祝我九十生日。我可能活到那一天，也争取活到这一天。

邓大姐走了，我很怀念她。我还记得你两次代她送花给我。八一年有人宣传我“持不同政见”将受到批判的时候，她曾托人带来鼓励和安慰。我长期患病未能赴京开会，大姐几次托人致意，希望我出席政协会议，我一到北京，第二天早晨她就来宾馆看望，十分关心，非常亲切。八五年后就不曾再见一面，这次听到哀乐，看见遗像，心里很难过，又少了一个好人，一个高尚的人，我感到寂寞。你同大姐更熟，一定更加悲痛，使我最感动、最钦佩的是她没有家属、没有遗产，是一个真正大公无私的人。

……

7月29日，致信长女万黛、女婿刘小达、外孙小迈：

……

前一阵，因北京人艺四十周年大庆，我出去三次，便累得整天吸氧。方子每星期总来两次，昭昭和唐迎来看我，小欢子从印尼来看我，住了两星期……

收到你寄来的一百元了，很谢谢，也过意不去，你们赚钱太不容易了，以后别再惦念我，不再寄钱了。

……

8月5日前后，剧作家胡可（解放军艺术学院原院长、现任中国政协副主席）来访，他仔细地将评选的剧本一一讲了一遍，极认真、诚恳。曹禺在次日给李玉茹的信中说："这样的老革命确实使我感动。我们的社会需要这样的老人。"

8月8日，致信玉茹：

……

医生每天诊治，说我体质尚好，劝我走走路。昨天走两趟，半道，走不动，小白推车子接我。医生说，不要性急，少走走，不要性急。

真希望你在沪，一切都顺利。万不可急于返京，我已经适应，也可说，适应多了，你不必为我担忧，我走路做事都稳稳当当，跌不了跤。

方才，医院内部放了邓大姐棺木由医院到八宝山焚化的镜头，看了，很难过，一时不知如何说。

……

8月9日，《摄魂——戏剧大师曹禺》（曹树钧、俞健萌著），由北京人民广播电台在"小说连续广播"节目中连播两个月（8月至9月），并举行征文评奖活动。康矛召大使的夫人听了后，告诉曹禺。曹禺在致玉茹信中说"大使夫人听了,说很有兴味”。此后,曹禺多次收听这一广播节目。

8月20日,致信巴金:

……

又拖了一个月,才能执笔作复,还是老病,终日疲劳不堪,屡欲作书,屡次心力不及,又放下笔。

你的小孙女晅晅由美一个人来沪探视你,祖孙二人,十分欢喜。她说两年再来庆祝你九十的生日,当然能办到。你至少能活到100岁。那时,我希望我仍在,还能见到你,见到你的孩子们。希望真是可爱的情感,一有希望,活得便愉快,便生气勃勃,真以为自己是个长生者,而且是个欢快的老人。

邓大姐故去,我很悲痛,你说她是一个高尚的人,一个大公无私的人,我也这样怀念她。做一个人便很不容易,做一个高尚的人,不是一般人说说就可以成为高尚的。

她使我想起许多逝去或还活着的人,一个人留下真正的给后人怀念的事迹,就没有枉自活了一辈子!

我非常想念你,我们相识快60年了。真想不到年轻时,还会如此长生,到了今天还能相互惦念。我常念起你第一次读我的《雷雨》,便立刻推荐给人发表,这是终生难忘的事,识作品不易,识人也不易。我多么想念你,芾甘!

为了日后能到上海,我力求每日少用氧气,希望日后,能像个老人样地生活!

……

9月23日,致信玉茹,告知“昨天下午市委宣传部的人与鲁刚来,告诉我鲁刚和是之即将退职,但仍职外管人艺的一些事。譬如,《李白》将到江南,鲁刚还当演出团团长。我打心里觉得他们做了不少事,真不能离开,但市委已批,已无可奈何。”

9月24日,曹禺生日是在医院过的,万昭、万方带菜,她们都带儿子来,十分热闹。

9月26日,巴金致信曹禺:

家宝:

这一向我身体不大好,总是感到疲劳。最大的痛苦是脑子清醒,而除了脑子以外一切都不行。连写一封信也十分困难,所以好久没有给你写信了。现在我仍在编全集,其实为全集出力最多的是王树基,而我呢,已经无精力可消耗了。估计明年上半年再写一两篇代跋就完成任务了。几个月前我说过要准备后事,因为我得偿还自己欠的友情的债。消息传出,香港报刊说我病情恶化,小林也不得不接受采访,解释一番。其实解释不解释也无所谓。我大概活过九十,看到全集出齐,签了名,亲自送到朋友手里,我就满意了。这样搁了笔闭了眼睛我也甘心。

我浪费了创作力最旺盛的几十年的时间,但是我写了《随想录》,总算讲了些真话。虽然受到明枪暗箭的攻击,但我也说出了我的主张:讲真话,把心交给读者。

邓大姐逝世后我很难过,我给冰心大姊、给你写信都讲到我的怀念之情。冰心发表了悼念文章,引用了我信里一段话,但《人民日报》删去了其中的一句。冰心写信告诉我,我想起俄罗斯著名诗人涅克拉索夫的故事。诗人临死在病床上诉苦:"我最初发表文章就给人删来删去,现在我就要离开人世,我的文章仍然让别人刀砍斧削……"我的遭遇也正是这样。我不想再说什么了。这封信写了三天,前面讲到台港谣传我的病恶化。你不用为我担心,我的病情只会慢慢发展,不会突然恶化。

请保重。国庆节后小林安排我去杭州休养半个月,有许多话以后说。

……

9月28日,下午,于是之、刘锦云到北京医院看望曹禺,向他汇报了调整领导班子的情况，即北京市委9月4日会议，决定任命刘锦云为北京人艺第一副院长，免去于是之、林连昆副院长职务；北京市委决定任命刘锦云为北京人艺党委书记，免去鲁刚党委书记职务；北京市委宣传部决定任命吴加求为党委副书记。

9月，“第6届全国优秀剧本评奖”(1990～1991)在北京举行，曹禺为顾问、胡可为主任，从全国各地推荐的94部剧本中评出17部优秀剧本奖、10部提名奖。

10月1日，国庆日，中国剧协赵寻来访。曹禺给玉茹的信中说：“邀我于10月4日参加梅花奖典礼，我拒绝了，我走不动。”

10月1日，致信玉茹：“昨日文联孟伟哉(秘书长)等6人来院贺节，谈得很好。胡乔木故去，他们要到家中吊唁，我托他们向胡的夫人表示慰问之意。”

10月3日，曹禺在医院已有几个月了，身体渐好，致信玉茹：“隔壁何康(原农业部部长)同志回家，吴冷西(原《人民日报》社社长)同志病体渐好，也出来坐坐，我似乎精神与精力旺盛了。总之，医院虽然‘死’气沉沉，但默默间还是有些变化的。”“我能在过道上走两趟，分两次走，当然。走完有些喘，但坐下来，待一会儿就好些了”。

10月6日，致信玉茹：“巴老的《憩园》要拍电视剧，剧本有人写，拍时说请我当文学顾问。我没细看过，须先仔细读小说才行。这件事是由如茹提起，又由小方子接着办的。”

10月7日，致信玉茹：“昨天由西安寄来一个印刻，是一位姓傅的篆刻家送来的，刻得很美、有劲力。还寄来一本他收集的印谱，很讲究。可惜，我一点不懂印刻艺术，是明珠投暗了，然而我还是喜欢看看，学习学习，也许慢慢弄懂了吧。他要我的字，这位同志是书法家，我的字丑极了，怎么能见这位精通书法的人。”“要写的字，还有一些，今天下午，趁精神高兴，兴致高，还是胡抹一些。诚心要我字的人，并非因我会写字，只是友情使然，我也就不在意了。我应该每日练练字，但力不足，人又懒，就更荒疏了。”

10月8日，致信玉茹，又谈道："西安有一位傅嘉仪先生寄来的、他为我刻的图章，刻得很美。我是外行，只能说美，说不出什么道道儿来……篆刻是中国几千年的艺术。居然在春秋战国，甚至殷商周朝就开始印玺了。我颇爱白石老人的刻印，印风'泼辣'（傅先生评语），印如其人，'奔放''气势纵横''险绳天成'这都是评涪，再看白石老人的篆刻，稍能体会评语深意。印文有'有衣饭之苦人''客中月光亦照家山''心内成灰''苦手'，词句中见老人一生辛劳坎坷，坚强不屈。大艺术家内心是非常苦的。"

"写了这些话，傅先生还要我写'红柳室印存'五字送他，我写了两张请他挑选。傅先生是书法家，我的字幼稚且陋，只是为了报答人家的盛意就是了。"

10月9日，上午，致信玉茹："协和医院毕大夫来会诊我的病，检查结果，我的情况良好，并无变化。"

10月9日，接待时任中国剧协《剧本》月刊主编颜振奋，为《剧本》月刊创刊40周年题词："繁荣创作，培养作家。"

10月10日，上午，在北京医院为乔羽同志题书名，并写了信。为西安荐福寺内终南印社傅嘉仪先生写了信，他托书，曹禺写了两份，请他挑选。另又给上海卢湾区档案馆题了词并寄去。

10月12日，戏曲剧作家马少波及上级领导很重视京剧的前途，拨了1 000万元作为京剧基金委员会基金，马少波任会长。曹禺说管理基金如何用这很重要。马少波劝曹禺"多多养息，不能再出门，静养为是"。

10月13日，致信玉茹，告知"午后，刘瑞亭（去年夏天我们下去，在酷热中为大家往地上洒水的花木工师傅）来找我，谈了半天，才说要为人祝新婚之喜的四个字'花好月圆'，我写了。"并告知玉茹"《柔蜜欧与幽丽叶》一书重印，长江文艺出版社寄来稿费三千五百元。"

10月26日，《郭启宏剧作选》由中国戏剧出版社出版，曹禺为之题字并赠诗一首："读书破万卷，下笔如有神，白鸥没浩荡，万里谁能驯？"

11月2日，致信玉茹："收到你十月二十九日信，非常高兴。因为天天望信，恨不得一天收到你二十四小时的信……”信的结尾为四句对口词：“老夫老妻，相念已极。暂时小别，长远匪易。遥遥相望，京沪二地。天长地久，不能久离。终夜不眠，二人相依。时游山水，时游海滨。北戴河滩，二人相栖。携手逛街，同步闹区。你我年老，相互嬉戏（扶持）。浩浩苍天，茫茫大地。天覆地载。”

11月5日，曹禺自我“检讨”：“我对自己十分不满，漫长一生，不知多少错误，逍遥岁月，做事总不得当，一是‘懒’、二是‘私’，误了自己的韶华。如果再做人，应做一个‘勤’人、‘公’人，今天会快乐得多。”

11月9日，致信玉茹：“你应安下心料理家事，照顾莉莉。人放得开朗一点，不要埋怨命苦，想想总有个人，加上许多亲友，还有上海京剧院许多好同志都在想着你，为你帮忙。只这一份心意，就已够感到满足。”

“确实，事情总是两面的，有苦就有乐，现在觉得苦恼，过一阵，就不苦恼了。其实，如果你能想开些，再看看比你还苦、还没办法的人，你便释然于怀，不如此心烦了。”

12月13日，埃及文学翻译家阿齐兹博士到北京医院看望曹禺。阿齐兹把自己的新译著《北京人》送给了曹禺，并向曹禺提了一些问题。曹禺兴致勃勃地一一回答了阿齐兹的问题，还对不少文学问题，畅谈了他自己的看法。阿齐兹因翻译曹禺的剧作《日出》而享誉阿拉伯文学界。

12月16日，致信巴金。信中写道：

芾甘：

九月读到你的信，现在十一月十五日了。还没有作复。你知道我，不会生我的气。我懒，又多心，给你写一封信，要真下功夫，不然，我会显得多可笑。我这一生，不好复信，总因为字难看，我得罪多少朋友。老年了，人是孤单的，朋友少，甚至可以说就是你一个。天下人都是你的朋友，你的读者，你有多少敬爱你的友人，相识与不相识的，都要把心交给你。这因为你一生交心给你的朋友和读者，我每读你的文章，我就感到我的心中，有你的心在跳动。

我想许多人都如此感。

……

邓大姐去了，我没有写出什么，只是难过，你写出你的情感，我读了，很感动。在冰心发表的文章，在你给我的信里，我觉得你是真正的，你是第一个说一句简单而重要的话“她是一个高尚的人”。

……

我正在写个短篇小说，这是遵从你的嘱咐，何时真写得出，也不可知。

“六十岁学吹鼓手”本是笑话，如今八十岁学写小说，你想，其困难，其可笑，可想而知。但我仍坚持，有一点写一点，写一段是一段，总得把它写完。

应该写好了，请你改。我怕太丑了，太不像样，就拿不出去了。我很想念你，虽有《巴金对你说》在手边，但还不如真正见到你。多保重！多保重！（编著注：曹禺因病，此信写得时间比较长）

……

本月，在医院会见中莎会秘书长、上海剧院副院长孙福良，充分肯定了中莎会成立以来的工作成绩。

1993年，83岁

1月，《摄魂——戏剧大师曹禺》易名《曹禺》，由中国青年出版社第3次印刷，列为“中国现代文化名人传记系列丛书”之一。

1月12日，为祝贺张君秋从艺60年，写祝贺信，信中写道：“欣值您艺术生活60年之际，我谨向您表示由衷的祝贺和崇高的敬意！”“衷心地祝愿您在我国改革开放的历史潮流中，老当益壮，精神矍铄，为繁荣社会主义戏曲事业再作建树！”

1月29日，下午，邓颖超秘书赵炜来，告知曹禺已收到贺年卡，并向曹禺拜晚年，曹禺将邓大姐给他的三封信交给赵炜复印，因为她正在为《邓颖超传》审稿。

另致信玉茹：“如茹的博士典礼，你应参加，一生难得有此机会，母亲看女儿得了博士，如茹当了大学者，这都是难遇的大喜事，你该去。现在就托上海京剧院办护照，还有个‘签证’（英大使馆）的问题，你最好问一下如茹，要办些手续，该怎样办？”

1月30日，致信玉茹：“《红尘》读完了，又读霍达另一个中篇。真是有才气，有学识的女作家，对生活了解很深，很了不起。”

2月1日，致信玉如，告知近日天天看电视连续剧《红楼梦》，“你不在身旁，不能互相讨论，虽有很多感人场面，没有你相谈，就没有多大意思了。我每天还是九时入寝，约十时进梦乡；梦很多，就是记不得，不然可以写点梦给你看，岂不很有趣。”“昨晚看完《红楼梦》，十二时才睡。不想电视剧的结局拍得那样凄惨！很别扭。”

2月4日，致信玉茹：“收到你的信，高兴极了……为许多人，写不完的字，真的累了！”

2月9日，北京人艺导演梅阡办画展，请曹禺题字，曹禺题了：

生气淋漓　荡动人间

笔下生风　神韵如仙

2月10日，下午，中国台湾导演李行、戏剧家贡敏到北京医院拜访曹禺，谈4月中国台北演出《雷雨》的相关事宜，曹禺应邀为之题词：“祝《雷雨》在台北演出成功。”李行除导演《雷雨》外，还想导演《家》，曹禺没有接声，意思是这都交由万欢处理。

2月13日，曹禺致信玉茹：“小白跟我们有多年感情，我跟他说好，每晚必须在医院陪我，现在他们要等你来了，再走。”生活秘书白士林已定12月28日离京返陕，于腊月16日结婚，现已返京。

2月13日，曹禺在北京医院会见北京青艺院长石维坚、新版《雷雨》的艺术指导徐晓钟、中央戏剧学院院办主任马驰、导演王晓鹰，他们谈新版《雷雨》要表现诗意，曹禺表示同意，充分肯定了他们的创新精神。

我国第一个导演博士生王晓鹰在见曹禺时，汇报他准备排演《雷雨》，并打算删去鲁大海这个人物，因此忐忑不安地想征求曹禺的意见(当时李玉茹、万方和石维坚同志都在)。王晓鹰结结巴巴紧张地说："我有一个斗胆的想法，想把鲁大海删掉……"曹禺先是愣了一下，然后兴奋地说："删掉，好，赞同！"他大笑地说："我告诉你，有些人的脑瓜子可不像你我这么想，你删掉后会有人批评你、骂你，你要沉住气。你可以说'当时我和作家商量过了，作家同意了'，你可拿我做挡箭牌。好，我同意了！"

2月16日，致信玉茹，告知方瑞妹妹邓宛生的第三个女儿小三儿(卓立)"从罗马托人带来一条披肩，是为你买的。素朴纯黑，是现在时髦色披肩。"

2月，歌剧《原野》在台南、台中、台北演出12场，孙禹扮仇虎、叶英饰金子。

2月，在《戏曲艺术》第3期上发表《祝贺张君秋艺术生活六十年》。

3月14日至27日，曹禺参加全国政协八届一次会议，与会代表王蒙回忆说："一次会议时，他扶病前来与中央领导会见，他发言建议将当时的文联和一些协会解散，而他本人就是文联主席。这堪称振聋发聩。"

3月26日，在全国政协八届一次会议上，江泽民总书记在北京京丰宾馆召开全国政协文艺界委员座谈会，曹禺由李玉茹陪同从医院来到会场。文学界、演艺界、艺术教育界都想向国家领导人讲些心里话，中央戏剧学院院长徐晓钟也打算向中央领导同志讲一讲青年教师住房困难的问题，但麦克风传来传去怎么也到不了他的手里。时间过得很快，李瑞环同志宣布："为了留下一点时间给总书记讲话，委员的发言要结束了，但我们建议在总书记讲话之前，请曹禺同志发言。"徐晓钟连忙跑过去对曹禺同志讲："万先生，我想反映学院青年教师的住房困难问题，但抢不到麦克风，您在发言时讲一讲吧！"曹禺笑了一下。轮到曹禺发言时，他在讲过文联工作以后，就给国家领导人讲了后来大家都知道的一段话："艺术院校(包括中央戏剧学院)做出了许多成绩，但艺术院校缺'房子''票子'(指办学经费)和'帽子'(指职称名额)……”他讲得很实际、很动情。政协会结束不久,文化部教育司领导就陪同国家领导人视察艺术院校,在视察中央戏剧学院时,了解到学院的住房困难,随即为中央戏剧学院盖教职工宿舍批了钱。很快徐晓钟把这个喜讯告诉了曹禺,他在听到这消息时,在他的寓所留下了他最最开朗、最最高兴的一张照片。[①]

3月30日,致信巴金:

……

报纸上见不到你的消息,又没有自上海来的朋友,可以问问。

确实有些耐不下,有点着急了。

我参加了几次政协的会,坐轮椅去的。回医院,就赶紧吸氧气,又疲乏极了。

……

如果你没有病,给我写几个字,好安心。

但如你太累,或者写不下去,我将设法另探消息,好知道你的近况。

……

4月1日,致信长女万黛:

……

我收到你三月七日的信,知道你打算今年回国探望亲友,看看爸爸、昭昭、妹妹等,我十分高兴。

不知你何时能来京,是否都能在一个时间会面,这不太重要,反正早晚我可以看见你们。黛黛,你是我的长女,我经常怀念你,仿佛你还是两三岁时在江安的样子,常常想到你在中学、大学,以及后来在北大医院当医生的种种神态。我似乎就看见了你,觉得

① 徐晓钟.纪念我们的老院长、老师曹禺同志[J].戏剧,1997,1.

你就在我的身旁。你是多么善良可亲的好女儿，我不自觉地在熟朋友面前谈起你。你能来北京，太好了。你说为了见可爱的故土，心情急迫，有点 can't wait 的情绪。不用急，已经有几年不见，再等些时间，也无关紧要。

……

这阵子，开政治协商委员会，我坐轮椅参加两次，《中国日报》刊载了相片，看看爸爸现在是什么样子。我疲乏，实在走不动了。见了些熟朋友，很高兴。

……

4 月 2 日，在北京医院，接见天津丹梧公司总经理丁岳。他对丁岳资助“’93 中国小剧场戏剧展暨国际研讨会”表示感谢。曹禺说：“我要代表他们谢谢你。现在话剧的处境很困难，能够拿钱出来赞助戏剧事业，说明你是有眼光的。我是很希望一些有实力的企业家，能够具有一种文化的视野，在自己力量允许的情况下，多多支援文化教育事业。越是经济发展了，越需要发展文化事业。我看一个文化不发达的国家，经济也很难搞上去，即使搞上去也很难持续发展。”

“’93 中国小剧场戏剧展暨国际研讨会”由中国艺术研究院话研所、中国话剧艺术研究会、天津市文化局、天津剧协等联合主办，曹禺任名誉主任。

4 月 3 日，致信玉茹，告知女儿万方已“接到美国洛克菲勒基金会的信，答应她赴意大利写作，假期 41 天，自本年 11 月 7 日到 12 月 17 日为止，来回路费，他们也管。我放了心，你可以放心”。

4 月 3 日，巴金致信曹禺：

……

我从来没有忘记过你。没有写信，只是因为我写字太吃力，杂事多，和你一样，时时刻刻都感到疲劳。但是你现在比我强，你可以开会畅快发言，我却讲不出整句话来。我自我估计，即使我能多活，明年以后我也会躺倒。不过我并不悲观，我会从友情得到温暖，我如果再写不出好文章，我也要做一件两件好事。靠药物延续的生命，我不能浪费。唯一的目标是生命的开花。

……

4月7日，致信玉茹，告知收到巴金的复信，赞扬巴金“他的创作力是无法遏止的。八十九岁的老人，辛苦了一生，奋斗了一生，与邪恶、腐败、残酷的世界战斗了一生，这是何等的魄力！他不是‘志在千里’的老骥，他是在烈火中奔腾的战马！啊，八十九岁的老作家，老战士！我真幸运，在我的一生中我与许多这样的大人物认识、交往，这是独得的机遇”。

在信中，曹禺说：“今天我们活在一个大（也许不能不说是伟大的）的好时代，各处都在蓬勃发展。尽管有不少使人不愉快的人和事，然而大方向已走向光明，国家安定平稳，一切迅速地向前猛进。少数人富足起来，这就引起更多的人富足。你我有点紧迫，有什么关系。看开了，个人的事确实很小。”

在信中曹禺还欣喜地说：“你说你看的青年演员，真有出色的，有的可以比起杨小楼，我听了很高兴。也和你一样，过后想想，他们生不逢辰，没有观众，没有剧场，这叫什么气候？他们练得苦，终究有大机会，一定有一天可以发展起来。珍珠不怕尘土淹没，尘土早晚会被更广大的时代风刮走的。培养观众，还是靠先有出色的演员，演戏才能使京剧活跃起来。我相信京剧总归要大发展，一个伟大的时代不能没有京剧这朵光华四射的文明之花。现在的京剧只是暂时的挫折，有心人、有胆量的人会把它扶持起来的。

“要鼓起这股勇气，鼓起这股不可压服、不可摧折的雄风来，就一定有希望的壮风来！

“你说在上海，你贴近现实了，这很好。我们居住在病房里，如悬在半空，不知世上有任何变化，这很不好。你在上海多做实事，多接近一些世上的人，这确是一大进步，人生如流水，转眼即逝，你能接近现实，我很高兴。我们二人浪费的时间不少了，不能再任其如电逝去。

“北京人艺的《鸟人》，演出盛况惊人，票已售到五月里，我这两天读了剧本，确实很有趣。这是一出观赏性很强，内容也有意义的戏。”

4 月 17 日，在中国台北“国家剧院”，中国台湾戏剧公司首演曹禺的《雷雨》，导演为李行，舞台设计为聂光炎，归亚蕾饰鲁侍萍，赵文瑄饰鲁大海，傅娟饰四凤，其他演员有郎雄、翁家明、涂善妮、袁光麟、江明、宋逸民、康殿宏等。

本月，在《文艺报》上发表《一棵挺立峻拔的大树》。

4 月 18 日，下午，在北京医院接待受巴金委托前来看望自己的李济生（巴金弟弟）、舒乙、徐钤和陆正伟 4 位同志。之前，曹禺为“巴金国际学术研讨会”题词：

你是光，你是热，你是二十世纪的良心。

为纪念《雷雨》问世 60 周年，中国青艺公演《雷雨》，导演为王晓鹰，演员阵容为：高惠彬饰周朴园，宋洁饰蘩漪，韩静茹饰鲁妈，林海饰周萍，白玉娟饰四凤，夏和平饰周冲，潘军（特邀），蔡鸿翔饰鲁贵。

4 月 18 日，晚，曹禺抱病从北京医院出来，到青艺剧场观看新版《雷雨》的演出。

演出中，导演诗意的处理，演员们充满激情的表演，舞美、灯光及音响所展示的艺术岁月，把观众引向一个绚丽而奇异的、发人深省的艺术世界。演出结束后，观众为每一位谢幕演员鼓掌叫好。

导演请曹禺讲话，曹禺沉稳中带着激动，说：“你们演得很成功，很有诗意。有一些地方导演处理很妙。演员演得很投入、很辛苦，而且看来很理解导演的意图，演得我满意。序幕和尾声这样处理也很好。这个戏开头和结尾不能让人往实里想，这样才能有诗意。”导演送曹禺回医院，分手时，曹禺又握着王晓鹰的手，诚挚地说：“你这样年轻，很了不起。感谢你们成功的演出，给我的《雷雨》增添了新的生命！”

本月，四川人艺公演《家》，彭光华为导演，杨柱为设计（特邀），孙洪饰演瑞珏。

4 月，在《剧本》月刊第 4 期上发表《读书学习、丰富自己》。

4 月 20 日，致信玉茹，告知“我看了青艺的《雷雨》，他们用许多办法，包括京剧的、虚拟的、无实物的动作，表现戏中人物，很感动人，卖座已到5月中旬，全满。导演讲下半年要到上海演出，这是一个有新意的演出，撤去了'鲁大海'，似乎人物弄得更丰满些，导演有本领。你将来可以看看。”

信中还谈道：“巴老那样老，还那样不休止地工作，真使我感动，使我从心里尊敬，这是视劳动为生命的人。他使我衷心惭愧，我从早到晚在浪费时间。玉茹，你也在不停地工作，都是可佩服的人”。

4月26日，致信巴金：

……

感谢你，给我写了信，我读了，十分感动，你的几句话，使我觉得我就在你的面前。然而我复信又拖了很多天，日日想复信，还以疲惫不能写。

你的估计“明年以后，我也要躺倒”，那是不实际的，你要活到很长，很长，活到世界最长的年龄，118岁。不要以为我是夸张，或故意说些鼓气的话。你现在依然有充足的干劲，玉茹到你家里看见了你，她说老人每天还用五六小时校清样，这是何等的精神，何种气魄，谁能想到近九十的老人还有这种顽强的力量。你的话很对，你的目标是生命的开花。你的生命正像清晨雾散的花。这不是年龄甚至于老人的生命限制得了的。你的好事已做了不少了，你现在还想做更多的好事，这是你的生命仍在呐喊。我羡慕你、崇敬你。

……

5月27日，致信巴金：

……

我现在生活很闷气，一是生活不能自理，二是一点动作都不可能做。幸尔有玉茹在身边，常给我说一些安慰的话，我还能活下去。

你永远是鼓舞我的力量，你像老师，像兄长总在给我不断的启发……你说活着不容易，我也这样想，身体不支，力不从心，这真是要命，我尽量走路，但走几步，就喘气，心跳不止，穿衣、吃饭、起身……处处都需要人。老了，难道就是这样无能么？蜕化得跟处处需要照顾的婴儿一样。像婴儿，但又不像，心老了，也多虑了。

这些日子，我的大女儿、小女儿，都来了。我的一家四个女儿一块照了相，吃了饭。明天，玉茹要亲自做饭给孩子们吃。我也回一趟家。

……

5月，在北京医院接待从上海来的《上海滩》编辑部主任葛昆元，表达对上海的思念："上海是我永远忘不了的城市，那里有我许多朋友，有巴金、于伶、柯灵等。他们都好吗？"

7月6日，中国台湾"《联合报》"报道《北京人》将在台北演出的消息。

本月，在《剧本》上发表《翰老寿终人未去，永在征途最高峰——在缅怀阳翰笙同志座谈会上的书面发言》。在文章中曹禺说："阳翰笙同志一直是我十分敬重的前辈之一，他不仅以其许多优秀的戏剧、电影、文学作品使我受到教益和影响，也以他毕生投身于中国革命工作的累累政绩使我感佩不已，应该说，翰老不仅是一位杰出的文学家、剧作家，也是一位卓越的政治家、社会活动家，德高望重的马克思主义文艺战士和中国新文艺运动与文艺界的领导人。"

8月27日，致信巴金，告知巴金自己只要身体好，就想到上海去看他。

……

然而看目前的身体还是不行，我经常到医院打针、检查，拿回一箱一箱的药品，一天吃四五次，每次一大把，还要吃中药两碗。多走两步，气喘如病牛，但是我多想到上海见你，默默相对，看看你的慈祥的笑容啊。

上海有38℃，那真吓人，亏你受的，我想你会有空调，但人总在冷气里，也不大好。请你多保重，要认真保护自己。

玉茹在英国时，我很寂寞，但快回来了。她在英国还教了京剧，录像，看戏，很忙，也很高兴。

你的记忆真好，记得我们见面时的一些情形，我记忆力几乎丢失了，许多事记不得，近两天的事都记不住。为记忆力失去，很难过。

问你的全家好，我又写不下去，没有力气写了。

……

8月29日，巴金回信曹禺：

……

信收到。不用说我也想念你，只是写字不容易，写一封信在我需要很大的力气。但我这里有你的照片、你的书、你的录像……你常在我面前。我每天都看见你。我总是想些使人感到愉快的事情，特别盼望玉茹早日康复。

我还可以拖下去，只希望再拖两三年，写出一本小书。（编著注：时年90岁）

9月9日至14日，《北京人》经旅美女导演姚树华改编，并特邀北京人艺谭宗尧赴中国台北客串角色（饰江泰），在台北"国家剧场"演出。姚树华赠送曹禺有关《北京人》在台北"国家剧院"上演的剪报资料，中国台湾诸报均用显著标题报道，如《〈北京人〉好戏开锣》《两岸舞台剧的第三类接触：〈北京人〉在台北》。

10月2日，致信万黛："我每天最大的苦恼，是终日疲乏，起床后不一时，就累，又要吸氧气。客人来或有什么事情，我仍能支持一阵，但来完了，我便须躺在床上吸氧，这真是没有办法。""写信，好比见着你一样。我思念过去，时常忆念你和昭昭来看我的情形，在那痛苦的'文化大革命'时期，我在铁狮子胡同躲着，你们姐妹俩来看我，硬拉我出门，看大字报。冬天的夜晚，走了半条街，我就不想走了。在一个馄饨铺前，你们请我吃碗热馄饨，还喝了一杯啤酒，那是最美的一顿饭。你们的笑声和高兴的神气，我记得清清楚楚。”

“我病卧五年，外边的事可以说一点不知道，希望我们的中国，摆脱过去的黑暗、种种丑恶，能逐渐变为一个光明的国家。现在改革开放，是有进步的人富起来，生活好起来，但一种只是爱钱的社会风气，使人感到气闷。”

“我总希望，我能活到看国家富强起来，人们相互之间文明起来。我一生经过的古老的中国，使我更渴望，我们的愿望早些实现。”

10月15日，为北京图书馆题词：

整理当代优秀文化
造福子孙千秋万代
祝贺北京图书馆当代名家文库成立
曹禺　一九九三年十月十五日

10月22日，中国艺术研究院话剧研究所、武汉大学中文系联合主办的“第二届曹禺研究国际学术讨论会”召开，出席会议的有来自全国各地和韩国、日本等国的专家学者40余位。

韩国的曹禺研究专家韩相德发表论文《曹禺剧作在韩国》，初步介绍和论述了曹禺剧作在韩国演出和研究的情况。

本年，韩相德采访曹禺时，正值《雷雨》诞生60周年，为了表示祝贺，韩相德特意书写“瓶梅香笔砚，窗雪金琴书”条幅相赠。过了几天，曹禺回赠一幅书法作品：“共首人间春色满，寓意雪里雨心月”。

11月1日，田本相到北京医院看望曹禺，并代表“’93中国小剧场戏剧展暨国际研讨会”的同志们邀请曹禺出席会议，另就小剧场戏剧和曹禺交换意见。曹禺说：“我同意你的意见，在大剧场不景气的时期，提倡和发展小剧场戏剧，对培养观众、锻炼演员，在新的市场经济中摸索发展话剧，是一个好的方式。”

“我也赞成不要求全责备，要从实际出发。佐临同志，我同他谈过，他对中国话剧的前途是十分关心的，他说的话有道理。我们要学习西方戏剧的经验，但是更要考虑到中国的实际情形，在探索种种戏剧形式的同时，对戏剧艺术实践的商业性演出的尝试也是应该允许的，总不能吊死在一棵树上。现在的确要把社会效益同经济效益结合起来。我在30年代就说过，要让观众甘心情愿掏钱买票走进剧院里来。当年，中国旅行剧团就做到了。现在的观众基础比那个时候怎么样，我看不一定差吧？要看戏的人只多不少。问题是看我们自己能不能拿出好的东西来。”

“还有，一定要注意，不要认为是小剧场戏剧就可以糊弄观众，在艺术上就可以打马虎眼，一定要创作出高水平的小剧场戏剧，才能把观众吸引过来。”

11月9日，“'93中国小剧场戏剧展暨国际研讨会”在北京开幕，曹禺在开幕式上发言，表示十分赞成搞小剧场戏剧，认为它充满了生机和活力，是提高和发展话剧艺术、培养观众、争取观众的好办法。特别是在大剧场戏剧不景气的情况下，它愈显得及时和必要。他认为搞好小剧场戏剧要从中国实际出发，参照西方经验，采取多种形式。它既可是实验性演出，也可是商业性演出；既可是专业的，也可是业余的，重要的是既有社会效益，又有经济效益。小剧场戏剧要有高水平的演出，使观众获得艺术上享受，又能使观众从中得到启迪，从而真正赢得观众。

11月，《曹禺评传》(田本相、刘一军著)由重庆出版社出版。

1994年，84岁

2月12日，中央戏剧学院外国戏剧学家廖可兑教授到北京医院探望曹禺。

3月19日，致信万黛。信中写道：“不知还有力气写几个字给你不？我尽力地写，我想我要等你，等小刘迈，等你们来中国看我。无论如何，我会等你们，见你们一面。”“我心思很乱，周身乏力，更感到是个老而无用的病人了。这里也有春天，明媚的春光照进来，还是十分喜人的。”“我想念你们，想念孩子们，想念你和在外国的小欢子。我还有力气可鼓，别以为爸爸不成了，爸爸还成，还能活几年！活几年！”

4月1日至4日，香港大会堂音乐厅公演粤语版《原野》，由中天制作有限公司制作。导演为麦秋，剧本整理为伍国才、余振球，监制为司徒伟健，制作经理为卢伟基，舞台设计为陈兴泰，服装设计为陈俊豪，灯光设计为余振球，音响设计为叶锦生，吕良伟饰仇虎，叶童饰花金子，温兆伦饰焦大星，李枫饰焦妈，陈国邦饰白傻子，丁家湘饰常五。

4月3日，致信玉茹。信中写道：“你走后，竟没有朋友来访，更感寂寞。”“虽然能听见你的声音，每日看不见你的笑容，真是难受，有时我恍惚中觉得你就在我身边，喂我吃饭，喂我水果，尤其是在晚间，想得痛心。”

4月13日，致信玉茹，信中写道：“巴金见了你，非常热情，一直握你的手，谈话，说十分想念我，见你如见了我一样。我很感动，巴金真是十分可敬可爱的老朋友，他的真切是世上罕见的。”

4月17日，赖少其（编著注：剧作家，原华东局宣传部部长）八旬寿辰与曾菲夫人金婚纪念日。曹禺致信玉茹，告知“祝‘庆贺赖少其同志从艺六十周年暨作品研讨会’与‘赖少其书画回展’大成功。北京医院曹禺、李玉茹”。

4月25日，致信玉茹，信中告知“上星期晏学教授偕一位日本女士来访，这位昭代女士是研究我的，从晏学为师，她给我讲如何为她的学生讲课，十分认真。昭代女士说她很想演蘩漪，她的汉语并不很好，这是她的愿望而已。此君一点不像日本妇女，穿衣化妆，颇像一个中国女高级知识分子，颇有味道，就是言语不通，很是遗憾。”

“你说上海家中吃饭很好，菜做得香，可惜我不在你身边，不能一同享受。”

4月26日，万黛从美国回京，下午与万昭一同去医院看望曹禺。

5月1日，在医院款待万黛、万昭、万方三家，还有小白、司机史叔叔，一桌席，丰盛异常。

5月7日，致信玉茹，告知原广州剧协干部陆正平，如今办大公司，做起生意并兼广州电视台台长，前来探望他，送了许多补养品。信中说：“他的女儿路鹭唱歌得了冠军，我题了贺词：‘春风艺术无限，今天她是初绽’。他仍是那样憨厚、热心。”

5月27日，致信玉茹，信中说：“你年过七十，有病也是自然，你平日情绪豪放，有病也不会久卧病床，会很快好起来。

“你说月底来，这要看医生如何说，别违拗医生的话，你想我，我想你，然而病比我们相思重要，还是治疗要紧。”

6月2日，致信玉茹。信中写道：“我每天睡前背诵‘心经’，求菩萨保佑我的玉茹平安吉祥，欢喜如常，渡过一切苦厄！天天为你祈祷，菩萨会降福给你的，会时时刻刻保佑你。”“赞扬李玉茹的《血缘》写得十分好，有风格，也趣味，文气一贯，在枪炮如雷的环境中天天唱戏，你真是大无畏的女人”。

6月4日，致信玉茹，信中说：“这两天，接着白尘故去，昨天听说佐临也逝世，我很难过。胡思乱想中，我发了两次唁电，给白尘寄给他的夫人，给佐临寄给‘海芹，并转蜀芹及弟妹等’，发到上海电视台。我不由念起我们二人都在病中，一旦走了一个，这日子如何过下去。想久了，也转过来，我们一时尚不至于如此惨别。我们只有把病治好，精神振作起来，才会快活地厮守下去，你一直乐观、坚强，我也要豁达起来。

“前两天孟伟哉偕好几位文联同志来看我，为的是本年八月要开第三届中国国际民间艺术节，要我写几个字。昨天我写了三张，下午就让他们取去，挑选一张。他们都问及你，盼你病早治好，都很亲切。你的人缘好，在北京也有朋友。”

6月7日，曹禺嘱托北京人艺给黄佐临亲属发唁电，唁电如下：

> 病中惊闻佐临逝世，十分悲痛，敬致哀悼。佐临是杰出的导演，影响中外。他学识深厚，教育人才遍及全国；他沟通中外戏剧，发展中国戏剧事业有巨大贡献；他鞠躬尽瘁，一身苦干，谨向佐临表示崇敬。
>
> 住北京医院　曹禺
>
> 6月7日

6月11日，致信玉茹，信中写道："此信到手，正当你手术完毕，一切顺利吧。但是非常痛，只有忍受，坚强些，更坚强些。读诵'心经'，能除一切苦，真是不虚。多背几遍，自然少一些痛。"

6月16日，中央电视台为拍梅兰芳百年纪念片，来了7人采访曹禺，曹禺写了一个大纲，共3点，讲了20分钟。曹禺称赞梅兰芳不但艺术高，品德也高。他是中国人民的骄傲，也丰富了世界戏剧。

6月17日，读了万方在《收获》上发表的小说《杀人》，在给玉茹的信中说她写得很深刻，对农村妇女杀婆婆，有严谨的叙述，心理描写很合理。另外，对这篇小说，《收获》编辑李小林提了三次意见，她改了三遍。

6月17日，曹禺打电话给吴祖光，接电话的是吴祖光的妻子新凤霞，曹禺说："我想找祖光啊！我一生最能开心讲话的好友，一是巴金，一个是祖光。我现在一个人在住院，玉茹在上海也住院动大手术了。""祖光不在家，他去东北了，他回来立即让他去看你。听你声音精神很好，真高兴！"新凤霞回答说。

6月18日，吴祖光回京即去北京医院看望曹禺。曹禺见到吴祖光，紧紧地握着吴祖光的手，"满怀怅惘，满腔失落感……"吴祖光看着眼前的曹禺，心中更是感慨万千，他们相识时，吴祖光还没有开始写作，曹禺已经以"三部曲"名满全国。但是问题亦在这里，虽然此后的岁月至今长达60年，但是后来他的几个剧本至今再也没有人提起，更不见有一个在舞台上继续发光放亮。至今人们看见的、听见的主要还是《雷雨》《日出》《原野》。

谈话间，曹禺忽然满面愁容地说起一生写作上的失落，吴祖光脱口而出地说了一句憋了多年从来没说出口的话："你太听话了！"

曹禺的反应出乎吴祖光意料！几乎是在叫喊："'你说得太对了！你说到我心里去了！我太听话了！我听领导的，领导说什么，立马上去干，有时候还得揣摸领导的意图……可是，写作怎么能听领导的……'他的激动过去了，声音渐渐低下去了。显然，他明白过来了。但是岁月不居。余年衰朽，锦绣年华已经过去了。"曹禺最后对吴祖光说："中国戏曲是最伟大的戏剧。"

这正是吴祖光一向的主张。曹禺很疲倦地躺在床上，而且在“吸氧”。但在吴祖光要告辞时，他仍坚持起床送他，让小白推着轮椅送吴祖光到四楼的电梯口。吴祖光叮嘱他不要再想什么，安心接受医生的治疗，延年益寿。至于写作，寄托青年一代身上，但愿他们能够掌握自己的命运，不再受什么“领导”的干扰了。[①]

6月21日，致信玉茹，说昨天下午，为三峡等地举行全国舞蹈名家演出题词：“舞遍大地，弘扬文化，格调高雅，大获成功，祝贺中国舞《三峡之夏》”。今天上午又为上海叶宁的退休老师题诗：“小楼一夜听春雨，深巷明朝卖杏花。（宋　陆游诗）伟笑同志雅存。”信中又写道：“看《北京晚报》，翁偶虹（剧作家、戏剧理论家）前天故去，八十六岁”。“都是朋友去世的消息，但不要消极。我们可以活下去，生死大事，也有幸与不幸。我们是幸尔生者，而且定要生得有感情、有意义。说不定我们都可见到二十一世纪，还做二十一世纪几年的人。亲我的爱妻，最善良的人。”

6月22日，下午，《服装时报》记者来采访曹禺，是夏衍女儿沈宁介绍来的。生活秘书小白不主张多见人，曹禺说有时烦闷，不如来个人瞎扯扯，少一点胡思乱想。小白又说：“你写不动，就少写。”他看出曹禺太累了。

6月23日，致信玉茹，告知最近读万方写的中篇小说《杀人》，很好，又告知“读了一篇讲大文人聂绀弩生平的纪念文章《鹤》，十分感人。此人坎坷一生，却活得痛快，潇洒如鹤，真可羡慕”。

6月24日，致信玉茹：“昨天下午，来的客人是魏绍昌（作家），给巴金像上要许多名人题字。夏衍题‘仁者寿’，我题‘说真话者’，还是魏想的，我简直想不出来。还有许多人题字，我记不得了。魏为我专找宜兴人烧一个宜兴茶壶，上有刘旦宅画家的狗，是我的本命年，另一面写‘雅安’，并写‘甲戌春日绍昌制为曹禺先生寿’。他说巴金从杭州休息回来，精神很旺盛。巴金托他来看我，并向我问好。”

---

① 6月17日至18日内容均出自：吴祖光．掌握自己的命运——与曹禺病榻谈心[M]//吴祖光随笔．成都：四川文艺出版社，1996.

6月25日，致信玉茹，信中说："你心情不好，由于最近友人故去较多，就事而言，人有生死，恍若一梦。我们幸而不死，可能再活十年八年，我们相处一阵，你就往乐观处想吧！"

又说，吴祖光"真福气，身体好，四处游玩，交友遍全球，而且文章多且极动人。朋友中，以他最幸运，也是他最勤快，平易近人。

"翁偶虹的生平寄来，他的告别会，我已将花圈寄去。李玉茹、曹禺敬挽。"

7月2日，致信玉茹，告知："昨下午，北方工业大学仇春霖校长送来五把花束、一箱荔枝。我与小白分送荔枝给赵朴老（赵朴初）、夏公（夏衍）、孙越老（孙越崎）、护士们、医生们，大家都很高兴。曹大夫今午来，送她一束鲜花，她非常欢喜。昭昭来了，给我送来烤鸡一盒、蓊菜一碗，我给了她两束鲜花，她欢喜得闭不上嘴，原来她一直没有见花束，每天就是苦工作。教音乐课，五十元一月，一月去四次，她太老实，别人教小孩每月一百元，主人说加加吧！她不要，她说不好意思……她拿了些荔枝，是我再三说，她才收下的。""马驰和晏学带来一个学生为我们照相。晏学说从她学习的日本女生，读我的《家》，感动得大哭。这个女生来过，她很想再来，怕打搅我，还是不敢来了。"

7月4日，致信玉茹，其中述及："我读《金刚经研究》，很吃力，看不懂。仿佛都是哲学，就是……结尾是四句偈：'一切有为法，如梦幻泡影，如露亦如电，应做如是观。'一会儿还得题写'香港话剧选'。"

7月26日，致信玉茹，其中述及："汪大夫（汪跃，北京医院主任大夫）夸我是模范病人，因我一直吃麦淀粉，对我每天散步两三次，也十分赞同。""我这屋空调很好，凉爽如秋，正写信时，陈大姐（赵朴老夫人）送来蜜桃六个。昨天我送一束花给赵朴老，最近，我常读《金刚经研究》。"

8月7日，致信玉茹，其中写道："我最近读《金刚经》，很深，不易了解。想找赵朴老讲讲，他太忙，也未见得愿意和我讲。

"万黛写信给你，是她作为女儿给写的，她文字好，表达出了她的情感。

“……如茹送我贝多芬全部交响乐，激光的，非常好，就像大交响乐团在我的耳边演奏一样。她非常可爱，是我们的好女儿，真感谢她。

“近来，有些无聊的人要我题字，我不想写，也无力写。”

8月28日，致信玉茹，告知“我寄来一剪报，上面有讲‘上海戏剧节’的事，有如茹与维国的戏，你给如茹看一下，你也有个底，不知九月你能出院看他们的戏否？我看困难，你正在化疗，而且夜晚出医院也不方便”。

9月2日，致信玉茹，告知：“这两天中央电视台访问我，是胡可（戏剧家、中国剧协领导）的女儿胡健作为主持人采访我的，讲了足有二十分钟，内容丰富，我讲得还可以。前天，中央台一天放了四遍。”

又说：“现在有个‘曹禺剧本奖’，每年一次。昨天胡可与齐致翔、颜振奋来谈此事，说大家觉得用‘曹禺剧本奖’号召力大。果然，很多人说一定要争取‘曹禺剧本奖’。得此奖后，有各种方便，如升级、生活种种都有好处，此奖包括京剧、越剧各种地方戏，对戏剧开放有极大利益。”

9月3日，致信玉茹。对李玉茹的病，曹禺惦念转而“我一连诵读心经，拜求‘般若波罗密（蜜）多咒’保佑你，降福给你、给我，让我们都把病养好，早些见着面”。

又说“巴金回信给我了，我没想到这么快。他说，他也想念我，他的身边有我的相片、我的书、我的录像，就如同见着我一样。他只想叫他愉快的事……他说现在就是无力写字，写一封信，要费很大的力，他说他还能‘拖几年’，他想在最近两年内还写一本小书。他真是大人物，一生奋斗，九十岁了，还是孜孜不息，又要动笔。

“我被他的信感动，真想也拿起笔，写些东西。我对小方子讲，她十分赞同，她说，我很有东西可写，哪怕一天写一点点，也会写出干劲来。我就是愁一病几年，与社会、与人群隔离，不知现在人的生活，能写出什么呢？这使我很苦恼。我多年如此，一提写作，但无勇气，不知写什么？觉得肚里空空，脑子里空空，能写出什么东西来呀？”

9月4日，致信玉茹，告知：“这两天我从中央戏剧学院借了《巴金传》，徐开垒写的，读了真是痛快，也明白巴金一生是多么深厚，看的事物太多了，而他的奋斗、反抗精神尤使人兴奋。我不知你能借到这本书么？你会觉得亲切动人，提精神，使人振奋，这真是人中的巨人，世界上的大观。我很奇怪，为何不早点读他的传？现在读了，也不算太晚。读人物传是个好习惯，遇着好作品，千万不可错过。

“昨晚饭前，韩素音这位写中国多少本书的英语女作家来看我，送了花，谈了西藏、香港等几个问题。她为祖国开了几次辩论会，说得人哑口无言。她挂了一张中国大地图，那种说西藏该是独立的种种怪人，叫他们对地图指西藏在哪块地方，没有一个指出来，大家都笑了，羞得这些人逃走了。”

9月4日，在北京医院会见“’94上海国际莎士比亚戏剧节”组委会成员戴平、孙福良、莎剧节办公室主任曹树钧等，并受聘担任首席顾问，为莎剧节题词。

祝'九四年上海国际莎士比亚戏剧节
获得圆满成功
曹禺

9月6日，致信玉茹，告知“昨天下午上海戏剧学院办上海国际莎士比亚的负责人，来了四位。详细给我谈准备的情况，十分周到，想得有办法，为了普及，票价很低。《威尼斯商人》为给儿童们看，有的免费，有的低价票。对如茹的戏颇寄希望”。

9月8日，致信玉茹，告知“今天上午荣高棠和夫人来看我，就在后院走了半天”。“应云卫的子女送我一张旧照片，共五人，有吕复、熊佛西、应云卫、黄佐临和我。四个人都故去，我立当中，却活着，笑容可掬。她说，大约是一九四五年或一九四六年照的。这张照片保留到今日，实可珍贵。她们要我写‘应云卫中国戏剧电影艺术家作品研讨会’和‘应云卫纪念文集’，我都写了。”

9月12日，致信玉茹，告知“昨天下午，连淑敏一共来了四拨客人……他们都走了，我正继续写信，不想小白在我身后说：‘客人，有客！’我回头一望，这是第四次回头，一看是贵客千致远（研究佛学的学者）和他的夫人刘荫芳”。

9月17日，致信玉茹，告知“给周允中大夫的字为‘大道无我，厚德流光’，末了为‘允中大夫，探病深邃，妙手如神，感恩多方，书以报德　曹禺、李玉茹　敬署　一九九四年十月’”。

9月20日，上午，高占祥到北京医院看望曹禺，送给曹禺他的字帖和道德歌诀。谈了些闲话，就走了。下午，林默涵、孟伟哉、梁光弟到医院看望曹禺。林默涵是曹禺的老相识，谈了许多话，他神情兴奋，并说要开一个欢送的大会，从此，他就不再是党委书记。

9月20日至26日，“’94上海国际莎士比亚戏剧节”在上海举行。本届莎剧节由中莎会发起，由中莎会、上海市文化局、香港中华文化促进中心等单位联合主办，特邀中国文联执行主席、中莎会会长曹禺任组委会首席顾问。曹禺为莎剧节题词：“群贤毕至，大雅咸集。”莎剧演出是本届莎剧节的核心内容。本届莎剧节有英国话剧《第十二夜》《麦克白》、德国话剧《罗密欧与朱丽叶》，我国话剧有上海戏剧学院《亨利四世》、越剧《王子复仇记》、上海人艺话剧《奥赛罗》、上海儿艺《威尼斯商人》、哈尔滨歌剧院歌剧《特洛伊罗斯与克瑞西达》、台湾屏风表演班与上海现代人剧社合演的话剧《莎姆雷特》等9个正式参演剧目。

一九九四年九月
群贤毕至
大雅咸集
贺’九四上海国际莎剧节　曹禺

9月23日，英国利兹大学戏剧系师生演出的《麦克白》是曹禺十分关注的一出莎剧，演出后受到中外观众广泛好评，是一出富有创意的莎剧。导演将中国戏曲的意味融汇渗透进英国式的悲剧之中，是东西方文化交融的产物。蒋维国导演和该剧策划李如茹博士巧妙地将莎士比亚实验性演出样式和中国传统戏剧糅合在一起，是对莎剧演绎的全新体验。[1] “’94上海莎士比亚戏剧节”产生了深远影响，北美加拿大《世界周刊》刊登的文章认为本届莎剧节的特点“是国际性、

① 孙福良.’94上海国际莎剧节述评[J].戏剧艺术.1994,5.

开放性、高品位，除了演出莎剧以外，还举行了一系列活动，出版了极具分量的《中国莎学简史》《莎士比亚研究》《莎士比亚在中国舞台上》等专著，分赠各界”。①

9月24日，中央戏剧学院院长徐晓钟和院办主任马驰，带着全院师生代表共九人来给曹禺祝寿。

9月25日，致信巴金，信中说：

> ……
>
> 我现在当面都听不出朋友的讲话，必须大声叫，才听得见，这不叫讲话，这叫喊话了。然而这样，我们谈得很好，尽可能你的生活都谈了。访问你的人并不多，你能安心校改你的全集。我们也说到“西湖之梦”，他说你不久有可能又到西湖赏游，可见你的身体是很不错的。
>
> 西湖，这个多情的地方使你流连不已，我看见你在水边的兴奋的笑容，柳条拂摸着你的白发，山上堤岸都有你的足迹。孩子们、朋友们在轮椅边笑谈，一同欣赏美丽如花、如梦的西湖。我多么羡慕这样的好时光，有我在你身旁共同徘徊在这优美的岸上，嗅着水中的莲香，望着多彩的湖光，又确确实实我们一道实现这个美好的西湖之梦。朋友，老朋友！老师，我的好老师，何时相与游玩在西湖，也许明年，也许我永远不能去了，我的芾甘！
>
> 你又要写小说了，而且是两本，这是人间的大事。九十高龄的文豪，还是毫不懈怠，又孜孜切切地写下去，写下去。巴金究是巴金！
>
> ……

1994年秋，曹禺病情恶化，医生发出了病危通知，曹禺躺在病床上昏迷

① 姜龙昭．上海观莎剧，老兵开眼界——记上海“国际莎士比亚戏剧节”演出盛况[J]．北美世界日报，1994-12-14．

不醒。李玉茹赶到北京日夜守护在身边。她感到孤独与恐惧，有一种撕心裂肺般的痛。她知道曹禺最爱听京戏，中学时代就曾在南开中学的舞台上演过京剧《打渔杀家》《南天门》《打棍出箱》；他也很欣赏她演出的梅派名剧《贵妃醉酒》。情急之下，李玉茹俯到昏迷不醒的曹禺耳边，轻轻地、温柔地唱起《贵妃醉酒》中杨贵妃的曲调。她唱了一遍又一遍。忽然，奇迹出现了，曹禺慢慢地睁开了双眼，嘴角露出一丝亲切的微笑。

本年秋，原由中国剧协举办的全国优秀剧本评奖被正式命名为"曹禺戏剧文学奖"，并在天津举行评奖活动。

秋，潜江市曹禺纪念馆馆长刘清祥到北京医院探望曹禺，见曹禺病仍不见好转，看上去很疲乏的样子，听护理小白说，这些日子，他常念一些亲人。曹禺见到刘清祥特别高兴，告诉刘清祥："我老了，不行了。躺在床上，常常想到过去，思念小时候。"刘清祥随口说出："您小时候很不喜欢自己的那个家……"没等刘清祥说完，他接过去，沉重地说："在那个大讲阶级斗争的年代，我能说我那个官僚军人家庭好吗？能说我喜欢我的家庭，喜欢我的父亲吗？中国有句俗话：'有其父，必有其子'。我从小失去了自己的母亲，我的成长，应该归功于我的父亲。父亲很喜欢我，教我读书、背诗，教我如何自立、如何自强，告诉我千万不要去做官，总说我是穷人的儿子。他的苦心自有缘由，至今也难忘父亲对我的良好教育和影响。"他越说越激动。可见，曹禺在他耄耋之年有所悟，历史给他留下了几分遗憾。

10月2日，浙江歌舞总团在杭州市杭州剧院首演5场歌剧《原野》，改编为万方，作曲为金湘，导演为史行，指挥为陈贻鑫(特邀)。

10月18日，×××要求曹禺亲自写信给出版署领导，希望出版署领导为她要办的《艺术报》开绿灯。曹禺没有答应。她一再请求，曹禺还是没有答应。

10月28日，致信玉茹，告知："胡可及中国剧协二人来看望我，主要议'曹禺戏剧文学奖'的剧本及编剧，他们讲得非常仔细。我拒绝出席发奖大会，在人民大会堂×××厅举行"。

10月，《大小舞台之间——曹禺戏剧新论》(钱理群著)由浙江文艺出版社出版。

10 月 29 日，演员胡芝风与常州市文化局局长到医院探望曹禺，他们为洪深 100 周年纪念请曹禺题词，曹禺题了“剧坛先驱”。

10 月 29 日，致信玉茹，信中称关于颁奖大会，“本来，请他们代为我作书面发言，今天我又想到这个发言很不好写，又给胡可通电话，根本不要代我写书面发言。他很爽快，尊重我的意见，不写书面发言了”。

10 月 30 日，在北京医院，出席夏衍 95 岁生日庆典，并与夏衍女儿沈宁合影。

11 月 1 日，致信玉茹，告知“这两天，为了夏公（夏衍）九十五诞辰，北京医院很热闹，我于前一天向他拜了寿。当天，还到喜堂（摆满了花、大寿字、蜡烛等）坐了坐，那时电影界的朋友们已经走了。”

11 月 2 日，在北京医院病房接受浙江摄影出版社编辑范达明赠送的《当代中国文化名人传记画册》之《夏衍》一书。

11 月 9 日，致信玉茹，告知她香港要把《雷雨》再拍成电影，周彩茨（周彩芹妹妹）管理此事，同意付 5 万港币的版权费，又说：“有位卢敦先生，八十四岁了，他用广东话，排了《雷雨》，演了十九场。”

11 月 11 日，以曹禺命名的首届“曹禺戏剧文学奖”在人民大会堂颁奖。曹禺致信表示祝贺。“曹禺戏剧文学奖”的前身是由中国戏剧家协会主办、两年一届的“全国优秀剧本奖”。这届有 14 部作品获奖，它们是戏曲《山歌情》、歌剧《张骞》、话剧《北京往北是北大荒》及儿童剧《潇洒女孩》等，另有 10 部剧本获提名奖。

11 月 13 日，致信玉茹，告知“李济生（巴金弟弟）托马绍弥（马宗融之子）带来一个小册子，上面有巴金题字，也求我题一个。我今晨写了。”题字如下：

生命要经过多少艰难、磨炼与痛苦，凡是阻挡我们前进的势力，我们必将战胜之。

生命是智慧与拼搏。我们是勇敢的战胜者。

书奉　济生老友

曹禺　一九九四年十一月十三日于北京医院卧稿

11月17日，致信玉茹："我很恨，恨我自己老了，写不出东西，每天写一二百字，但是拿起笔，一个字也写不出。脑子空了，对自己不满意！报刊上记载多少老作家到老年写东西。"

11月21日，致信玉茹，告知她前两天杨绛来看自己。第二天，他下楼看望卧床已两个多月的钱钟书。另外，称杨绛送的一本散文，"我看了，写得很深刻，很好。"

11月21日，致信李玉茹，告知："《雷雨》是要再拍电影，合同的事，小方子已提到，周（周彩荥）也答应了。""现在又有河南出版社要印《曹禺全集》，我托小方子商谈条件，如何报酬，须商量好再定。这件事，我办不了，我不会办事，不如交给方子代理、办事。"

本月，曹禺在北京医院接待香港影视剧团卢敦、朱克，谈《家》即将在香港演出情况。并为演出题词：

祝香港影视剧团演出《家》成功！

曹禺　九四年十一月

11月25日至26日，中国香港，沙田大会堂演奏厅，香港影视剧团首演曹禺的《家》。总监、剧本改稿为卢敦，艺术顾问、剧本改编为朱克，导演为吴回。演员阵容：简瑞超饰高老太爷、洪朝丰饰高觉新、伍永森饰高克明、谢月美饰钱太太、黄文慧饰陈姨太、许坚信饰高克安、江图饰高克定、崔嘉宝饰瑞珏、关咏荷饰鸣凤、陈佩珊饰琴小姐、陈安莹饰婉儿、张锦程饰高觉民、许淑娴饰周氏、张家辉饰高觉慧。

12月1日，下午，致信巴金：

……

前两天陈刚送来你在医院卧床的照片，我便时时刻刻想给你写信，我一时写不动，一直到此时才拿起笔来。在我眼前是你那直挺挺地躺在床上的样子，不能动，不能翻身，这太苦了，太受罪了，这样躺卧还要一段时间，你只好忍耐下去。确实把老人家折磨得够难受了，盼望还能想出别的好办法，使你在病中稍稍舒适点，这只有靠医生想法子了。

吴殿熙送来你和蕴珍的“家书”，我正在读，我边读边怀念往日你的神态、你的勤劳，你的热诚待朋友的情感，还有小林、小棠的种种，更使我回念不止的是蕴珍，你的至亲的伴侣。

……

12月20日，致信万黛：

……

我经常回忆你年轻时、年幼时的种种可爱的情景，觉得自己真是老了，只有忆旧是个安慰。我八十五岁了，不知何时能见着你，再见你？想起来，心酸。

我过生日那天，还算热闹，有昭昭一家三口、小方子一家三口，加上小白和史叔叔，我们一道到一家东北口味的餐馆，颇新鲜。最使我感动的是你给我的生日礼物，昭昭说：“这是大姐托我换成的现款，大姐说，要爸爸日后天天用来买自己想吃的东西，别舍不得用。”黛黛，你想得真周到，这是贴心的话。万里遥远的地方的女儿寄来的孝心，我欢喜得不知说什么好。

我一切正常，就是一天到晚疲乏，没有气力，因此，给你回信已耽误多时了，希望你能谅解。

你的信写得好，读它如读一篇优美的散文，希望你常来信，以慰怀念，更是使老父亲少一点思念。

……

信中，曹禺还对外孙小迈的成长寄予厚望：

……

我十分欣喜，小迈早已知道用功，成绩好，考上医院的大夫职称。各种病能看，而且又准备大考，想试最后一关。他一定能成功，将来一定成为一个卓越的好医生。

他明年能来么？你明年能来么？衷心想见见你们，我以为我们有好多年没有见面了，真想你们，实在想念你们！

玉茹阿姨的病好多了，现在正在化疗，要八个疗程。化疗之后体弱无力，一时不能来。大约明年一月中旬才能来，这一段长长的时间，离别得太久了，很难耐住这寂寞。玉茹阿姨非常感谢你对她的关心。她向你问好。

……

12月2日，下午，致信玉茹，告知“因为走路，精神好多了，人也鼓起劲来。我真想写点东西，但苦于无生活，几年住医院，太没有材料可写了。”

12月18日，中国戏曲表演学会在北京成立，曹禺被推为名誉会长。

12月，《曹禺评传》（胡叔和著）由中国戏剧出版社出版。

12月，致信继女李如茹，信中说：

如茹爱女：

《麦克白》的演出资料，收到后立刻读了，当时，身体无力，不能作复。这两天又仔细地读了两遍，感想很多。首先，读了维国导演的话，了解这是一出实践性演出样式，感到莎士比亚与中国传统戏剧这两种不同戏剧文化，经过你们两人苦心经营，终于有机地结合成一种新的形式。内容与表演汇合成一出极为成功的演出，正如评论（你们的英译文）说的，观众看戏，不是被动的观望，而是主动地参加这个演出的动作与发展精神状态里。我觉得此点似乎说，观众也成这个演出中一个重要的角色，甚至比麦克白本身还有劲的主要角色。这当然有些夸张，但说明你们这次把中国传统戏剧个性与莎士比亚的汇合是极其成功的。我特别欣赏你们处理麦克白夫人之死，她被人高举起来，垂头散发，手却指着麦克白，几乎触到他的身子。这是多么尖锐的情感，多么动人的表现。

至于那三个女巫，改为三个年纪轻、楚楚动人的少女，这个创举极具动人的内容，原戏这三个女巫只出四次，你们却使她们随麦克白出现多次。它道出邪恶的势力如何影响麦克白，又重重地表现他的内心矛盾。这三个少女女巫有突出的诱惑性，你们这一创举说明人性的奥秘是多么值得挖掘啊！

我佩服这些演员如何别出心裁地用中国传统戏剧形式，成为自己的有特色的表演（如演员用动作成为船在水中飘荡，等等）。这是导演维国与你这位成功的中国演技训练者的十分惊人的结果。

我十分钦佩维国的导演才能，我向你们二人衷心地祝贺，只可惜我不能亲自看这个有分量的演出。

信中又说：

那些演出的剧照也非常好，多少帮助我理解你们的艺术。

你们要排《原野》，我当然同意。我确高兴能与你们两个在一起合作，这是我的荣幸，我很感谢。最近没有我的戏剧节。你们排了，在中国没有机会演。

编著者注：1994 年 4 月，由英国文化委员会组织和支持，李如茹、蒋维国带了英国利兹大学戏剧系的《麦克白》参加“’94 上海国际莎士比亚戏剧节”公演，蒋维国任此剧导演，李如茹是总策划并任中国戏曲教练兼演员，演出获得专家、观众一致好评。

1995 年，85 岁

1 月 1 日，致信巴金，信中说：

……

这些天时时想给你写信，但已无力，终未执笔。你目前病况如何？惦念很深。你在上海，我在北京，迢迢相望，更感久别之苦，你是否渐有好转，还是那样硬板板地躺在床上么？我见过你的照片，你很苦、很痛。我一闭眼，就是你的痛苦的形象。听玉茹讲，你现在又痰多，咳吐困难。这真难为你，不知你这样疗治，还要经过多少天，才能起床？

又是元旦了，我们又都进入1995年。看你的朋友想必很多，也许这些来慰问你的朋友，可能使你稍忘卧床之苦，希望你一切能在新年里，很快地恢复健康。

我们都老了，又有病。有些痛苦，是自然的。我这些天一直周身无力，不能多转动，讲话也很费力。你的病痛，我是体会得到的。在医院里，还有冰心大姐、夏衍老人，他们都算平安。夕阳晚年，在医院里疗养治病，这应该说是幸运了。

……

1月7日，巴金致信曹禺：

……

收到你的信，很高兴，我也很想念你。我现在还不能坐起来写信，只好请端端代笔。这次我又住在北七楼，我在这里天天都谈起你，就像当年我们一起住院一样，我们还是在一起。这感情是不能用文字表达的。我现在讲话还困难，也就不写了，希望你多多保重，我整天想的就是希望你长寿。

……

1月10日，应曹禺之约，田本相到北京医院。曹禺委托田本相编辑《曹禺全集》，并同花山文艺出版社联系出版事宜。

1月20日，李志坚等到北京医院看望曹禺，并向曹禺赠送《万众一心》画册。

是日，曹禺为北京人艺改编拍摄的电视连续剧《旮旯胡同》题写片名。

1月21日，《新民晚报》刊载曹禺为《小女人》所作的序文《美丽的种子》。

春节，湖北潜江市主要领导专程到北京医院407病房探望曹禺，轮椅上的曹禺显得憔悴而又虚弱。听到家乡的人汇报情况后，他深情地说："我真想回去看看。"临别时伤感地说："看来我难回家乡了！"

2月3日，于是之、田本相到北京医院拜访曹禺。谈于是之主编的《论北京人艺演剧学派》一书，并请曹禺写序。

谈到北京人艺，曹禺说："一个剧院，不但要重视剧目建设、人才建设，而且要重视理论建设。焦菊隐是很重视的，他不但是一位博学多识的导演，而且是一位学者。这点，很重要，我们一些导演，开始还可以，搞着搞着就不行了。导演是不能玩花活的，可是导演又是最容易弄花架子的。正确的理论，可以使我们头脑清醒，把定方向，少走弯路。都说，现在戏剧界很浮躁，当然也不只是戏剧界了，为什么，其中重要原因之一，就是因为缺少真正的艺术胆识。而胆识是靠学识来支撑的。没有识见的人，才瞎扑通，东抓一把，西捣一锤。跟着时潮转，跟着时尚转。我看是之同志这些年，在把握北京人艺的方向上，就很沉着、很大气。一个国家的剧院，不能搞那些鸡零狗碎的玩意儿。我赞成你们写这本书，北京人艺是值得总结的。"

2月18日，在北京医院作诗《老了》。

2月19日，上午，田本相同花山文艺出版社的贾启森前往北京医院，将已经编好的《曹禺全集》第1、2、3、4卷送给曹禺审阅。说："我们想争取时间在今年将全集出版，来祝贺您85岁诞辰、从事戏剧活动70周年。"最后，曹禺在每卷文稿上签字，同意付印出版。

本月，北京电影学院毕业公演《北京人》，导演为林洪桐。

本月，《曹禺剧评》(张慧珠著)由北京十月文艺出版社出版。

春，中莎会收到国际莎士比亚协会邀请函，邀请中国莎学学者参加1996年4月7日至14日在美国洛杉矶举行的第6届世界莎士比亚大会。

3月10日，中莎会副秘书长曹树钧和中莎会另一位副秘书长孟宪强教授一起，受中莎会委托，专程进京，来到北京医院，看望中莎会会长曹禺，并向他汇报中莎会准备组织一个代表团，参加第6届世界莎士比亚大会事宜。

同行的还有中莎会理事、中国社科院外文所的郑土生副研究员。

病房内宽敞明亮，一片静谧。身穿蓝白条病服的曹禺，脸色红润，气色很好，只是耳朵有些背，他和客人的交流全由夫人李玉茹传递。这位85岁高龄的戏剧泰斗，一听说中国准备组织莎学代表团参加世界莎士比亚大会，兴奋异常。他一边仔细地阅读中莎会“关于参加1996年第6届世界莎士比亚大会的请示报告”，一边不时提出一些问题。看完报告之后，他对这件事的重大意义侃侃而谈：“过去我国的莎学比较落后，86年首届中国莎士比亚戏剧节以来发展很快，不但演了很多莎剧，而且也出了不少莎学专著。但是我们的宣传工作很不够，做了许多工作，世界知之甚少。中国莎学应该走向世界。这次是一个好机会，一定要把宣传工作做好，让世界了解中国。”在说到中译本《莎士比亚全集》时，曹禺问曹树钧、孟宪强：“你们对梁实秋的译本怎么看?”没等他们回答，曹禺说：“对梁实秋的莎士比亚全集译本，我们不应该沉默，我们应该给予应有的评价。我们要向全世界介绍朱生豪、梁实秋这两种莎翁译本！”曹树钧补充说：“台湾还有一位著名的莎学家虞尔昌，他与朱生豪一起出了第三种莎士比亚全集译本，已由台湾出版。”曹禺说：“有三种译本，这很不简单，他们(指外国人)知道了会吃惊的！”当听到国际莎协18名执行委员中竟无一名中国学者时，曹禺急切地问：“现在我们能争取到一个席位吗?”孟宪强回答说：“不能。因为这届执委会名单是1991年第5届世界莎士比亚大会期间确定的。我国学者只有参加1996年大会，才可能争取到下一届国际莎协执行委员的席位。”曹禺逐一审阅了中国莎学代表团名单，报告上写着代表团由中莎会副会长、著名莎剧翻译家方平任团长，上海戏剧学院副院长孙福良任副团长兼秘书长，莎学学者曹树钧、孟宪强任副秘书长。代表团由教授和博士组成。团员有辜正坤(北京大学)、何其莘(北京外语大学)、阮珅(武汉大学)、刘炳善(河南大学)、张冲(南京大学)、杨林贵(东北师范大学，兼代表团秘书)、李如茹(博士生)等11人。阅后，曹禺满意地说：“老中青都有了，年轻学者不少，后继有人。”然后，他在中莎会向文化部呈送的请示报告上庄重地签名、盖章。

考虑到曹禺年事已高，曹树钧、孟宪强原商定只谈半小时，不料曹禺兴致极高，不知不觉谈了一个半小时。临行前，他还泼墨挥毫，为吉林莎学创办的《中国莎学年鉴》题词，对孟宪强赠送的《中国莎学简史》大加称赞，说："有40万字，简史不简，我向你深深致谢。"

文化部有关领导对中国派团参加洛杉矶会议一事也高度重视、积极支持。当年11月10日正式签发并下达"[1995]2549号文件"同意组团出国。这是我国第一次由国家行政领导部门批准组成的、参加世界莎士比亚大会的中国莎学代表团，此次代表团成员人数相当于我国20世纪80年代参加国际莎学会议人数的总和。

3月16日，致信巴金，信中说：

芾甘：

收到端端代你写来信之后，一直是天天想动笔复信。每时每刻想念着你，但动笔十分困难，人非常疲乏，这样耽搁到今天才决心执笔。

前天采臣来看我，从他言谈中才知道你的健康日趋好转。穿着钢板背心，已能起床走路，每天在过道中上午走两趟，下午走一趟。胃口非常好，东坡蹄髈、肥鱼、肥肉都能吃。你还准备到杭州，这太鼓舞人心了。

舒乙说，你还准备在医院开"现代文学馆"建设问题的大会，这也是大喜事。

方子写了小说《珍禽异兽》，小林为她修改提出很多好意见，小林洋洋洒洒，写好长好长修改的文章，我很感动，也佩服她们之间的友情。

……

3月28日，中国台湾，台中县青年高中大礼堂，青年高中影视科戏剧组首演曹禺的《雷雨》，演出人为曾清来，导演为吴柏廷(A组)、沈洪安(B组)，艺术指导为余祝嫣，灯光设计为唐清华、黄俊达，音效设计为柯永利，化妆设计为杨美智，舞台设计为李玉美，演员为戏剧组学生。另于4月1日，在台中市中山堂上演。

4月11日，致信玉茹，告知“我的手又写不成字，真是奇怪。说话没有问题，一拿起笔来就成问题。”又说：“王蒙同志来看我，送我许多他写的书，有功夫，写得好。他真有才，也真下功夫写小说。”“巴老昏厥两次，我十分担心。一切保佑他早早养好。”

4月19日，人民文学出版社原社长屠岸和人民文学出版社编辑张小鼎、郭娟来探望曹禺，谈《曹禺戏剧选》，屠岸请曹禺审阅他写的前言。

4月21日，下午，湖北潜江籍小说家王国海买了一束玫瑰，并带着长篇小说《丽人湖畔》书稿来看望曹禺，不料探访曹禺的人很多，在北京医院侧门排了长长的一队。3时许，医护人员说：曹老因病情较重，今天只能接待两名来访者，请大家按要求填好有关表格。说毕，给每人发了一张“来访登记表”。王国海边填表边想：肯定没戏了。谁知道那排队等候的都是些什么人？自己只是一个名不见经传的文学爱好者，又是排在最后一个，填表也没多大意义。不一会，医护人员宣布了曹老亲笔圈点的两个名单，却偏偏是少林寺的一位方丈和王国海。大约3时30分，王国海进入曹禺的病室。“曹老，我来看您了。”曹禺接过鲜花，微笑着和王国海握手。稍事寒暄后，王国海便呈上书稿请曹禺审读。曹禺示意他们别干扰，认真翻阅起文稿来。约莫100分钟后，曹禺对小说进行点评说：“我走马观花，翻了一遍。重点翻了翻第一章、第十一章、第二十三章。文笔不错，后生可畏呀！出版社砍了几十处，你别心疼，要理解出版社的难处啊！”王国海知道，曹禺因病长期住院，近半年没给人题字了。当王国海请他题写书名时，他又看了看出版社的有关资料，欣然同意了。他的秘书小白关心他的健康，叫他休息，等一会再题。曹禺笑着说：“不要紧，现在就题，小王来一趟不容易。”曹禺边说边向写字台走去，认真书写“丽人湖畔”四个大字，并署名盖印。

4月23日，致信李玉茹。信中写道：“昨天，上海有线电视台来了人，录了我对他们办戏剧台的祝词，说不定，有一天你会在电视里看见我。”“有一天，一个和尚来访问我，他说他是个剧作家，现在少林寺当和尚，送我一本佛教徒写的禅诗，都是法号、佛号堆出来的俗词，偶有自然本色，还可以。”“你说老知识分子情况苦、惨，我也同意，但我实在写不出呼吁的话。我连信都写不出，写文章更难了。”

本月，中旬，在北京医院接受《戏剧之家》记者采访，并为该刊题词：“希望把湖北的戏剧期刊办得更好！”

本月，北京电影学院表演系92班公演《原野》，导演为朱宗琪，设计为郑宝华。

5月，香港话剧团在香港公演《锁在屋里的女人》，此剧由毛俊辉根据曹禺的话剧《雷雨》《家》改编而成，导演为毛俊辉。

7月12日，致信巴金，信中说：

芾甘：

十分想念你，忽得你的信，其欢喜可想而知。应早复，却浑身无力，现在才能执笔，请你原谅。

你的病情时由玉茹讲来，你赴杭休养已见效。听说十月才回沪，那更是好事。收到你给我补品并《再思录》，我十分感动。看你写字很吃力，终于给我写了信，我甚是感激。

……

9月20日，中央戏剧学院召开建院45周年纪念大会，曹禺乘轮椅出席庆祝会并讲话，为中央戏剧学院手书校风：

团结　勤奋　严肃　活泼　创作

曹禺　一九九五年九月

9月24日，曹禺85岁寿诞，北京市市委书记前往北京医院看望他，文化部、剧协等单位的负责人也去医院为曹禺祝寿。

本月，《剧专十四年》一书由中国戏剧出版社出版发行，曹禺为此书作序，并为该书题写书名。曹禺回忆剧专年代说：“我怀念抗战的峥嵘岁月，更珍惜在极端恶劣的条件下，仍然坚韧地进行教、学的执着精神。剧专的学风严谨扎实、质朴无华；学生以苦学闻名，求知欲极强，确属难能可贵。

“战时的生活极度艰苦，很多同学家在沦陷区，学校伙食‘资金’勉强够吃糙米饭，菜就很可怜了。然而箪食瓢饮愈益激发了同学爱国上进的热忱，勤奋学习，以期毕业后为抗战奉献青春……当时我不过二三十岁，精力较好，不仅教书，也当导演、演员，还要写剧本及改编、翻译外国剧本……当时想的只是多为战时教育出力，毫无个人考虑。现在回顾起来，这种广泛的戏剧实践，使我吸收了丰富营养，对创作大有裨益。

“后来我虽离开剧专，但与老师、同学间的友谊从未间断，一直延续至今天。在我住院期间，大家不断来看我，在此表示衷心感谢！”

本月，韩国庆尚大学公演《雷雨》（汉语版）。庆尚大学为了提高中文水平，每年演出一次中文原著，这是第12届演出活动。导演为李贻英，金起德饰周朴园、宋恩荣饰蘩漪。

11月10日，上午，1994年度“曹禺戏剧文学奖”颁奖大会召开。吴祖光宣读了曹禺的贺词：“振奋精神，继续攀登，讴歌时代，再出佳作。”

12月，浙江摄影出版社《当代中国文化名人传记画册》之《曹禺》出版发行。画册由张光年作序，田本相、刘一军撰文，范达明、李玉茹编文，范达明编纂。

本年，香港第2次拍摄电影《雷雨》，改编为黄浩义，黄浩义饰周朴园、李美凤饰蘩漪等。影片包括原作序幕、尾声的内容。

本年，《走向世界的曹禺》（曹树钧著），书中附传记片《杰出的戏剧家——曹禺》剧本，由天地出版社出版。

1996年，86岁

2月1日，赵起扬遗体告别仪式在八宝山革命公墓大礼堂举行，曹禺派专人送了花圈。

3月，在陕西西安《当代戏剧》第3期上发表《〈梨园考论〉序》一文。

3月，《困惑与求索：论曹禺早期的话剧创作》（宋剑华著）由北京文津出版社出版。

4月7日至14日,中莎会应邀组团赴美国洛杉矶参加第6届世界莎士比亚大会。这是中国第一次组团出国参加世界莎士比亚大会。此时曹禺虽重病在身,但对这次协会组团出访非常重视。他亲自修改协会向文化部、教育部呈送的出访申请报告,亲自提名由著名翻译家方平任中国莎学代表团团长,孙福良任副团长兼秘书长,并同意由曹树钧、孟宪强为代表团副秘书长。

出访前,代表团部分成员如孙福良等去看望曹禺,他又语重心长地说:"这是中国第一次组团参加世界莎士比亚大会,意义非同寻常。这一次你们代表中国莎学界参加世界莎士比亚大会,应该将首届中国莎剧节和'94上海国际莎剧节获得的丰硕成果、中国莎学事业近年来取得的成就,好好地向国外介绍。让中国莎学走出国门、走向世界,让外国人了解中国莎学。"

1996年4月,纪念张伯苓校长诞辰120周年,南开校友"四代同台"排练了《雷雨》第四幕。开幕之前,杜铭先生以50年前南开中学话剧社社长及52届南大校友的名义,把南开中学话剧社的接力棒传交给现在在校的南开大学学生话剧团团长姚涛同学,要他们继续奋斗下一个50年,把南开中学话剧社继续发扬光大。黄殿祺在此次演出中受邀担任舞美设计。

1996年夏,黄殿祺与冯景元、张涛、马庆山、梁吉生一同创作编写了8集电视剧《张伯苓》,在讨论谁题片名最好时,大家研究后一致推举由黄殿祺专程去北京请曹禺先生为这部电视剧题写片名。之所以请曹禺先生题写片名,是因为电视剧《张伯苓》的主人公张伯苓是曹禺在南开学校就读时期的老校长,也是曹禺走上戏剧之路的领路人之一。

4月20日,致信巴金:

芾甘:

收到你最近编的书,足见你体力日趋好转,十分宽慰。谢谢你。祝全家好。

……

5月,李玉茹因病回上海,在瑞金医院做手术。此时曹禺身体每况愈下,手握不住笔,深感孤独。

5月,为丁聪漫画题字:我最喜欢孩子,我希望我8岁或者6岁,不想,我竟然86岁了,看来,还有20年好活,一个人能活到106岁,不算短命。哈哈!

6月,《雷雨》韩文版译本由韩国文化社出版,译者为韩国曹禺研究专家韩相德。

6月9日,致信玉茹,告知"你七月来京,固然晚一步,我还是有耐心等待你。你说把身体养好,完全健康了再来。这想法我赞同,此地没有你熟悉的大夫和朋友,回来后,又病倒,我只是干着急,远不如养好病再离开上海。

"你说要教史敏《醉酒》那是件好事,你性格强,又负责任,教徒弟是对的。我想念你,你会量力而为,不会太累。"

6月29日,致玉茹最后一封信(1996年5月,李玉茹返沪开直肠息肉,7月14日返京),信中说:"你在上海,朋友多,亲戚多,我在北京是个孤鬼,没有任何人看我,连一个陌生面孔都看不见,孤单极了,寂寞极了。眼前只有两个小伙子,从早到晚,就是那几句话,单调极了。""我手打抖,写字难,一肚子的话,都写不出来,闷死了。""我想大哭一场,但这有什么道理。"

7月3日,在北京医院接待上海图书馆的萧斌及夏衍女儿沈宁,萧斌请曹禺为即将落成的上海图书馆题词。曹禺题写:"精神食粮"。并为萧斌的一枚"茅盾诞辰一百周年纪念封"签名,他见周而复已把名字签在纪念封的左上方,风趣地说:"他的字很漂亮,我不如他,就签在他的下面吧,一上一下,让人一目了然。"

7月5日,下午,田本相看望曹禺,并请曹禺出席"'96中国戏剧交流暨学术研讨会"开幕式并致辞。曹禺表示:"有这么多海外的朋友来,我应当去,如果身体允许,我一定争取去。你看讲什么内容比较好?我在医院里,不了解情况。"并说:"我看这样吧,一是要说说这次活动的意义,这是一次历史的盛会。二是我记得有一次我接待台湾的一个朋友,他谈台湾的戏剧运动,总是跟着外国的东西跑,搞什么后现代,他很忧虑。我说,话剧本来是外国的东西，向外国戏剧学习是必然的。这不要怕，我说怕的是自己根底不深，消化力不好。我就讲一定不要忘记我们这个伟大的民族的戏剧传统，这个传统在世界上也是独一无二的。假如我们没有这个传统，我们能不能把外国的话剧吸收过来，消化得这么好，发展到今天这样一个规模，那是很难说的。”

本月，《曹禺全集》(共七卷)由花山文艺出版社出版。

7月初，曹禺好友张瑞芳赴京参加姐姐张楠的葬礼，特地在北京多留一天到北京医院探望曹禺。

曹禺午睡后正静坐在沙发上，脸色很好。他除了不想多说话以外，思绪非常活跃。他的夫人李玉茹正巧回了上海，只有男护士在陪着他。没有人能像玉茹一样贴耳为他转达来访者的话。

张瑞芳大声说：“您还记得江村吗？”他缓缓地说：“怎么不记得……他不是演的曾文清吗？……很好……不要演就像……”张瑞芳说：“您在剧本中对曾文清的人物描写真像江村本人！”他深思地说：“这个角色，演员身上有了，就用不着演；没有，硬演也不行……”张瑞芳觉得这是十分简练的概括和赞扬！当张瑞芳告诉他，江村家乡要为他出纪念文集时，他说：“他的家乡真好。”

7月14日，李玉茹动完手术不久，即回北京，陪伴在曹禺身边。

8月28日，下午，曹禺剧专第三届(1937年)学生李乃忱来北京医院看望曹禺，向他问好，并说几位同学也嘱咐代问好，有石羽、叶子和黎频等。曹禺点头，并说：“叶子也80多了？”

李乃忱说：“84。现在住在福利院里，很好。”曹禺点了点头，李乃忱抓紧时间把握主题，说道：“二届的江村您还记得吗？”曹禺点头说：“记得，已死去好多年了。”李乃忱又说：“他家乡南通有些朋友，给他编一本纪念文集，想请您给写几个字。”曹禺为难地说：“写不了了。”他看着手，陷入沉思。一会儿，曹禺说：“你给我记一下。”李乃忱拿出纸笔，曹禺说：“长念早逝。”李乃忱没听准，写成“常年早逝”，他看了纠正说：“长久的长；念，想念。”李乃忱连忙改写。他又让小白拿笔，李乃忱以为他要用来签名。可是小白拿来钢笔，他说要毛笔，小白明白，他要写字了，赶紧把笔墨准备好，放一块宣纸。他看了嫌小，又指出要长条的。纸铺好后，小白和另一青年把曹禺从沙发上拉起，搀扶着他慢慢走到书桌前，坐下，然后按照李乃忱记下的字，顺利写成。又让小白把纸拉好，接着写了“诗人江村”，又问今天是几号了，小白已经习惯了，就说：“96 年 8 月，日子就别写了。”小白很着急，因为大夫说过，不要让病人再写字了。这时，张颖同志来了，一看，说：“他（江村）侄子也写信要我写文章，我还没写。”又说：“看他（曹禺）这样大年纪，写字手也不抖，真不容易。”写完，曹禺被扶回沙发，看小白他们收拾，接着说：“再给我看一下。”小白立在他面前，打开给他看。他仔细看了一会儿，点点头说：“拿去吧。”李乃忱当时心里激动，眼泪都快流出来了，俯身到老师胸前说：“我代表全体同学和南通朋友，谢谢您！您好好休息吧！”说完赶紧走出门外。

8 月 28 日至 31 日，“第 13 届中国戏剧梅花奖”颁奖活动在石家庄举行，曹禺因病未能出席，李玉茹代曹禺致祝词。曹禺在祝词中写道：

> 我由衷地赞美你们，深深地感谢你们。是你们为了弘扬祖国艺术，做出了巨大贡献。在整个舞台剧不大景气的时候，你们不畏艰难，不怕清贫，不畏寒暑，顽强拼搏，锲而不舍，一步一步地攀登着艺术高峰。这正是梅花的品格和梅花的精神。我相信，你们会继续锤炼这种品格和梅花坚韧的精神，向着艺术高峰不断攀登，使自己成为深受广大人民群众喜爱的跨世纪的艺术家。
>
> 让我再一次感谢河北省石家庄市给予这次大会各方面的支持。
>
> 再一次向我们获得梅花奖的艺术家们热烈祝贺。

此文后来以《锤炼梅花品格　发扬梅花精神》为题，发表在《中国戏剧》1996 年第 10 期。

8 月 31 日，其《加强中华剧人的团结》一文载于《人民日报》中。这是曹禺在“’96 中国戏剧交流暨学术研讨会”上的祝词，有删减。

9 月，将新出版的《曹禺全集》送给巴金，并在书的扉页上题签：

奉巴金老哥

曹禺　一九九六年九月

9 月 20 日，首都人民大会堂浙江厅，举行“’95 曹禺戏剧文学奖”颁奖大会，曹禺委托夫人李玉茹做书面发言。

9 月 24 日，86 周岁生日。在北京医院病房，曹禺接到一份“惊喜”，巴金委托他人置办的大花篮被送到曹禺的病室。曹禺见到大花篮，高兴得如同小孩子似的合不拢嘴，不停地说：“太感谢巴金大哥了。”曹禺在花篮前留影，将照片托人转给巴金。

9 月下旬，潜江花鼓戏剧团同志赴京看望曹禺，那天，曹禺刚过 86 岁生日。天气很好，曹禺的气色也很好。家乡的同志告诉他，剧团正在复排花鼓戏《原野》，争取上北京，为第六次全国文代会演出。剧团的同志小心翼翼地对曹禺说：“复排后的《原野》改名为《原野情仇》”，并双手将新改编的剧本奉上。

曹禺翻了翻剧本，很认真地问：“这个戏在潜江到底怎么样？”

“很受欢迎。”

“到农村呢？农民喜欢不喜欢看？”

“农民喜欢看，觉得很新鲜。有的地方常常为争看《原野》，抢剧团的道具箱。”

“哦，有这事？在哪些地方？”曹禺的眼睛闪着兴奋的光亮，问得越来越仔细。

“在一些乡镇有人管这出戏叫农村版的《原野》……”

“农村版？”曹禺先生将手中的剧本放在桌上，诚切地说，“好，等你们到北京来演出，我就是坐着轮椅也要去剧场看看的。”

10 月，曹禺、李玉茹的好友戴健赴医院探望两人，曹禺书“剑从磨砺出”五字相赠。

11 月 17 日，李乃忱受国立剧专第一届（1935 年）校友贾亦棣（旅居美国)之托,请曹禺为《镀金》公演特刊题字,此时曹禺告知已不能题字了。

11月底,河北省《大舞台》主编贡淑芬看望曹禺,李玉茹高兴地告诉她,马上要开文代会了,曹禺先生被提名为全国文联主席,正在准备发言稿,曹禺安详地坐在沙发上,脸上露出亲切的笑容,高兴地和贡淑芬说着文代会的事儿。①

12月2日,中国文联高占祥等人到北京医院看望曹禺,向曹禺汇报第六次全国文代会的筹备情况,并请曹禺参加、讲话。

12月上旬,第六次全国文代会召开前几天,曹禺叫生活秘书小白将国歌歌词写出,他一遍一遍地背着,李玉茹一到医院后,他就叫她陪他一起唱国歌。他十分认真、兴奋,兜着底气一遍一遍地唱着国歌。

12月12日晚,曹禺和往常一样读报、看电视,临睡前还叫护士帮他找出《古文观止》捧读。夜里,护士查房,给他量了血压,他还熟睡着。

12月13日凌晨,护士长到病房,发现他呼吸变得极慢极浅,立即抢救。

12月13日凌晨3时55分,曹禺在北京医院病逝,享年86岁。闻讯后,中宣部部长丁关根,文化部部长刘忠德,中央戏剧学院院长徐晓钟,北京市市委宣传部领导龙新民、邓行舟,以及于是之、刘锦云、林兆华、赵崇林赶到医院。

12月14日,新华社电讯,中国共产党优秀党员、中国新文化运动的开拓者之一,著名戏剧大师、中国话剧奠基人之一,戏剧教育家,第八届全国政协委员,中国文联执行主席曹禺同志因病医治无效,于1996年12月13日凌晨3时55分在北京不幸逝世,终年86岁。

12月15日,巴金发来唁电:

中国文联转李玉茹、万方　请不要悲痛,家宝并没有去,他永远活在观众和读者的心中!

巴金

九六年十二月十五日

① 贡淑芬.岁月悠悠,思念长长[J].曹禺研究(四).北京:中国文史出版社,2007:71.

谱后

高山景行淂天下英才而教育之

伯苓校長誕辰一百一十週年紀念

受業萬家寶敬頌

一九八六、三月廿日

逝世后的纪念活动及有关艺术活动

（1996～2014）

1996 年

12 月 15 日晚 7 时，湖北潜江荆州花鼓戏《原野情仇》在人民剧场为中央戏剧学院、中国戏曲学院、中央音乐学院师生做专场演出。这本是一次普通的戏剧演出活动，也是曹禺先生说好一定要来看的一场演出，没料到曹禺先生在这场演出的前两天，溘然长逝。于是，《原野情仇》的演出带上了对曹禺先生纪念、哀悼的意味。演员们怀着对曹禺先生的悲悼、崇敬之情，把当晚的演出不断地推向高潮。观众厅内，掌声一阵盖过一阵。整场演出掌声竟有 20 多次。

12 月 16 日晚，此剧为专家评委做专场演出，另有几百名解放军某部官兵看戏。文化部副部长潘震宙、中国剧协副主席刘厚生、著名戏剧理论家郭汉城和 20 多位“文华奖”评委观看了当晚的演出，他们均认为：“此剧是一部高品位的艺术精品。”中央电视台在当天的晚间新闻，报道了《原野情仇》演出成功的消息。

12 月 17 日，《原野情仇》为第六次全国文代会演出。它以其独特的艺术魅力打动了全国文化艺术界的精英。谢幕后，许多艺术家走上舞台，同演职员们一一握手。曾在潜江看过花鼓戏《原野》的著名导演、艺术家、中央戏剧学院院长徐晓钟说：“又进步了，又提高了，你们这个剧团了不起，你们这些演员了不起,你们这个戏了不起!"中国文联领导为潜江花鼓剧团颁发了荣誉证书,赠送了大花篮,以示祝贺。

1997年

4月,《曹禺》(田本相、刘一军著)由中国华侨出版社出版。

5月,潜江市曹禺陵园竣工。5月28日,举行陵园揭幕仪式。

曹禺骨灰安葬暨曹禺陵园揭幕仪式由潜江市委常委、副市长刘祖寿主持,张卫东、李玉茹以及中央戏剧学院副院长罗锦麟等发表讲话,市直各部门负责人,上千群众前往悼念。张卫东说:"半年前,曹老永远地离开了我们,家乡人民无时无刻不在深深地怀念着他,缅怀他对家乡、对国家乃至世界文化事业做出的卓越贡献。曹禺陵园的建立,为全市人民及子孙后代提供了瞻仰曹老的场所,是对青少年进行传统教育的好基地,我们因有曹禺这样一位值得后人敬仰的老乡而骄傲。"李玉茹代表全家感谢家乡人民对曹禺的无限怀念,她说:"曹禺先生晚年总想回家乡看看父老乡亲,看看家乡改革开放以来日新月异的变化,由于病魔缠身,没有实现。今天,潜江人民将他的骨灰接回故乡,安葬故土,使这位远游的儿子终于回到故里,他若在天有灵,定会含笑九泉。"

7月,《曹禺戏剧研究论文集》(中国话剧艺术研究会编,吴雪、李汉飞主编)由中国戏剧出版社出版。

8月31日,歌剧《原野》访欧归来,在上海举行汇报演出。

本年,电视连续剧《原野》由中国电影艺术研究中心、北京东方影视乐园、上海天威文化传播中心联合摄制完成,共25集。主要演员阵容为:吕良伟饰仇虎、陈红饰金子、吕中饰焦大妈、郭晋安饰焦大星、许承先饰常五。

本年,扬剧《王昭君》由江苏扬剧团演出。此剧由袁振奇根据曹禺《王昭君》和京剧改编本《王昭君》改编得来,导演为石玉昆。京剧《王昭君》由江蜇君根据曹禺《王昭君》改编而成,发表于1983年《江苏戏剧丛刊》中。此剧本曹禺看过,说:“江本很见功力,赞同在江苏上演。”

本年,上海歌剧院赴德国、瑞士公演歌剧《原野》,又一次获得成功。

12 月,为纪念曹禺逝世 1 周年,河北电视台摄制播出电视传记片《不朽的艺术精魂——曹禺》,片长 30 分钟。顾问为田本相、曹树钧,策划为李敬义、王剑、刘绍本,编导为赵岚、冯哲辉,撰稿为赵岚,摄像为王晖、刘亚军,配音为彬凯、夏获,音乐为徐荣娟,录音为溪平,制作为张树行,编审为贾启森,监制为高德欣。本片对戏剧大师曹禺一生的创作道路做了概括的描述。摄制组采访了曹禺的女儿万昭、万方,曹禺研究学者田本相、曹树钧,曹禺的好友吴祖光和新加坡导演郭宝昆。另外在天津曹禺的故居、南开中学、惠中饭店、北京清华大学、河北宣化等地进行了实地拍摄。本片还结合曹禺的创作道路,穿插了北京人艺演出的《雷雨》(1997 年版)、《北京人》《王昭君》演出录像片断,《日出》《胆剑篇》等剧的剧照,以及曹禺早年登台演出的《马百计》《最前的与最后的》《财狂》等剧的剧照。传记片将第一人称(曹禺自述)与第三人称旁白结合起来进行拍摄,对曹禺半个多世纪的戏剧创作艺术成就进行了言简意赅的评述,并以近一半的篇幅对曹禺晚年的精神生活和创作心态进行了较详尽的剖析。这使本片在同类传记片中别有特色、独具一格。

本年,《曹禺与〈雷雨〉》(童伟民著)由西南师范大学出版社出版。

1998 年

3 月,武汉京剧团公演《孙美人》,取材于《王昭君》第一幕。编剧为李振华、李连壁,导演为高秉江、陈幼林,陈幼林饰孙美人。

3 月,文学传记《“神童”曹禺——曹禺成才之路》(曹树钧著)由上海教育出版社出版。全书 160 千字,共分 50 节。作者曾拜访曹禺 10 多次,聆听曹禺谈自己的人生经历和创作经验,还访问了 100 多人,收集了大量鲜为人知的第一手材料,因此以丰富的材料提供曹禺之所以能成才的生动有力的证据。作者在认真探讨、研究影响曹禺戏剧才能发展的先天基础和后天因素后，从他幼年的生活经历和戏剧经验，校园戏剧的熏陶与启蒙老师的指导，戏剧艺术的全方位实践，对戏剧的迷恋与远大的艺术抱负，剧场内反馈与剧场外反馈的心理影响，友谊、爱情的激励作用等 6 个方面，夹叙夹议地展现了曹禺的成才之路，艺术化地再现了曹禺如何在 23 岁时就写出了《雷雨》这部惊世骇俗之作。

9 月，黄殿祺通过天津市艺术研究所的领导，与天津联通建设发展有限公司、天津建泰置业有限公司、天津东海物资开发有限公司、法中友好协会天津代表处等单位组成“曹禺故居纪念馆筹备处”。

11 月，《曹禺研究论集》（田本相、刘绍本、曹桂芳主编）由花山文艺出版社出版。

12 月，《对‘狭之笼’的徒然挣脱——曹禺早期剧作的发生学探寻》（贡献、陈留生著）由南京大学出版社出版。

同年，《曹禺传》（朱栋霖著）由台湾佛光大学出版社出版。

1999 年

5 月，《在曹禺身边》（梁秉堃著）由中国戏剧出版社出版。

6 月，《没有说完的话》（曹禺著，李玉茹、钱亦焦整理）由山东友谊出版社出版。

8 月，由袁振奇改编、徐秀英主演的戏曲电视剧《王昭君》，获第 17 届中国电视金鹰奖“优秀戏曲电视剧”。

9 月，《情感的憧憬与发酵——曹禺卷》（朱栋霖、陈龙编著）由海天出版社出版。

本年，《曹禺与读书》（范志强编著）由明天出版社出版。

年底，根据曹禺原著改编的广播剧《雷雨》《日出》《原野》《北京人》由原国立剧专毕业生、台湾著名戏剧家崔小萍改编、导演、制作，在中国台湾广播公司播放。

2000 年

3 月,《倾听雷雨——曹禺纪念集》(李玉茹、钱亦焦编)由上海文艺出版社出版。

8 月,《曹禺剧作魅力探缘》由华东师范大学出版社出版。作者陆葆泰为著名的曹禺研究学者,研究曹禺剧作已几十年,曾导演过话剧《原野》。本书由李玉茹作序。

9 月 24 日,曹禺先生 90 周年诞辰。

10 月 12 日至 15 日,由潜江市人民政府、中国戏剧家协会、中央戏剧学院、北京人民艺术剧院、湖北省省文化厅联合举办的纪念曹禺先生诞生 90 周年座谈会,潜江市人民政府、中国艺术研究院话剧研究所联合召开的曹禺学术讨论会在潜江隆重开幕。来自全国各地及日本、巴基斯坦的近百名中外学者、专家共聚曹禺故乡,纪念这位“东方的莎士比亚”。

上海开展纪念曹禺 90 周年诞辰研讨会,后排右二为曹树钧

湖北省政协副主席王重农、湖北省省委宣传部副部长李德华、湖北省省文化厅厅长蒋昌忠、湖北省省文联党组书记潘涛、潜江市领导及中央戏剧学院院长王永德等 41 名海内外专家学者(其中日本 1 人、巴基斯坦 1 人)出席

了这次盛会，与会者普遍认为此届研讨会的规模、档次以及学术研究的深度和广度都超过了历届，是曹禺研究的又一次重大进展。

10月，扬剧《王昭君》参加在南京举办的中国艺术节。

2001年

1月，《苦闷的灵魂——曹禺访谈录》（田本相、刘一军编）由江苏教育出版社出版。

2月，上海市文联艺术团公演沪剧《雷雨》，由邵滨孙等主演。

曹禺属于中国，也属于世界。许多外国友人以一睹曹禺先生风采为荣。4月，德国海登海姆县代表团一行30人，参观了曹禺著作陈列馆。海登海姆县是潜江市的友好城市，两市互帮互助，亲密往来，已结下了深厚的友谊。潜江市专门为他们配备了德语翻译讲解员。海登海姆县县长红光满面，频频向馆领导、讲解员微笑、问好，表示谢意。

5月6日至7日，上海歌剧院公演两幕《雷雨》，改编为英凡、导演为方红林。演员阵容：张莉、谢瑞珍饰蘩漪，魏松、吴波饰周萍，张建鲁饰周朴园，董明霞、张金宏饰四凤，杨清、王兵饰鲁妈，迟立明饰周冲。

6月2日，美籍华人——曹禺的堂弟、堂妹等一行15人，在潜江领导的陪同下，参观了曹禺著作陈列馆。

10月，《压抑与憧憬——曹禺戏剧的深层结构》（王晓华著）由中国社会科学出版社出版。

2002年

4月，《大师青春剪影　曹禺——海上惊雷》（鲍立衔、傅光明主编）由华艺出版社出版。

4月，《神州雷雨——曹禺诞辰90周年纪念文集》（曹树钧、刘清祥主编）

由湖北人民出版社出版。

5月18日,上海版音乐剧《日出》在上海大剧院首演,改编、导演为吴贻弓。主要演员:王燕饰陈白露、廖昌永饰方达生、陈佩斯饰王福升。

本年,北京舞蹈学院实验现代舞团公演《雷和雨》,根据《雷雨》改编而成。改编、导演为王玫。

2003年

1月,《戏剧大师曹禺:呕心沥血的悲喜人生》(张耀杰著)由山西教育出版社出版。

4月,为庆祝中国戏剧家协会"梅花奖"创办20周年,各地得奖演员汇集于北京首都剧场,演出了由徐晓钟导演的话剧《雷雨》。

这次演出,还原了曹禺原作的序幕和尾声。大幕一拉开,已经是一座被改造成了教会医院的周公馆,时光流转,墙皮剥落、陈设暗淡,房内破败不堪,由于终场不换景,那些迷离如春梦——噩梦般的剧情在破败的布景前进行,这表现了周家的颓败。纪念的性质决定了演出的独特方式,这场演出最大的亮点是明星们各显风采,周朴园、蘩漪、周萍、鲁侍萍的扮演者有三组,王卫国、魏积安、宋国锋饰演的周朴园都很到位,尤其是久演小品的魏积安,让人看到了演正剧的功力。三个饰演蘩漪的演员也很出色,特别是肖雄,冷艳中透出哀怨的气质,与人物身份十分吻合。然而,由于演员来自不同剧种、区域,再加上排练时间短暂,因此演员之间难以形成默契,表演风格不够统一。

7月,《苦闷者的理想与期待——曹禺戏剧形态学研究》(刘家思著)由中国戏剧出版社出版。

8月,《二十世纪文学泰斗　曹禺》(刘艳著)由四川人民出版社出版。

11月,由叶惠贤策划、陈薪伊导演,汇集影视剧明星的"明星版"话剧《雷雨》在上海首演,随后又在广州、深圳、成都、北京、天津等地巡演。

此话剧在艺术表现和审美取向上，试图以演员个体表演实力提升社会影响力，以及用明星群体效应强化市场效益。“明星版”话剧《雷雨》的导演陈薪伊，带着悲悯的心情读《雷雨》，她对《雷雨》的理解是“宇宙并没有一个智慧的上帝或主宰，大约应是本剧的主旨”。

“明星版”话剧《雷雨》由潘虹饰蘩漪、达式常饰周朴园、顾永菲饰鲁侍萍、濮存昕饰周萍、田海蓉饰四凤、雷恪生饰鲁贵、蔡国庆饰周冲。演员阵容的强大，给观众带来了比较强烈的心理预期。据投资人透露，演出实现了比较好的经济效益，是话剧投身流行文化的一种有效尝试。有媒体人士称“借助明星的号召力，为话剧舞台吸引新的观众，怎么说也是一件好事。多元化的发展会催生一些艺术和商业结合得好的品种，而这其中又往往会产生反哺整个行业的资源，这对一个舞台艺术品种的生存，无疑具有重要的意义”。

2004 年

1 月，《曹禺经典作品选》(包括《日出》《原野》《北京人》3 个剧本)，由中国青年出版社出版，印 1 万册。

6 月 11 日，潜江市曹禺研究会正式成立。为了更好地体现这个组织的存在及其存在价值，会长陈焕新决定每年编一辑《曹禺研究》，并建立《曹禺研究》编委会。当年在短短四五个月时间里，以“曹禺乡情”为主题，准备出版《曹禺研究》第一辑，以此向第一届“中国(潜江)曹禺文化周”献礼。

7 月，《现代性视野中的曹禺》(李扬著)由人民文学出版社出版。

9 月，《话说北京人艺》(张帆著)由百花文艺出版社出版。

10 月，《曹禺研究第一辑　曹禺乡情》由远方出版社出版。本期编委会顾问为马在学，主任为陈焕新，主编为毛道海，执行主编为傅海棠。

10 月，《我是潜江人》丛书由武汉出版社出版，主编为董尚华，丛书之一为《中国戏剧大师——曹禺》(刘清祥、董尚华编著)，丛书之二为《江汉平原的艺术奇葩——花鼓戏》(傅海棠编著)，附录有花鼓戏剧本《原野情仇》(胡应明改编)、曹禺写的《潜江新花——推荐〈家庭公案〉》。

10月,《曹禺的写剧技巧》(陆葆泰著),钱谷融作序,由中国戏剧出版社出版。

11月28日至12月2日,由中国文联、湖北省人民政府主办,中国剧协、潜江市人民政府、江汉石油管理局共同承办的“中国(潜江)曹禺文化周”在曹禺故里潜江隆重举办,这是潜江市有史以来规模最大、规格最高、影响最大的一次全国性文化盛会。这次文化周主要安排了以下几个活动:曹禺公园暨曹禺纪念馆开放仪式揭幕;中央电视台主持的《我是潜江人》大型文艺晚会会演;北京人艺的《雷雨》、我国著名的小提琴大师盛中国偕夫人钢琴家濑田裕子的合奏音乐会、潜江花鼓戏《原野情仇》分别上演;曹禺剧作系列影视片连续公开放映;盆景、根艺、赏石、书法、摄影作品公开展览;放焰火、闹花灯、舞狮子、玩龙灯、太极拳、腰鼓队以及民间歌舞表演。这次文化周真可谓好戏连台,既有“阳春白雪”,又有“下里巴人”,全面地展示了潜江人的文化风采,深切地表达了潜江人对曹禺的敬仰与缅怀。

文化周期间,还成功地举行了一次国际性的曹禺学术研讨会。参与这次研讨会的专家学者们认为:在潜江举办的这次文化周,是中国文化史上的一次创举。过去人们纪念文化名人,一般是在他的寿辰或忌辰进行,而以一位艺术大师的代表作问世70周年来举行纪念活动是中国的首例。这不仅是对曹禺艺术贡献的高度评价和深切缅怀,也是对当代文学艺术界,特别是从事文艺创作及其演出者的极大鼓舞和推动,是落实先进文化前进方向的一次成功实践。

本年,天津《今晚报》报社、河北区政协、天津市文联联合举办“曹禺在天津”的征文活动。

2005年

8月,《曹禺研究》第二辑,由中国文史出版社出版。主编为傅海棠,编委会顾问为曹树钧、马在学，名誉主任为郑国蓉、戴明，主任为陈焕新。

9月，陕西省京剧团在省第4届艺术节上公演京剧《雷雨》，荣获9项大奖。艺术总指导为尚长荣。编剧为雷志华、导演为张文利、出品人为胡海芹。主要演员：赵冬红饰蘩漪、唐小宁饰周朴园、李素萍饰四凤等。中国剧协主席尚长荣题词："雷惊天地扬国粹，雨滴沃土润梨园。"

10月，《曹禺自述》，10万字，由京华出版社出版。

11月，安徽省黄梅戏剧院在宁波第9届中国戏剧节上公演黄梅戏《雷雨》。

2006年

1月，《曹禺与天津》（贾长华主编）由天津社会科学院出版社出版。书中收入黄殿祺《戏剧博物馆的名誉馆长》《替曹禺老师完成夙愿》《曹禺与首届中国戏剧家书画展》《八十岁的学生》等多篇文章，进一步充实了曹禺研究的相关史料。

春节，浙江省宁波市甬剧团在市郊巡演甬剧《雷雨》。

春，天津市评剧院公演评剧《雷雨》，赵大民任编剧，崔连润饰蘩漪。

2月，上海沪剧院公演沪剧《雷雨》，茅善玉饰蘩漪。

3月，上海长宁沪剧团应邀赴爱尔兰新克市公演沪剧《雷雨》，导演为周中庸，艺术总监为奚耿虎。演员阵容：陈甦萍饰蘩漪、陈瑜饰鲁妈、李恩来饰周朴园、顾春荣饰周萍、王斌饰周冲、黄爱忠饰大海、董建华饰鲁贵。

3月，《悲剧的精神》（曹禺著，傅光明主编）由北京京华出版社出版。

6月，台北公演京剧《原野》，著名京剧表演艺术家李少春之子李宝春主演仇虎，特邀曹禺抗战时期国立剧专的学生谢晋为导演。

10月，《阳光天堂——曹禺戏剧的黄金梦想》（朱君、潘晓曦、星岩、张跃杰著）由广西师范大学出版社出版。

11月24日至26日，北京人艺第3版《雷雨》应邀在日本东京四季剧团

“秋”剧场公演，并参加在日本举行的中国文化节活动。

本年，川剧《金子》（根据《原野》改编）再次赴法国，在法国 20 个城市进行为期 2 个月的巡回演出，并出访东南亚数国。

本年，韩国演出话剧《雷雨》，翻译为韩相德，导演为李润泽。

本年，新加坡演出话剧《原野》。

2007 年

1 月，《曹禺剧作演出史》（曹树钧著）由中国戏剧出版社出版。作者在书中指出“曹禺是中国话剧诞生百年中，中外人士公认的首屈一指的剧作家。笔者仅以此书献给中国话剧诞生 100 周年”。

1 月，陕西省京剧团再次公演京剧《雷雨》，导演为谢平安（特邀）。

1 月，《曹禺评说七十年》（刘勇、李春雨编）由文化艺术出版社出版。40 万字，书末有“曹禺重要研究资料目录索引”（李春雨辑）。

1 月，《大小舞台之间——曹禺戏剧新论》（钱理群著）由北京大学出版社出版。

5 月，《曹禺家世》（毛道海编著）由中国戏剧出版社出版，潜江曹禺研究会会长陈焕新作序。

7 月 7 日，北京人艺在首都剧场为《雷雨》演出 500 场举办了简朴的庆祝仪式，这是该剧院自 1954 年 6 月 30 日首演《雷雨》以来所创下的新的演出纪录。

纪念中国话剧百年之际，在人民大会堂举行的座谈会上，万方讲，她曾经问她的父亲曹禺：您写的剧本为什么叫《雷雨》？曹禺回答：雷，代表着天上轰轰隆隆的声音，警醒芸芸众生；雨，代表来自天国的洪水，把大地冲个干净。王延松版的《雷雨》除了依然沿用写实性布景之外，还强化了不出场的“戏剧主人公”——雷雨。从第一幕开始，周公馆的压抑和沉闷的气氛就已经孕育了一种天幕低垂、四野云集的阴郁气息，随着悲剧情境的展示，闷雷从远处滚过，蓄势待发，闪电忽隐忽现，撕开暗夜的帷幕，直至四凤在自己家中向母亲发誓，炸雷才当空劈下，暴雨倾盆而泻……可以说，雷雨构成了戏剧的自然环境，渲染了人物的心境，同时，也是人物心理情绪的外化，对于人物命运具有强烈的象征作用。王延松版《雷雨》所呈现的电闪、雷鸣、雨声，被观众认为是几版《雷雨》中最好的音效。

王延松将《雷雨》(原作 7.9 万字)缩减至 3.5 万字。他认为《雷雨》表现的是生命自省中人类的渺小、人性的局限和存在的困窘。在形象的具象画面之外，是抽象的天、命与自然的法则。王延松在原作中发现了有意味的形式，即悲剧的“循环再现”：侍萍再次走进周家，发现自己的悲剧在女儿身上重演，周萍先后与两个不该爱的人相爱，戏中的“闹鬼”场面也两次现形，等等。对于人心与人性的关注与思考，在导演构思和舞台呈现中表现得十分突出。本版《雷雨》中，出现过三次侍萍的独白，成为解读全剧的钥匙：“人心靠不住，因为人性太软弱。”以此为基点，导演创设了富有表现力的舞台形象画面。

同时，王延松版的《雷雨》，以新的方式展现了“序幕”和“尾声”，另借助唱诗班的吟唱，强化了悲剧气息和悲悯情怀。

该剧组聚集了一批毕业于上海戏剧学院的优秀演员：张名煜饰演周朴园、徐幸饰演蘩漪、宋忆宁饰演鲁侍萍、佟瑞欣饰演周萍。演出时，布景高达 12 米，预设为 3 层，象征着人间、死境和重生的情境。写实的家具、窗子、楼梯与写意的景色、直入云霄的穹机，在亦实亦虚、亦真亦幻的氛围中，创造出舞台意象的奇异和魅力，增强了戏剧的诗化意味。唱诗班不时地加入表演，吟诵着曹禺早期的诗篇，对表演起到了烘托和间离的双重效用。《雷雨》的悲剧性呈现，不是限于一时一地的现实性的局部人生，而是着意表现带有宗教情绪的、对人类终极价值的更广阔的沉思。为了给观众带来心灵的冲击和观赏的魅力，王延松在《雷雨》第三幕中，让周家和鲁家的场景并现于舞台中，过去、现在、想象的时空相互交织，多角度、多视点地呈现了富有魔力的戏剧情景。在鲁家，回到自己家中的四凤，刚在母亲面前发誓不见周家的人，父亲便向她讲述了周家“闹鬼”的真相，此时舞台后方的半空里，幽幽地显出了周萍和蘩漪相拥的背影，他们“闹鬼”的窗子，仿佛是旷野中的鬼火，四凤的视觉中透出恐惧和惊悚的光影。紧接着这扇窗子像鬼魂一样，游荡在舞台的天幕上，猛的一下子掉落在四凤的面前，那仿佛是她心灵深处恐惧的轰鸣。一道炸雷过后，周萍出现在窗前，在他迈过窗棂的一刹那，闪电中出现了蘩漪阴毒的面容。而在这些戏剧动作发生时，舞台的一角，孤独的周朴园始终默然呆坐。

一般来说，旧时观众所习惯的情节的逐渐推进、人物关系的细致交代、起承转合的层层铺垫，在今天的观众看来会产生烦琐、拖沓之感，因此应当被更简捷、更有概括力和冲击力的表现方式代替。因此王延松版的《雷雨》得到观众的认可。

10月，《走近辉煌》(张帆著)由中国戏剧出版社出版，作者为北京人艺艺术室原主任，曾与曹禺一起搞过创作。

10月，《曹禺研究》第四辑由中国文史出版社出版，主编为傅海棠。

11月30日至12月3日，由中国话剧历史与理论研究会、中国曹禺研究会、绍兴文理学院、绍兴文化广电新闻出版局、浙江上虞春晖中学联合主办的“曹禺研究暨纪念《雷雨》首演与话剧百年国际学术研讨会”在浙江绍兴举行。来自国内外的50多位专家、学者出席会议。

2008年

3月6日，澳大利亚《澳华日报》发表中国剧协原常务副主席、著名戏剧理论家刘厚生书评《一本有新意的书——〈曹禺剧作演出史〉》。

文中指出：“这是一部有新意的书。在有关中国话剧的各种论著中，似乎还没有研究演出史书，更没有专门阐述和研究曹禺剧作演出史的书。而曹禺的作品却是中国话剧舞台上演出最多最广、一直演到世界上许多话剧大国的伟大剧作家。树钧教授的这部大作是一个创举，填补了中国话剧史著作的一块空白,内容详备而且细致。

“这部书不仅资料丰富、具体,重要的是它所蕴含的学术价值。

“由于曹禺剧作演出的广泛、长久,从20世纪30年代一直到现在,也就是中国话剧由少年时期逐渐成长到如今的青年时期,他的剧作实际上成为中国话剧舞台最有生命力的主干力量。因此,有了他的剧作演出史,实际上就是有了中国话剧演出发展史的一个最重要的侧面。”

3月,苏州评弹艺术家金丽生、盛小云邀请曹禺研究专家朱栋霖担任苏州市评弹团创作《雷雨》的顾问。两年后,此评弹于曹禺百年诞辰之际在北京长安大戏院展示风采,获得观众、专家一致好评。

6月,上海戏剧学院表演系2007届演出《雷雨》的另一演出版本。

上海电影艺术学院出品传记片《曹禺研究专家——树钧教授》。传记片的摄制组成员:制片为陈隽景,策划为马鸽,撰稿、导演为马鸽,摄影为沈易蜂、邱波,剪辑为陈嘉言,录音为沈纪龙,配乐为陆乙夫。该传记片于2008年8月由上海教育电视台播出。

11月,《曹禺研究》第五辑,主编为傅海棠,由中国文史出版社出版。

12月,《老舍与曹禺比较研究》(王俊虎著)由中国社会科学出版社出版。王俊虎为陕西延安大学教授、《延安大学学报(社科版)》副主编、延安文艺研究中心副主任、文学博士。此书是在他的博士论文基础上修改、润色而成的。

2010年

(一)演出活动

2010年9月24日,是曹禺100周年诞辰。从本年初开始,北京、上海、天津、湖北、浙江、四川、安徽、山东、香港等省、市、特区以及日本、新加坡等国,通过演出、发表文章、出版刊物、召开纪念会、开办展览会等方式来纪念这位走向世界的杰出戏剧家。

1月,天津人艺的话剧《原野》在北京国家大剧院小剧场连演11场,正式启动了国家大剧院纪念曹禺100周年的系列活动。

春,上海东方艺术中心举行“第三届迎世博长三角名家名剧月”,演出了曹禺的两部作品——根据《原野》改编的川剧《金子》和沪剧《雷雨》。

4月,上海外国语学院飞那儿话剧团公演话剧《北京人》(导演为李然)。

5月5日,上海戏剧学院《原野》(导演为何雁),应邀赴莫斯科参加国际大学生戏剧节。

9月7日至10月7日,北京人艺举行一系列活动纪念老院长,《日出》《雷雨》《北京人》《原野》四出大戏在国家大剧院以及首都剧场轮番上演。由国家大剧院牵头的纪念曹禺系列演出贯穿全年,来自各地的演出机构用多个剧种、多种舞台样式来展现曹禺的经典剧作。

9月,在天津,除了天津人艺上演《日出》《原野》等剧作外,还建立了“曹禺故居纪念馆”。

9月,为了让广大青少年了解剧作家曹禺幼年和童年的学习生活和成长历程,天津市青少年活动中心公演了六场话剧《“神童”曹禺》(曹树钧等编剧)。

9月,上海戏剧学院与上海话剧艺术中心联合公演《雷雨》;上海戏剧学院表演系演出话剧《原野》(导演为何雁)。

10月,上海沪剧院举行“百年曹禺百年话剧”系列演出,接连推出三部根据曹禺话剧改编的沪剧《雷雨》《日出》和《家》(改名为《瑞珏》)。

(二)综合纪念活动

4月18日,安庆市文联、安庆市戏剧家协会与安庆电视台、《安庆日报》《安庆晚报》、安庆市公共关系协会等多家单位联合举行了“纪念曹禺诞生100周年座谈会”。曹树钧主讲了曹禺成长之路、走向世界的曹禺和经典话剧《雷雨》的创作心路历程,讲座由安徽黄梅戏学校主办。

6月25日,“曹禺诞辰100周年纪念展”开幕式在日本东京早稻田大学大隈纪念讲堂举行。该展览由北京人民艺术剧院戏剧博物馆和早稻田坪内博士纪念演剧博物馆共同主办。此次展览展出了包括照片、实物、服装、信件等在内的100多件展品，较全面地展示了一代戏剧大师曹禺生前致力于戏剧创作以及国际交流的片断。另由日本曹禺研究专家饭冢容做有关曹禺剧作成就的专题报告。

曹树钧在安庆“纪念曹禺诞生100周年座谈会”上讲话

曹树钧与安庆的曹禺百年纪念活动发起人合影

9月，上海剧协联合上海话剧艺术中心等单位举行隆重的纪念活动，召开曹禺剧做学术研讨会。

9月，为纪念和缅怀曹禺为中国戏剧事业所做出的杰出贡献，由文化部、中国文联、北京人民政府主办，中国戏剧家协会、北京人民艺术剧院、国家大剧院承办的纪念“曹禺诞辰百年系列纪念活动”在北京、上海、天津等地陆续展开。此次纪念活动共包含八项内容：曹禺百年诞辰纪念座谈会、曹禺经典剧作展演、曹禺诞辰百年国际学术会议、曹禺百年纪念展、北京人艺老艺术家纪念曹禺百年诞辰书画展、出版《曹禺画传》和《曹禺年谱》、北京拍摄制作展示曹禺人生的电视人物传记片以及发行纪念邮票和铜章等相关纪念品。

9月17日，为纪念曹禺百年诞辰、缅怀中莎会首任会长曹禺对中国莎学事业的卓越贡献，纪念曹禺会长百年诞辰暨莎士比亚研讨会在上海戏剧学院举行。

会议由上海市创意产业协会主办，由上海市创意产业协会常务副会长孙福良教授主持。我国著名曹禺研究专家、中国莎士比亚研究会副会长曹树钧教授做《论曹禺对中国莎学事业的卓越贡献》主题发言。

受邀并出席此次会议的有著名莎剧翻译家朱生豪之子朱尚刚、台湾大学著名莎学家虞尔昌之子虞润身教授、《四川外语学院学报》副主编李伟民教授、山东师范大学副院长王化学教授、辽宁师范大学外语学院副院长宁平教授、武汉大学戴丹妮博士等。

曹树钧和钱谷融一起纪念曹禺百年诞辰

曹树钧和曹禺女儿万方(左二)、万欢(左四)在天津曹禺故居纪念馆开馆仪式上留影

9月24日,文化部、中国文联、北京市人民政府在人民大会堂联合举行纪念曹禺100周年诞辰座谈会,中共中央政治局委员、中央书记处书记、中宣部部长刘云山出席会议并讲话,强调要继承和发扬曹禺等老一辈文艺工作者的宝贵精神,始终坚持先进文化的前进方向,创作生产更多无愧于时代、无愧于人民的文艺精品,为促进社会主义文艺事业繁荣发展做出新的贡献。

9月至12月,香港举办曹禺戏剧节,内容有:(一)演出活动。北京人艺演《北京人》、香港剧协演《正在想》、进剧场演《日出》。(二)学术讲座。(三)在香港太空馆演讲厅举行研讨会(10月16日至17日)。(四)在香港文化中心大堂、元朗剧院大堂举行曹禺剧作展览(10月2日至31日)。

(三)出版活动

本年,各种曹禺研究著作先后出版。

6月,北京人艺的院刊第二期为纪念曹禺出特刊。

7月,《曹禺的青少年时代》(田本相著)由河北人民出版社出版。

8月,《曹禺研究1979—2009》(邹红主编)由吉林文史出版社出版。

8月,《戏剧解读与心灵图像》(王延松著)由上海人民出版社出版,为“上海戏剧学院杰出导演研究系列”丛书(主编张仲年)之一。《曹禺剧作散论》(邹红著)由吉林文史出版社出版。

9月,《老师曹禺的后半生》(梁秉堃著)由作家出版社出版。

9月,《曹禺:心灵的艺术》(朱栋霖著)由北京大学出版社出版,此书为1986年人民文学出版社出版的《论曹禺的戏剧创作》的新版。

10月,《曹禺自述》由北京京华出版社出版。

10月,《曹禺研究》第七辑,由中国文史出版社出版。此刊由潜江曹禺研究会主办,名誉主任尹本武、戴明。编委会主任陈焕新,主编傅海棠,副主编毛道海、胡逢林、陈洪声、毛枝庭。本辑为纪念曹禺百岁诞辰特辑。其中收录了《认识曹禺和曹禺文化》(张宗光)、《关于曹禺的读书和看戏》(刘厚生)、《一个渴望自由的灵魂》(田本相)、《〈原野〉的创作与演出》(曹树钧)、《曹禺情系故里文化》(郑学国)、《说不出的感动》(万方)、《〈崇敬和缅怀——我是潜江人〉发表20周年座谈会发言摘要》(陈焕新等)、《苏蓬寻根》(傅海棠)等。

10月,《雷雨天风》(黄明山著)由中国文史出版社出版。

10月,《曹禺访谈录》(田本相、刘一军著)由百花文艺出版社出版。

10月,电视传记片《戏剧大师——曹禺》(15集450分钟),由北京人艺影视中心摄制,北京文化艺术音像出版社出版,北京电视台于11月至12月播出。

11月,《史家胡同56号——我亲历的人艺往事》(梁秉堃等著)由金城出版社出版。

11月,中央戏剧学院出版《中戏人——曹禺诞辰100周年纪念专刊》(第22期),徐永胜主编。

11月,《曹禺戏剧的剧场性研究》(刘家思著)由中国社会科学出版社出版。

12月15日,上海剧协举行沪剧《雷雨》《日出》主演马莉莉专著——《灯,总是亮着》的出版学术座谈会。中国剧协主席尚长荣，上海文联党组书记杨益萍，著名演员张静娴、王汝刚、刘觉、何双林，艺术研究所研究员周锡山、沈鸿鑫以及上海大学教授兰凡、上戏表演系主任龙俊杰，导演系主任卢昂，戏文系教授曹树钧等出席了会议，曹树钧教授做《马莉莉对沪剧曹禺名剧改编所作的卓越贡献》专题发言。《灯，总是亮着》一书于 2010 年 8 月由上海音乐出版社出版发行。该书图文并茂，并附 DVD 一张。

2011 年

4 月，郭怀玉在《文学评论》第 2 期上发表《关于曹禺的散文》，第一次对曹禺的散文进行比较全面的述评。

4 月 27 日，“曹禺留在天津的记忆”戏剧史料收藏展在曹禺剧院开展。展览展出了收藏家贾俊学收藏的曹禺戏剧史料藏品 300 余件。曹禺的两个女儿也亲临现场。

6 月，《游走在曹禺研究的边缘》（郭怀玉著）由新华出版社出版。序一为《曹禺研究的新开拓》，由曹树钧所作，序二为武汉大学教授、博士生导师陈国恩教授所作。

7 月，《永生〈雷雨〉——曹禺百年诞辰国际学术研讨会论文集》（田本相、曹树钧、郑学国主编）出版，其中的代序《曹禺的独特价值》，由中国文联副主席廖奔所作，后记由曹树钧所作。

9 月，《曹禺研究》第八辑，主编为傅海棠，由中国文史出版社出版。

9 月 19 日，“纪念戏剧大师曹禺先生处女作《今宵酒醒何处》发表 85 周年暨潜江市曹禺研究会 2011 年年会”在潜江江汉艺术职业学院举行。与会专家分别从《今宵酒醒何处》的创作准备、艺术特色、艺术实践等角度展开研讨。上海戏剧学院教授曹树钧应邀做长篇演讲，曹禺先生外孙苏蓬参加了年会。

2012年

1月5日，中国文联、中国剧协组织梅花奖艺术团到潜江慰问演出，并给曹禺故里的父老乡亲带去新年祝福。

艺术团由中国文联党组成员、副主席杨承志和中国剧协分党组书记、驻会副主席季国平带队，其汇集了中国文联荣誉委员、中国剧协主席、梅花大奖获得者尚长荣，中国文联副主席、中国剧协副主席、梅花大奖获得者裴艳玲，梅花大奖获得者顾芗等11个剧种的20余位戏剧表演艺术家。

1月，《曹禺：戏里戏外》(张耀杰著)由上海东方出版中心出版。

3月14日，下午，北京人艺院长张和平携导演任鸣、陈薪伊，演员濮存昕、吕中、冯远征、何冰、梁丹妮等赴沪，出席北京人艺成立60周年上海庆典演出新闻发布会。

此次，北京人艺大举南下，携《知己》《原野》《窝头会馆》《我爱桃花》《关系》5台全新话剧。这5台话剧，荟萃了冯远征、张志忠、王雷、胡军、徐帆、濮存昕、吕中、何冰、宋丹丹、杨立新等一线演员。

3月20日，勤苑沪剧团的大型原创沪剧《雷雨后》在城市剧院结束了首轮演出。剧团负责人王勤介绍，剧团在十多年发展的基础上，希望排出一部在上海乃至全国叫得响的好戏，由此选中了上海市文联创作中心主任邹平的剧本《雷雨后》。

王勤在剧中饰演女主角蘩漪，她扮相端庄靓丽，唱腔圆润清新，是上海民营沪剧团中屈指可数的国家一级演员。演出还特邀了沪剧名家沈惠中、王明道加盟。全剧由国家一级导演胡筱坪执导，一级作曲奚耿虎作曲配乐。该剧将继续打磨，定于4月、5月在逸夫舞台、大宁剧院进行再次演出。

从2012年4月7日起，潜江市曹禺纪念馆每周六、周日下午2时40分至5时30分为参观群众播放经典话剧。参观者只需登记即可免费观看。

开播《每周一剧》是曹禺纪念馆全面提升纪念馆展陈功能之一，旨在通过展示曹禺经典剧作,普及戏剧文化知识,从而进一步深化广大群众对曹禺戏剧精神的理解和认识,并为打造“中国戏剧之都”奠定深厚的群众基础。

3月,《曹禺的戏剧人生与艺术》(刘家思著)由安徽师范大学出版社出版。

7月,青年导演王翀编导的《雷雨2.0》在北京木马剧场上演,它的台词来源于曹禺原著,但是完全更换了语境。王翀从当代视角来审视《雷雨》所表现的两性关系,表现男人与女人之间的纠缠、撞击、忧虑与伤痛。剧中女人蘩漪、侍萍、四凤,由两位女演员扮演。男演员只有一位,一体多面地呈现懵懂的周冲、落魄的周萍、家长周朴园。演区中心空置,场上放置20世纪90年代家具用品,大屏幕直面观众。在多个演区中,3台摄像机和1台照相机跟踪拍摄,影像直现于屏幕。多重镜像交织、互映;演员不说台词,采用幕后拟音,大提琴和钢琴乐音由电声传送,现场演出与直播影像交叠、拼接,形成亦真亦幻、亦虚亦实、散点式、碎片化的镜像人生。

7月25日,举办《雷雨2.0》演后座谈会,与会人员交流得比较热烈,也有人抱怨看不明白,不知所云。北京话剧研究所、话剧史家宋宝珍研究员觉得大部分观众在看稀奇,没有完全弄懂此剧的本意。座谈会结束后,宋宝珍跟王翀交谈了一会儿,并说你受到拉康的镜像理论的影响,要在舞台上制造多重交织的镜像。他说:“老师,您看明白了!我其实也不是很明白,导演到底是有意识地实验舞台镜像表达,还是仅仅凭着艺术感觉指到哪打到哪。”其实王翀导演的戏剧,不大在意大众和票房,却一直执意地探索影像与表演的结合。他作品的背后,有后现代观念和“80后”时代意识的支撑。这个戏给舞台提供了新意念和新语汇,从实验这点来看,值得反思。

9月6日,晚,第20届曹禺戏剧文学奖(第四届中国戏剧奖、曹禺剧本奖)在湖北潜江揭晓,豫剧《朱安女士》等8部作品获奖。中国文联党组成员、书记处书记、副主席杨承志,中国文联副主席、中国剧协副主席裴艳玲,中国剧协分党组书记、驻会副主席季国平,中国戏剧家协会副主席李树建、罗怀臻,中共湖北省委宣传部副部长陈连生,湖北省文联主席沈虹光,湖北省文联党组书记、常务副主席刘永泽等出席颁奖典礼。

9月30日，第二届中国戏剧梅花奖演员读书班在湖北潜江开班。中国戏剧家协会分党组书记、驻会副主席季国平，著名剧作家、湖北省文联主席沈虹光，著名河北梆子表演艺术家、“二度梅”获得者刘玉玲及潜江市市委、市政府领导出席开班仪式。

中共潜江市市委常委、宣传部长陈洪思说，近年来，我市与中国剧协的交流与合作日益密切，第二届中国戏剧梅花奖演员读书班在潜江开班，将为潜江的戏剧和文化事业发展带来新的机遇，对提升潜江知名度和影响力，具有重要的推动作用，必将有力地促进潜江向“中国戏剧之都”迈进。

季国平说，潜江是中国现代最杰出的、享誉世界的戏剧大师曹禺的故乡，潜江市市委、市政府把打造戏剧之都作为文化建设的重点，是潜江的大事也是中国戏剧界的一件盛事。梅花奖的获得者是一个剧种的领军人物，希望读书班的学员珍惜这次学习的机会，集中精力，静下心来学习，把这次学习作为今后的新起点。

10月，《曹禺研究》第九辑，由中国文史出版社出版，本辑刊登曹禺与巴金近百封书信，以及中国、日本、新加坡等国学者撰写的学术研究成果。

本年，湖北潜江江汉艺术职业学院隆重举行纪念曹禺话剧《家》诞生70周年研讨活动，部分论文刊于《曹禺研究》第十辑。

2013年

3月至9月，天津曹禺故居纪念馆与天津市《今晚报》副刊部联合主办“《雷雨》与曹禺”征文活动。这次征文获得广大青年读者的热烈响应。仅上海戏剧学院文学系2012级创作班和艺术教育班，就有50余名学生撰写了文章。

3月，《曹禺经典的新解读与多样化演绎》（曹树钧著）由上海远东出版社出版，此书为“国家重点学科戏剧丛书”之一，书中附有曹禺百年诞辰系列纪念活动纪事、论文《曹禺与吴祖光的沉浮》、话剧《“神童”曹禺》以及曹树钧的曹禺研究50年年表。

4月,上海戏剧学院何雁版的《原野》应邀参加在捷克举办的“汇聚”碰撞2013年国际戏剧院校艺术节。

7月,《〈雷雨〉〈王昭君〉——曹禺戏剧选》由北京燕山出版社出版,为“世界文学文库”——一百种中的第78种,书中有朱栋霖教授写的一篇序文。

8月,福建人民艺术剧院的小剧场戏剧《雷雨》以解构、实验的面貌出现,剧中人穿着现代的戏服,舞台两侧摆着八面大小不一的鼓,演员在表演之余,用擂鼓的方式制造雷声,他们讲述和演绎着《雷雨》的故事,叙事的身份大过扮演的身份。因此有人认为这就是一台追求形式感的朗诵剧,留给观众的感觉是陌生的、怪异的。

8月,曹禺处女作《雷雨》在清华大学诞生80周年,为此,清华大学外文系英美文学研究会与学生会,共同邀请曹禺研究专家、上海戏剧学院教授曹树钧做《曹禺与莎士比亚的戏剧创作》的专题学术讲座。曹教授结合自己50年研究曹禺的心得,从人物塑造、结构艺术、语言艺术化3个方面,论述了曹禺将莎士比亚的创作经验与中国的戏曲艺术相融合,从而形成了自己独特的艺术特色。

9月13日,上海艺术研究所举行“纪念《雷雨》诞生80周年学术研讨会”,上海戏剧学院老教授协会理事、中国曹禺研究学会副会长曹树钧,上海戏剧学院老教授、上海谢晋影视学院副院长、著名导演艺术家陈明正,上海戏剧学院表演系副主任、话剧《原野》导演何雁,著名沪剧演员马莉莉、陈甦萍,沪剧理论家褚伯承,上海戏剧学院博士生王培雷等应邀出席。上海《文汇报》《天天新报》《新民晚报》等刊登了这则消息。

会上,曹树钧做了《经典〈雷雨〉的世界影响》主题发言。他指出:“在中国百年话剧发展历史中,创作的剧本能在世界五大洲都上演过的剧作家唯有曹禺,剧本也唯有《雷雨》。曹禺是中国现当代话剧史上当之无愧的最杰出的剧作家。”《雷雨》在世界舞台上的20多个国家广泛上演,不仅加强了东西方文化之间的交流,也促进了《雷雨》向演出风格多样化的发展。

陈明正先生在会上也做了长篇发言,满怀激情地详细分析了曹禺剧作在艺术上的成就。他指出:“曹禺剧作的最大成就就是写人,以塑造人物为中心,在特定的时代挖掘人物的心灵,写出变异复杂的人性,融合中外艺术经验,从生活出发进行精心的艺术再创造。这是曹禺剧作具有持久艺术魅力的根本原因。”

11月,《曹禺研究》第十辑,由中国戏剧出版社出版,本期刊登了中国、韩国、越南、日本等国的学术研究成果,并增设“学子论坛”这一新的栏目。《曹禺晚年年谱(上)》(曹树钧)开始在此刊连载,本期刊载了1969年～1989年的内容。

编委会主任为陈焕新;副主任为毛道海、刘清祥、叶和玉、陈洪声、李永华、郑学国、罗仲全、胡逢林、高纯安、曹仁圣、黄明山、彭振仁、傅海棠。主编:傅海棠;副主编:毛道海、胡逢林、陈洪声、毛枝庭、关序金。

11月,《国立剧专史料集成》(李乃忱编著,分上中下三卷,175万字)由中国戏剧出版社出版。李乃忱为北京人艺艺术管理人员,是曹禺抗战时期剧专1937级学生。

12月23日,潜江召开“《雷雨》诞生80周年纪念会、《曹禺研究》创刊10周年座谈会”,《曹禺研究》顾问曹树钧、邹元江、黄殿祺应邀出席。《曹禺研究》编委会名誉主任陈洪思主持纪念会,下午举行创刊10周年座谈会。

2014年

1月,由中宣部、文化部主办的新年戏曲晚会,上演了荣获大奖的川剧《金子》、秦腔《西京故事》等片断,中央领导习近平等参加了这次晚会。

6月7日至9日,为纪念我国杰出的戏剧大师曹禺处女作《雷雨》发表80周年,上海戏剧学院和天津曹禺故居纪念馆等单位,在曹禺的诞生地天津联合举办“曹树钧教授曹禺研究50年收藏展暨学术研讨会”。

在开幕式上,上海戏剧学院副院长郭宇向为举办这次活动付出辛勤劳动的天津曹禺故居纪念馆,向为曹禺研究孜孜以求50年、成果丰硕的曹树钧教授,表示祝贺和衷心的感谢。

纪念《雷雨》发表 80 周年，曹树钧教授曹禺研究 50 年收藏展暨学术研讨会合影留念

天津召开曹树钧教授曹禺研究 50 年收藏展座谈会

专程从北京赶来的曹禺女儿万昭在讲话中对曹树钧教授热爱艺术、追求艺术真谛的献身精神和奋斗精神，对其在曹禺研究中尊重历史的科学态度和勇气，以及对曹树钧在《摄魂——戏剧大师曹禺》中客观地描写历史的真实面目，表示最诚挚的谢意。

天津剧协主席高长德在研讨会上，对曹教授在曹禺研究道路上坚持求真务实的科学精神和学者的独立人格，并在出版了第一部 40 万字的《曹禺剧作演出史》，做出了高度的评价。

出席这次研讨会的有天津作协书记万镜明、天津海河办书记耿发起、天津曹禺纪念馆馆长王海冰，上海戏剧学院戏剧博物馆馆长王伯男、戏文系领导沈亮，还有著名学者张福海教授、李锡龙教授、黄殿祺教授、丁小平导演，以及从日本远道赶来的曹禺研究专家濑户宏教授、从上海戏剧学院毕业的著名演员乔榛等。主办单位还专门为这次会议印发了长达20页的《锲而不舍弘扬曹禺精品文化》小册子，详细介绍了收藏展丰富多彩的内容。

曹树钧和日本曹禺研究专家濑户宏在曹禺题词前合影

会后，曹树钧向天津曹禺故居纪念馆无偿捐赠近千件曹禺研究珍贵实物、资料。曹树钧的学术馈赠涵盖他50年研究曹禺及其剧作的成果，包括曹禺剧作演出剧照、说明书，他与曹禺交往的亲笔信，以及根据曹禺剧作改编的各种剧本、光盘及曹禺剧作的研究专著等。

秋，湖北省潜江市举办第三届中国(潜江)曹禺文化周。文化周由中国文联、湖北省人民政府联合主办，中国剧协、湖北省文化厅、湖北省文联、潜江市人民政府和江汉石油管理局承办。同时，为纪念曹禺《雷雨》问世80周年，潜江市召开了第四届国际学术研讨会。

9月，《曹禺研究》第十一辑，由长江文艺出版社出版。收录了《曹禺晚年年谱(中)》(曹树钧)、《沪剧弘扬曹禺经典的重大成就》(曹树钧)、《曹禺和天津万家》(万世雄)、《曹树钧:探索曹禺的“心灵宝贝”50年》(陈洪声)等研究成果。

附录

高山景行得天下
英才而教育之
伯苓校長誕辰一百一十週年紀念
受業
萬家寶敬頌
一九八六、三月卅日

描写曹禺的第一部文学传记

——《摄魂——戏剧大师曹禺》的诞生

2012年9月，是我从事曹禺研究50周年纪念。我国第一部描写曹禺的文学传记《摄魂——戏剧大师曹禺》(曹树钧、俞健萌著)，于1990年5月在中国青年出版社出版，后易名《曹禺》，为该社“中国现代名人传记系列”丛书之一。《摄魂——戏剧大师曹禺》是在曹禺先生亲切关怀下出版的。

转眼间，曹禺先生离开我们已经10多年了。2011年春节，我又一次观看了上海沪剧院演出的沪剧《雷雨》，剧场里时而寂静无声，时而感叹唏嘘，时而掌声雷动，让我深切地感到：先生作为人的生命虽然已经逝去，但他的思想与艺术的生命是永生的。回顾我与曹禺剧作半个多世纪的接触，我缘于曹禺剧作的戏剧情结，便一一清晰地浮现在我的脑际。这成为我永志难忘的人生记忆。

一、撰写《曹禺年表》请曹禺指正

我于1963年毕业于上海戏剧学院戏剧文学系，毕业的论文题目便是《〈雷雨〉人物论》。1981年，我出于对曹禺作品的热爱，并想以后在此基础上撰写一部曹禺传。经过多年的资料积累，我撰写了一篇近3万字的《曹禺年表》，并在一家刊物上发表。为了进一步开展研究，我冒昧地给曹禺写了一封信，请他的夫人李玉茹代为转交，并附上此刊一份，另请先生提提意见。

在信中，我告诉先生“结合中国话剧史的教学和科研工作，我选择您的作品，准备从中国话剧发展史的角度进行系统的学习与探讨，并想从编写较详的年表、年谱开始……在编写年谱的过程中，也很希望得到帮助和指教。”并告诉先生“它的内容如有与史实有出入的地方，敬请批评指正。”在信中，我还具体列出了18个疑问，请曹禺先生释疑。信送出之后，我又有些后悔，感到此举太唐突。自己当时不过是上海戏剧学院一名年轻的讲师，怎么能如此打扰早已蜚声海内外的戏剧大师呢？不料，隔了不久，我便收到曹禺的一封亲笔回信。

曹树钧同志：

您的信早已收到，因病、因事，迟迟未复，深以为歉。

现请田本相同志代为复了几条。其余下，都由我在你发问的信纸上旁注。

希望未耽误您的研究工作，

敬祝

安好

曹禺

一九八三、六、十六

令人感动的是，先生对我信中提出的18个问题，逐一做了回答，对有的问题做了相当详尽的回复。例如：

1.问：“赵丹同志1937年曾同您洽谈《原野》演出一事，后来此剧如期演出了没有？”

曹禺答：“我在1937年夏到沪与赵丹、舒绣文等演员和导演会谈过。他们一直在沪演出，直到‘七七’事变后被迫停演。这个问题可问北京电影制片厂老导演朱今明同志。”

2.问：“《原野》的素材除来源于段妈的叙述外，其他还有什么出处？当时您是否到农村访问或住过一段时间？”

曹禺答：“关于农村破产、农民逃荒、农民在乡下受地主恶霸迫害压榨，我在天津从各方面书报上和我周围的来自乡下的女仆人等处知道不少。我亲眼看见来天津逃荒的农民的凄惨悲痛情况，但我未到农村体验生活，我只见过附近农村凋敝、民不聊生的表面情形。”

曹禺先生对青年学者的回信，极大地鼓励了我深入探讨曹禺剧作、研究戏剧精品的热情。

二、“创作不是照猫画虎”

“诚重劳轻，求深愿达。”人生道路上，机遇总会不期而遇。在探讨曹禺戏剧艺术魅力的道路上，我就遇到过两次大的机遇。一次是中央电视台邀请我执笔撰写电视传记片《杰出的戏剧家曹禺》，另一次是中国青年出版社约我和俞健萌创作文学传记《摄魂——戏剧大师曹禺》。这两次机遇，使我在曹禺戏剧艺术的研究上迈上了一个新的台阶：

其实，我和曹禺著作爱好者俞健萌早在20世纪80年代初就有一个设想，想写一部反映曹禺一生的文学传记。中国青年出版社的稿约正好和我们的愿望不谋而合。在这之前，我执笔写过一篇长达3万字的文学评传《曹禺的青少年时代》，又称《青年曹禺评传》，这篇文章实际上是《摄魂——戏剧大师曹禺》这本书的一个毛坯或大纲，初稿根据1984年10月曹禺先生的意见，做了较大的修改。1985年秋，我专程赴北京再次聆听曹禺先生的意见，再次修改之后由《上海文化艺术报》发表。后来，此文于1985年8月至11月在《上海文化艺术报》上连载10次。

北京一过立秋就下了几场雨，清晨和傍晚显得格外凉爽舒适。一天下午，我们应邀到北京的曹禺寓所见曹禺。

“你前几天寄来的稿件我已经看过了。”曹禺笑嘻嘻地招呼，当我在他身边坐定后，随即从书架上取出我的文稿。当我看到展开的文稿时，钦佩之情油然而生。短短几天，这位文坛宿将竟已将我的文稿又一次做了仔细的修改，连一些标点的误差也一一做了更正。关于《日出》的创作经过，他还用蓝笔亲自在我的文稿上补写了一段。

先生又一次强调：“文稿对我褒扬过多。我这个人就是一堆感情，没什么可写的。其实，我的成就，都是人民给的，是人民给我提供了丰富的创作养料。”

在谈到艺术创作与生活的关系时，先生指出：“现在有些人将我作品中的一些人物与生活中某某真人真事对号入座，这其实是不正确的。文学创作不是照猫画虎，总要想象、虚构，哪能简单地把生活原型搬入作品中呢？”他举例说：“《日出》第三幕中的翠喜确有其人，也叫翠喜。但是，《日出》中的翠喜并不是生活中那个翠喜的翻版。为了体验许许多多翠喜式的人物，我花了3个月的时间，在天津采访了上中下各等妓院，有时是九先生（即曹禺导师张彭春）陪我去，有时是戴涯陪我去，有时是孙浩然陪我去。”说到这儿，先生停顿了一下，对我说：“就是你们戏剧学院的孙浩然，他当时叫成己。他平时讲话有些结巴，朋友们常开玩笑，称他为‘古巴’。我写到第三幕小东西自杀，他看了认为这样处理不好，太无美感。我反复考虑，觉得小东西是一个倔强、敢于反抗的女孩，最后写她自杀也是合情合理的，至于具体的艺术处理，导演会做出安排的。”曹禺告诉我们，当时天津的报纸，《大公报》也好，《庸报》也好，常有妓女被鸨儿毒打自杀的新闻，小东西这一形象就是从生活中提炼出来的。

说到这儿，他翻看我写的稿子说：“关于《日出》的创作过程，我用蓝笔补写了一段，你们看是否合适？”我们一看，先生加了这样的一段：

> 在3个月的观察中，曹禺见到了许许多多翠喜式的人物。一个个被压在社会底层的灵魂一次又一次地在曹禺面前展现出来。他的心为之战栗：这是“损不足以奉有余”的社会最黑暗、最需要阳光的角落啊！

这段话概括地表达了先生典型化的创作方法，后来我们原封不动地将其收进《摄魂——戏剧大师曹禺》一书中。

《青年曹禺评传》是阶段性评传，主要描述曹禺从小到《北京人》问世这30年的生平和创作道路。全文共10节。曹禺逐节谈了他的意见，另外还补充一些细节。在谈到第8节“见到了周先生”时，他深情地回忆起重庆时周总理对他的亲切关怀：“1938年冬天，周总理派张颖同志捎来信。上次我说错了，说是给了我一封邀请信，可能没有信，你还可以再去问问张颖同志。”说着，他就当即给我们写了一封给张颖的信，并在信封上用毛笔写上张颖家的地址。

"在见总理之前，我在武汉时期，曾收到总理写给我一封长信，谈他看了《雷雨》后的感想，他很喜欢这个戏。可惜这封信因为多次搬家，不见了。那年冬天，我到曾家岩50号周总理住处，初次见面，起先有些拘谨。没想到总理一点架子也没有，一见面就说你是南开毕业的，我也是南开毕业的，我们还是校友呢。一句话就把我的拘束全打消了。我同他谈起演《娜拉》、演《黑字二十八》的事，越说越高兴，总理就在这样无拘无束的谈话中，亲切地谈了许多抗日的道理。总理是那样的平易近人，他绝对不强加于人。新中国成立后，他让我去协和医院体验生活，至于具体写什么，怎么写，他从不加干涉。重庆时期，我就喜欢朝曾家岩跑。再次去曾家岩，就觉得把国民党陪都的污浊都撇在了外面，觉得只有在这里才能呼吸到新鲜空气，让人心旷神怡……"

谈毕文稿意见，曹禺合上文稿，说："你的文章其实是在激励我呀！"并感叹地说："我现在虽然年纪大了，体力日下，但我还想在有生之年再写点什么，总觉得自己还有不少东西没有倒出来，我还想再写点什么……我对自己在解放后（新中国成立后）这几十年没有写出好作品经常抱憾，对自己很不满意，也很苦恼，常常自问：这是怎么回事呢？""现在我每当拿起笔要写点什么，总好像无形之中有人攥住我的手，瞻前顾后，落不下笔。"这时曹禺看了看我："我年纪大了，像到了秋天，各方面都不及年轻人。你正在年富力强的时候，跟你这样的年轻人谈谈，能得到新的活力。"

当我们告辞时，先生坚持送我们到电梯口，并一路叮嘱："关于我的早年生活，你们可以再去多找些同志谈谈，这样会更准确一些。至于我的现在，我总觉得自己还有不少东西没有倒出来，我还想再能写点什么……"我忽然感到眼前这位古稀老人，身上还有一股"壮心不已"的活力。恰如北京的西山，满山的树满山的叶，节令虽已入秋，但现在不是仍旧翠绿得诱人吗？

三、“我是一堆感情”

为了向全国人民介绍我国著名的文学家，1986 年秋，应中央电视台之约，我执笔撰写了 6 集电视传记片《杰出的戏剧家曹禺》(由中央电视台摄制，于 1988 年 2 月、8 月两次在中央电视台播出)初稿。这次电视传记片的拟定、采访、拍摄过程，大大丰富了《摄魂——戏剧大师曹禺》的写作素材，有许多内容融入了传记文学《摄魂——戏剧大师曹禺》的创作之中。这年冬天的一个下午，我与中央电视台摄制组的几位同志来到上海复兴西路曹禺的寓所，登门聆听先生对电视传记片稿子的意见。

在小客厅稍等了片刻，便见一位 70 开外的老人从楼梯上缓步走了下来：穿一件中式棉袄，戴一顶绒线软帽，脚上是一双普通的布鞋，手里拄着一根拐杖。如果走在大街上，谁也不会想到这就是当年写出轰动剧坛的《雷雨》《日出》的剧作家，准以为他是哪个公司退休的职员呢。

我们刚将来意说明，曹禺就说：“我写的东西不多，不值得拍电视传记片。你们应该拍郭老、巴老，还有夏公他们，他们才真值得拍。”我对曹禺说：“中央电视台有一个总的打算，这几位他们都已列入计划，巴老已经拍好了，关于郭老的传记片，四川电视台已经找人写了脚本，正在筹拍。”曹禺这才说：“既然你们一定要拍，那么需要了解什么。你们就随便问吧。”于是我便依照预定的访问提纲，提出一些问题请先生畅谈。具体如下：

“曹禺先生，听说您从小就酷爱戏剧，能否具体谈谈？”

“我可以说从小就是一个戏迷，看的戏多极了。谭鑫培谭家的戏，从谭鑫培、谭小培、谭富英到谭元寿我看了四代。余叔岩的《打渔杀家》、龚云甫的《钓金龟》、刘鸿声的孔明、杨小楼的黄天霸以及许多曹操戏，还有韩世昌的昆曲《夜奔》，等等，多得数不清。我告诉你，在南开的时候，我还演过京戏。《打渔杀家》我演肖恩，《南天门》我演曹福……”

“曹禺先生，听说您还看过不少文明戏，能记得起剧名吗？”

“年代久了,让我想一想。记起来了。我印象中看过《新茶花》《洪承畴》,还有秦哈哈演的文明戏,他的演技绝妙,我至今还有印象。”

由于我们的电视片要突出的是曹禺主要作品的创作过程,因此我请先生谈谈他构思作品的一些特点。先生脱口而出:“我这个人就是一堆感情。写《雷雨》的时候,我多少天神魂颠倒,食不甘味。虚伪的魔鬼让我愤怒,势利的小人让我鄙夷,纯情的女子让我喜爱,完全沉浸在情感的旋涡里。《王昭君》是总理生前交给我的任务,剧本写完了,我却再也听不到总理的声音了。想到这儿,我伏在桌上大哭了一场……”听着先生敞开心扉的谈话,我不由得想起罗丹的名言:“艺术就是感情。”因此,又很自然地联想起他的干妹邹钧告诉我的一件事:新中国成立初期,曹禺母亲去世,他从北京赶回天津老家奔丧,一把抱住次女万昭。一会儿摸摸她的头,一会儿摸摸她的肩膀,一边摸一边含泪说道:“昭昭,你怎么不常来看看奶奶。往后,你想见奶奶的面,就再也见不到了。”曹禺越说越伤心,失声痛哭起来。站在一旁的干妹邹钧也忍不住痛哭起来,室内一片哭声。

先生就是这样一位极富感情的人,正因为这样,他才能以他的作品燃烧着每一位读者和观众的心。

四、“写剧本好比母鸡孵蛋”

剧本的生命在于演出。在采访过程中,我经常结合曹禺的剧本问及一些有关的演出情况。在谈到《全民总动员》(即《黑字二十八》)演出情况时,曹禺兴致勃勃地说:“这个戏的演出可以说集中了重庆的所有大明星,白杨、赵丹、舒绣文、魏鹤龄、张瑞芳、王为一、章曼苹等全来了。那时是搞统一战线,国民党文化官员张道藩也上了台,连我这个五音不全的人也扮演了一个资本家侯凤元。我记得排戏的时候,我对女儿莉莉(白杨饰)说:‘我们走吧!回家走吧!再等下去,倒不是献花,成了献丑了,’我说完‘不是献花’,停顿了一下,然后说出‘成了献丑了’!不知怎么搞的,一说完几位演员便哈哈大笑起来，扮演我女儿的白杨尤其笑得凶，排几遍，她笑几遍，简直排不下去。没有办法我只好对凌琯如下了死命令：'湖南妹子。就你在旁边笑得凶。不许再笑了。'琯如是我的学生，不敢不听，这才将戏朝下排。"

"1939 年您创作的《正在想》，为什么取《正在想》这个剧名？"我又提了一个许久想问的问题。

"这事同剧专老师阎哲吾有关：剧专（国立戏剧专科学校的简称——笔者注）校庆，要我写一个新剧本。演出的事由阎哲吾管。他三天两头派人来催，问剧本写好了没有，催得我烦死了。一天，他又带两个学生到我家来催了。我火极了，大声说：'正在想，正在想！你别老催好不好！'阎哲吾当时站在那儿下不了台。我马上语气婉转地对他两个学生说：写剧本是个细致活，不能老一个劲地催。好比母鸡孵蛋，你看母鸡每天伏着不动，其实，蛋体里的小鸡正在成形。总有那么一天，不用你们催，那小鸡就破卵而出。你以为不慌不忙、老伏着不动的母鸡，其实，它正紧张地工作着哪！一番话说得阎哲吾和他那两个学生都笑了。后来，我索性将写出的剧本取名为《正在想》。"说完，曹禺开怀大笑。

当谈到曹禺童年生活时，曹禺神采奕奕。他详细地介绍了童年的生活环境。为了叙述的方便，曹禺还在我的笔记本上画了一张简略的万公馆平面图（曹禺原名万家宝，他的家，人称"万公馆"。——笔者注）。他一边指着图，一边说："这儿是我家的大客厅，我父亲万德尊会客的地方；这儿是小客厅，后面靠里一间是我的书房，我就住在这里。"在小屋旁边，他又画了两道线，"这里是一个胡同，小时候，我经常听到逃难的灾民卖孩子的叫卖声，听了让人难过极了。那时，我小，心里害怕，睡不着就老缠着保姆段妈，要她给我讲故事。段妈也是从农村来的。在漆黑的深夜里，她给我讲了一个又一个农村破产、农民流离失所的故事，又讲了她自己惨痛的家史。她的遭遇真是凄惨极了……"讲着讲着，先生的眼眶里似含着泪。过一会儿，他说："她是我最感激的第一位启蒙老师，是她，在我心灵里撒下了正义感的种子，同情穷人，厌恶为富不仁的有钱人。"他的这一回答，使我顿时明白先生为什么能塑造出鲁妈(《雷雨》)、陈奶妈(《北京人》)这些劳动妇女的感人形象。

五、登高壮观天地间

1985年,由我执笔的阶段性评传《曹禺的青少年时代》获得曹禺先生认可,这使我撰写曹禺传的信心大增。1986年,我执笔撰写了电视传记片剧本《杰出的戏剧家曹禺》(此剧本收入《走向世界的曹禺》一书中,1995年在天地出版社出版)。1987年,我又有幸跟随中央电视台摄制组沿着曹禺先生当年生活过的7个主要城市进行实地考察、拍摄。在短短几个月中,我跟随摄制组日夜兼程,跋山涉水,足迹遍布京、津、沪、宁、渝乃至橘子洲头的长沙,川江边上的小县江安,前后采访了近百人。在这一过程中,获得了大量的第一手资料,包括曹禺剧作的演出资料,这为今后系统地研究曹禺演出史打下了较扎实的基础。同时,通过电视传记片的拍摄,我更加熟悉曹禺、了解曹禺,也积累了更多的创作素材。聚沙成塔,厚积薄发。此时,我撰写曹禺传记的时机也更加成熟了。

在写曹禺传记的过程中,先生多次抱病接受我们的访问,详尽地听取了我们的写作大纲。更为荣幸的是,他给了我们极大的信任。1988年8月,我和俞健萌在中国青年出版社责任编辑韩秀琪同志陪同下,再次赴先生在北京木樨地寓所听取先生对写书的意见。他说:"传记文学不同于正史传记,它应该是一种在史实基础上的文学创作。既然是文学创作,那就应该让作家有更多的自主权。我相信你们的采访和核实是到家的,我也信任你们会实事求是的。你们在史实基础上进行创作,这是你们的自由和权利,我无权干涉,因为你们只是用我的经历做素材,在写你们的作品。至于我,以我自己的作品和言行来让想了解我的人了解。你们从你们对我理解的角度,任贬任褒都无妨。"

后来,先生审阅了我们大部分文稿。由于身体欠佳,未能全部看完,他对此表示歉意。不久,我们两人先后收到先生挂号寄赠的条幅,表示对我们的支持和勉励。给我的条幅，全文为：

一九八八年早秋

登高壮观天地间
大江茫茫去不还
黄云万里动风色
白波九道流雪山

录李白诗赠曹树钧同志　曹禺

先生对我们的这种支持和信任、关心和“放纵”，使我们由衷地崇敬这位戏剧大师的磊落和宽宏，同时又使我们感觉到身负的责任。1988年见面时，我们还告诉他，书名拟取《摄魂者的足迹——戏剧大师曹禺传》，并征求他的意见。先生说：“大师这个头衔不要，我就是曹禺。摄魂这个词作书名好，不落俗套。”另外，他请我们另择时间选择一些关于他生平活动的照片编入书中。、

1990年5月，35万字的文学传记《摄魂——戏剧大师曹禺》一书由中国青年出版社出版。8月，听说先生住院，我专程赴京看望先生，并赠送刚发行的《摄魂——戏剧大师曹禺》一册，对他的支持表示深切的谢意。先生躺在病床上，左手正在吊水，右手拿着散发着书香的《摄魂——戏剧大师曹禺》，高兴地说：“祝贺这本书的问世，谢谢作家们的辛勤劳动。”他还说：“有的作者写关于我的书，老是从我这儿问这问那，你们主要靠自己广泛地调查研究，这很不容易。”我告诉曹禺先生，下一步我准备从演出角度研究先生的剧作。他说：“这样研究才对路。剧本的生命在于演出，不联系演出，剧本的得失就不容易搞清楚，剧本的价值也不能充分地显示出来。”

六、《摄魂——戏剧大师曹禺》问世之后

1990年11月16日，中国青年出版社等单位在北京人民大会堂吉林厅召开《摄魂——戏剧大师曹禺》研讨会。中共中央副主席李德生、全国政协

副主席程思远、文化部副部长吴雪、中国剧协常务副主席刘厚生、话剧史家黄会林教授、北京大学曹禺研究专家孙庆升教授，以及文艺界知名人士张颖、封凤子、石羽、吕恩、万昭等50余人出席。

北京人艺副院长、著名导演艺术家欧阳山尊也收到了邀请函，因为他是北京人艺主要负责人之一，与会之前还特地请示了曹禺是否可以出席，不一会，曹禺来电："可以与会。"在这之前，曹禺在医院中还多次征求前来探病的一些文艺界名人如刘厚生、傅惠珍等，征求他们对此书的看法，他们都认为此书写得不错，很值得一读。

当天，中央电视台便向国内外播发了，《摄魂——戏剧大师曹禺》研讨会的实况。

《摄魂——戏剧大师曹禺》问世之后，《人民日报》《光明日报》《文艺报》《中国文化报》《戏剧电影报》《新闻出版报》以及上海《戏剧艺术》《文汇报》《解放日报》《书讯报》等十几家媒体纷纷发表书评、通讯。《文艺报》10月20日发表高岩、常郁的评论，认为这是"一部很有特色的传记文学作品"，"最大特点，就是全方位地、立体地摹写了曹禺不同寻常的一生……"

对《摄魂——戏剧大师曹禺》的问世，曹禺的亲属、同事、相关方面的学者都给予了高度的关注和充分的肯定。曹禺的女儿万昭在当年10月22日给作者之一的我来信说："《摄魂——戏剧大师曹禺》不仅以爸爸的作品为主线，清晰而深入地揭示了每部剧作与中国社会、与时代、与剧作者思想发展的深刻联系，而且还比较全面地展示了剧作者的生活道路。因而，可以说，在曹禺研究的著作中，《摄魂——戏剧大师曹禺》是独具特色的一部。"同时，赞扬我们在写作中，维护了许多事实的历史面貌。万昭的姐姐万黛已定居美国，临走之际特地买了10本《摄魂——戏剧大师曹禺》，分赠给在美国、中国台湾等地的亲友。

我国第一部曹禺研究专著的作者、上海华东师范大学中文系著名教授、《文艺理论研究》主编钱谷融指出：此书围绕曹禺的艺术生涯，多侧面地展现了曹禺的家庭生活、学术活动、友好往来以及"文革"中所遭受的种种磨难，真实地反映了曹禺的内心世界,极富可读性。1990 年 9 月 17 日,他在给我的信中,又进一步指出:“我几乎是一口气把它读完的,因为书中所写到的许多内容,我都是熟悉的,读来非常亲切,并且勾起了我不少回忆。譬如‘在重庆看曹禺同志演《全民总动员》(即《黑字二十八》)、演《莫扎特》,在中央大学听他讲课(当时我刚从中大毕业,在附近的一所中学里任教),以及后来在上海昆仑(也许是文华)影片公司摄影棚中看他亲自导演《艳阳天》,等等。’我觉得你的写作态度非常认真严肃,所写到的传主的一言一行,都是有根有据、真实可靠的。你尽管对传主怀着崇敬的感情,但用词很有分寸,决不溢美;你虽然恪守我国为尊者讳、为贤者讳的传统,但大多采取避而不谈的办法,而绝不像有一些传记作品那样喜欢替传主文过饰非,曲为之辩。从你的文字可以想见你的为人,我感到你是一个可以依赖的朋友。”

《摄魂——戏剧大师曹禺》问世后,也引起了北京市人民广播电台的关注,它们在对其进行了细致加工后,于当年 8 月至 9 月在北京人民广播电台“小说连续广播节目”中,连播两个月,并举行“我听《摄魂——戏剧大师曹禺》有感”征文评奖活动。一等奖获得者陈舜英,在《真想再听一次——听〈摄魂——戏剧大师曹禺〉有感》一文中说:“我太爱这部作品了。我觉得它简直就是一本人生的教科书。我在书中不仅看到一位剧坛巨擘和他那璀璨的艺术瑰宝,更看到一个炎黄子孙对他苦难母亲的无限眷恋和虽九死犹不悔的赤诚。”

1990 年,上海举行“1990 年度上海市振兴中华读书活动”推荐书目活动,《摄魂——戏剧大师曹禺》被列为 50 本书之一。

1991 年,《摄魂——戏剧大师曹禺》与传记片《杰出的戏剧家曹禺》应邀参加日本早稻田大学中国演剧资料展,向海外传播。

《摄魂——戏剧大师曹禺》因出版后广受欢迎,被评为“1990 年中国青年出版社优秀读物”。1994 年 12 月易名《曹禺》,第 4 次印刷,为“现代文化名人传记系列”丛书之一,总印数达 1 万册以上。我大学毕业后工作 50 年来,继《摄魂——戏剧大师曹禺》之后,又出版了专著《走向世界的曹禺》《曹禺剧作演出史》《曹禺成才之路》，主编了《神州〈雷雨〉》《世纪雷雨》《永生雷雨》以及撰写广播剧《一声惊雷》、六场话剧《“神童”曹禺》、电视传记片《杰出的戏剧家曹禺》等作品。另外，我以曹禺剧作研究为起点扩展到戏剧的其他领域，还出版了专著《莎士比亚在中国舞台上》《莎士比亚的春天在中国》《影视剧创作心理研究》《中外戏剧》《中外戏剧鉴赏》《21 世纪莎学研究》（主编）《现代戏剧家熊佛西》（主要执笔之一）、《顾仲彝论文集》（主编）等著作。缘于对曹禺剧作的情结，我将永远孜孜以求，不断探索曹禺戏剧艺术摄人魂魄的真谛。

曹禺剧作是中华民族的瑰宝，《摄魂——戏剧大师曹禺》以文学传记的形式来弘扬这一文化瑰宝，让世界人民成为曹禺的知音，是曹禺研究者的一个光荣而又神圣的责任。

我国第一部曹禺电视传记片

——《杰出的戏剧家曹禺》(电视传记片剧本)

一、一声惊雷

一道闪电横贯长空,密云被闪电劈开一道巨大的口子。轰!一声沉闷的雷鸣,紧接着“哗啦啦”的雨声充斥整个苍穹。

一个夏天的午后,在清华大学图书馆一个专门陈列外国杂志的房间里,一位青年大学生正在奋笔疾书。暴雨夹着雷鸣,一道闪电掠过,显出了他的面庞。他,圆圆的脸庞,戴着一副近视眼镜,正在稿子的封面上写上两个大字:雷雨。这时,他才 23 岁。

曹禺,原名万家宝。祖籍湖北潜江。父亲万德尊,曾留学日本士官学校,回国后任直隶督卫队标统,并迁居天津,定居在意租界二马路二十八号一栋小楼里,人称万公馆。1910 年 9 月 24 日,曹禺生于天津,幼年就生活在万公馆的这座小白楼里。楼下是曹禺的书房和父亲的大客厅,曹禺和父母分别住在楼上。

万公馆是一个阔绰但很快又败落了的家庭,也是一个令人窒息的封建家庭。然而,有一个人给幼年曹禺打开了一个新天地,给了他许多安慰和教益,她就是家中的一位保姆——段妈。

段妈,是一位来自农村的贫苦农妇。每当夜深人静的时候,段妈就在这间房子里向曹禺讲述农村的情况,叙述她那骇人听闻的悲惨遭遇:“咱爹、咱娘因为乡下穷,活活饿死了。公公又被财主逼死,婆婆也被逼得上吊,家里只剩咱的一个孩子。那回因为同村里的财主顶了两句嘴,就被打得浑身是伤。伤口长满了烂疮,疮上爬满了蛆虫。家里穷,没钱治,孩子后来就活活地疼死了。”段妈的故事,使曹禺深感震惊,原来在万公馆高大的院墙外面,存在着这么悲惨的现实,段妈在曹禺幼小的心灵里,撒下了正义的种子,使他同情穷人,厌恶惨无人道地宰割穷人的剥削者。

1922 年秋,12 岁的曹禺进入闻名全国的天津南开中学学习。南开中学是由我国著名教育家张伯苓创办的。周恩来同志早年也在这所学校学习过。南开中学校内有各种课外活动小组,其中最著名的是南开新剧团。曹禺入学后,很快就成为这个剧团的骨干分子。

1925 年 5 月,震惊中外的“五卅”惨案发生。天津人民在天津地下党的领导下,展开了声势浩大的抗议帝国主义屠杀中国人民的声援斗争。为了配合“五卅”斗争,南开新剧团选择上演德国著名作家霍普特曼反映工人罢工斗争的五幕话剧《织工》。在这个戏中,曹禺虽然扮演的是一个并不重要的角色,但从这次演出中,他深切地感受到了资本家对工人的残酷压迫和剥削。工人对资本家难以遏止的愤怒,激起他对资本家强烈的憎恨,对工人群众的深切同情。这个戏的演出对曹禺进步人生观的确立以及日后《雷雨》等剧的创作产生了重大影响。

在南开中学念书时,三个寒假,曹禺都是在家度过的。这一时期,我国北方正处在北洋军阀统治的黑暗时期。由于军阀连年混战,再加上水旱灾荒,河南、河北大批灾民涌进天津。曹禺目睹一批又一批无家可归的农民到处流浪,沿街乞讨。在漆黑的深夜里,曹禺躺在床上,经常从万公馆左侧的胡同里听到这样凄厉的叫唤:“谁买孩子喽? 谁买孩子喽?”这叫唤声无限的凄凉悲痛,在少年曹禺心中刻下了一道永难磨灭的印痕。

上南开高中时,曹禺受到指导教师张彭春先生热情的指导和帮助。张彭春是校长张伯苓的弟弟,是南开新剧团的主要负责人。他也是一位学识渊博、对戏剧有深厚造诣的人，曹禺在南开新剧团演的戏大多由他导演。1926 年，南开新剧团排演四幕话剧《国民公敌》，此剧是挪威作家易卜生创作的四大名剧之一。它讲述的是一位正直的医生斯多克芒为反对浴场污染，同旧势力展开的一场惊心动魄的斗争，尖锐地抨击了资本主义。曹禺在剧中扮演斯多克芒医生的女儿、小学教师裴特拉。他和师生们一起在南开中学礼堂后台或校长会议室足足认真排练了三个月时间。不料，临上演前一天，天津军阀褚玉璞派人强令禁演。曹禺回忆起当时的黑暗，气愤地说："天津军阀褚玉璞以为有一名姓易的青年写了《国民公敌》，骂他是'革命的敌人'，派了督办公署的爪牙勒令我们停演。那个时候，仿佛人要自由地呼吸一次，都需要用尽一生的气力！"

1928 年 10 月，南开新剧团又排演了易卜生的《玩偶之家》，张彭春指定曹禺扮演主角娜拉。演出获得极大成功。每场都"观众极众，几无插足之地"。校刊《南开双周》报道："此剧意义极深，演员颇能称职，最佳者是两位主角万家宝君及张平群先生，大得观众之好评。"娜拉，可以说是曹禺学生时代大戏演出中创造的第一个成功的舞台形象。此时，他仅 18 岁。

1927 年到 1929 年，对曹禺思想发展来说，是一个重要的时期。1927 年，蒋介石背叛革命，屠杀革命党人，轰轰烈烈的大革命失败了，黑暗又笼罩全国。4 月的一个早晨，曹禺从《晨报》上突然看到"五四"新文化运动先驱者李大钊先生牺牲的噩耗。报纸的第一版上印着特大的黑字标题，下面详细报道李大钊和他的难友张女士等从容就义的情景，曹禺读后感到一种不可抑止的悲痛。

不久，他又获悉初中同学郭中鉴被捕的消息。郭中鉴，四川人，小小的个子，做过他们的班长，是班上成绩最好的一个。他待人亲切、诚恳。后来又听说，郭中鉴在狱中备受酷刑，并被判无期徒刑。消息传来，曹禺不由得浮想联翩。他感到，社会是如此的黑暗，如此的不平等。李大钊、张女士、郭中鉴，他们就是一群不怕强权、不顾生死、决心要改革社会的人。他深深地敬佩这些为追求真理而献身的斗士。

中学时代，曹禺阅读了鲁迅、郭沫若、郁达夫等人大量的作品。这些面向中国社会生活，唤起人民觉醒的现代文学作品，使他懂得文学要负有反映人民生活、给人民指出进步道路的使命。与此同时，曹禺开始尝试自己的文学方面的写作，创作发表了小说《今宵酒醒何处》，诗歌《雨中》《"菊"、"酒"、"西风"》《南风曲》等。还翻译了莫泊桑的《房东太太》等几篇小说，并翻译改编了《太太》《冬夜》两个独幕剧。

1930 年 9 月，20 岁的曹禺以第一名的优秀成绩考取清华大学，插入西洋文学系二年级，并着手进行《雷雨》的创作。

清华西洋文学系，为曹禺深入学习世界剧作开辟了一个极其广阔的天地。除广泛阅读中外古今小说外，他重点涉猎了各种不同流派、不同风格、不同历史时期的几百个剧本。希腊三大悲剧家、莎士比亚、莫里哀、歌德、高尔斯华绥、斯特林堡、皮兰德娄、萧伯纳、契诃夫、高尔基、奥尼尔等剧作家的作品，他都广泛地阅读过。这些剧作家沥尽心血写下的艺术珍品，成为未来剧作家(曹禺)孜孜不倦学习的范本，为他以后的戏剧创作打下了坚实的基础。

在清华读书期间，曹禺还经常同好友靳以等去北京广和楼第一舞台观看昆曲、京剧演出。余叔岩出神入化的演唱、侯永奎脍炙人口的《夜奔》、杨小楼巧夺天工的表演，使他赞不绝口。京戏中的《三国戏》，他尤其喜欢。各具风采的曹操戏，惟妙惟肖的人物描绘，那无上的美、无上的和谐，令他流连忘返，并从中汲取了不少艺术营养。

1933 年春，经过 5 年磨砺，曹禺开始动手撰写《雷雨》。多少个日日夜夜，他简直如醉如痴，到了废寝忘食的地步。每当夜深人静，他一个人在清华大学学生宿舍的房间里踱过来，走过去，假设自己是剧中的一个角色，口中念念有词。经过 6 个月全神贯注的艰苦写作，1933 夏，在曹禺大学毕业前夕，《雷雨》终于诞生了。

四幕悲剧《雷雨》，描述了 20 世纪 20 年代初发生在煤矿资本家周朴园家中的悲剧故事，深刻地揭露了封建买办资产阶级的腐朽本质和它必然灭亡的命运。它像一声惊雷，猛烈地抨击了封建家庭和半封建半殖民地社会的罪恶。

最先发现《雷雨》真正价值的是巴金。在北京三座门大街14号的一间小屋里，巴金聚精会神地翻阅着《雷雨》手稿，事后他回忆说："在三座门大街14号那间南屋里，我感动地一口气读完了它。而且为它掉了泪。过去我虽也看过不少戏，但是从来还没有一部戏像这个剧本这样地感动自己。"在巴金的大力推荐下，1934年7月，《雷雨》终于在《文学季刊》第3期发表。从此，曹禺与巴金结下了深厚的友谊，成了终生的挚友。

1935年4月，《雷雨》由在日本留学的杜宣和吴天导演，以"中华同学新剧公演会"名义在东京一桥讲堂演出。一桥讲堂是一桥大学的一个大课堂，也是一座理想的小剧场。在排练过程中，日本著名戏剧家秋田雨雀、千田是也、山川幸世、村山知义等协助导演，并在装置、灯光、效果、化妆、服装等方面给中国朋友以帮助。这次首演公演五场，盛况空前，引起强烈反响。当年曾在一桥讲堂公演过《日出》的著名戏剧家凤子说："1935年中华同学新剧公演会演出的《雷雨》，影山三郎先生看了很激动。他和留日学生邢振铎很快将《雷雨》译成日文，在东京出版。他还写了剧评，转载在当年上海的《大公报》上。"正在东京避难的郭沫若先生看了这次演出，也大为赞赏，随即作《关于曹禺的〈雷雨〉》文章一篇，称赞《雷雨》的确是一篇"难得的优秀力作"，"作者在中国作家中应该是杰出的一个"。

1935年秋，我国现代第一个职业剧团中国旅行剧团征得曹禺同意，立即开排《雷雨》。经过一番曲折，终于在天津新新戏院公演，受到天津观众热烈欢迎。

剧本的生命在于演出。《雷雨》在国内外首演的成功，使一位不知名的青年，一跃成为中国剧坛的新星。

二、探地狱，盼"日出"

1933年秋，曹禺毕业于清华大学。次年9月，应邀到天津，任河北女子师范学院西洋文学系教授。这年暑假，他第一次到上海，接触了光怪陆离的“冒险家乐团”。他看到这里充满买办、流氓和妓女。帝国主义分子在马路上趾高气扬，洋车夫横遭毒打，巡捕任意侮辱中国人，外滩一带，洋商豪贾花天酒地，穷苦百姓沿街乞讨。总之，上海是一个人吃人的世界。这些景象使曹禺马上联想起自己的故乡天津，那儿的情景也是一样。这使曹禺义愤填膺，痛苦不堪。于是，他就萌发创作《日出》的念头，借以抒发自己的一腔愤怒。

《日出》动笔之前，曹禺积累了上层社会丑恶行径的大量素材。他到交际花、高级流氓活动的地方进行观察，去得最多的是天津有名的惠中饭店。他仔细观察这个大饭店里形形色色的人物，对他们纸醉金迷的糜烂生活和充满铜臭的灵魂了如指掌。《日出》中的××大旅馆，其原型基本上就是天津惠中饭店。

为了写好《日出》，曹禺还多次深入下层人民的生活，感受他们的悲惨处境。他的好友，清华同学孙浩然教授说：“在严冬的深夜，曹禺到天津最破烂的下等客店‘鸡毛店’，找乞丐学数来宝。他还多次到妓院访问妓女。”《日出》中的翠喜是确有其生活原型的。在天津号称“三不管”地带的三等妓院富贵胡同里，曹禺见过她，并且带他的好友靳以一起去访问过她。她30岁左右，满脸涂着粉，头发披在肩上，穿一件绛红色的棉袍，右手夹着一只烟蒂头。乍一看，曹禺感到她沾染了在地狱里生活的各种坏习惯，说话粗俗，举止轻佻。然而，当他以心换心听她诉说自己的身世时，他便感到无比吃惊，发现她有一颗金子般的心。

《日出》素材的积累工作结束了，开始进入构思和写作阶段。夜晚，天空昏黑，四周是漆黑的世界，一切都似乎被埋进了坟墓。从1933年大学毕业，至1935年构思《日出》，几年之中，曹禺从北京到保定，从保定到天津，过着辗转的生活，视野也大大开阔了。一件件不公平的血腥事实，说不尽的悲惨故事，使他按捺不住愤怒，失眠了好几夜。在天津河北女子师范学院一间笼子般的屋子里，曹禺睁着一双布满红丝的眼睛，踱过来，走过去，噩梦一般可憎的事态，种种可怖的人事，化成许多严重的问题，死命地冲击着他、灼热着他的情绪。在情绪爆发时，他摔碎了最心爱的瓷马、瓷观音。他像一只负伤的兽扑在地上，紧紧地抓着一把泥土。他划起火柴，只见被瓷马的碎片划破了的拇指正流着血。冷静下来之后，曹禺决定用自己的笔把这黑暗的旧社会暴露在光天化日之下，让人们去憎恨、去抗争，为了向读者和观众暗示黑暗王国的一线光明，曹禺还构思了工人唱夯歌的情节。他在天津的河北女子师范学院的同事陆以循先生回忆说："写《日出》曹禺很花了一番工夫，那时我和他同在女师工作，他教外语，我教音乐。剧中工人打夯是他把工人请到学院来唱，由我帮着记谱。歌词也是由他写的。"

1936年春，在巴金等人的鼓励、催促下，曹禺白天为女师学生上课，晚上埋头写作，有时几天不得睡觉。他奋笔疾书，这年6月，《日出》开始在巴金、靳以主编的《文季月刊》上连载，又一部中国现代文学史上的艺术瑰宝问世了。

四幕话剧《日出》在创作上试探了一条新路，曹禺采用了"横断面描写"的结构方法，以尽可能大的容量反映了比《雷雨》更为广阔、复杂的社会生活，暴露了"损不足以奉有余"的人吃人的社会制度，寄托了剧作家对光明世界的热切追求。作者塑造人物的才华又一次充分地显露了出来，语言创造又一次获得巨大的成功，他那紧张、热烈的创作风格得到了更加鲜明的发扬。

《日出》一经发表便轰动文坛，引起评论家的重视和讨论。《大公报》文艺副刊主编萧乾组织专家进行讨论，先后以两个整版篇幅发表了茅盾、叶圣陶、巴金、朱光潜、靳以、沈从文等人的文章，对《日出》做了高度的评价。巴金赞扬这部作品"是一大杰作"。它和《阿Q正传》《子夜》一样，"是中国新文学运动中最好的收获"。英国学者、燕京大学西洋文学系主任谢迪克教授指出："《日出》在我所见到的现代中国戏剧中是最有力的一部。它可以毫无羞愧地与易卜生和高尔斯华绥的社会剧的杰作并肩而立。"

《日出》发表不久，1936年冬便被上海复旦大学毕业生组成的业余剧团

“戏剧工作社”搬上舞台，著名戏剧家欧阳予倩为导演，凤子主演陈白露。公演于上海卡尔登大戏院(今长江剧场)。后又由我国留日学生组成的“中华留东同学会演剧协会”在日本东京公演。从此，《日出》便成为话剧舞台上屡演不衰的保留剧目。

1936年，由巴金、叶圣陶、朱自清、靳以等人组成的文艺奖审查委员会，这样评论《日出》的作者曹禺——“他由我们这腐烂的社会层里雕塑出那么些有血有肉的人物，责贬继之以抚爱，真像我们这时代突然来了一位摄魂者。在题材的选择、剧情的支配，以及背景的运用上，都显示着他浩大的气魄。这一切都因为他是一位自觉的艺术者，不尚热闹，却精于调遣，能够透视舞台效果。”

评委们一致同意授以《日出》优秀剧本奖。

《雷雨》《日出》的成功，给青年曹禺带来巨大的声望。1936年秋，他接连收到国立戏剧学校发来的多封聘请他执教的电报。于是，曹禺决定应聘前往南京，在该校担任专任导师，开始了他长达6年的教学生涯。

三、“原野”的觉醒

1936年的南京与北京、天津不同。这里没有在天津经常听到的日本驻军蓄意挑衅的枪炮声，也没有战云密布的紧张气氛。但是，虎踞龙盘的六朝古都仍笼罩着明显的白色恐怖的阴影。

初到南京，曹禺结识了一些热心戏剧事业的朋友，又遇到马彦祥、戴涯等老朋友，颇感欣慰。他们朝夕相处，共同切磋戏剧艺术。就在这年下半年，曹禺与马彦祥、戴涯等一起，在南京组织了中国戏剧学会，决定通过演剧实践探讨话剧艺术。他们确定以《雷雨》作为学会的第一个公演剧目。曹禺协助导演，主演周朴园，马彦祥扮演鲁贵，戴涯扮演周萍。这是曹禺第一次扮演自己剧本中的角色。马彦祥后来回忆说：“我看过不下十几个周朴园，但曹禺演得最好，这可能因为他懂得自己的人物，他是个好演员，他懂得生活，不是那种空中楼阁式的，我觉得演周朴园再没有比他更好的了。”这出《雷雨》，足足排练了一个多月，在南京世界大戏院首演时，立即引起了轰动，报上发表了大量的评论，一时成为街谈巷议的重要内容。

在戏剧学校，曹禺担任《剧作》《西洋戏剧》《现代戏剧与戏剧批评》等多门课的教学。他的教学方法是理论与实践并重。曹禺当年的学生、著名演员石羽说：“万先生教名剧分析，从不作抽象的主题分析，他采取边朗诵边分析边表演的方法，绘声绘色地把学生引进剧本所规定的情景中去，深入到人物的内心世界里去。为了指导学生排戏，万先生还特地挑选法国剧作家腊皮虚的三幕剧《迷眼的沙子》作为教材，将它翻译出来，改编成独幕喜剧《镀金》，让我们这些初学表演的学生体会到初次见观众的滋味。结合排练，他深入浅出、细致入微地进行指导。这样的教学方法既提高了我们的分析能力，又提高了学生的艺术表现能力。”他的另一个学生、著名演员叶子写道：“他讲课时给我的印象是，他对剧本文学的分析理解很深，讲得细致入微，好像把该剧的气氛表演都讲出来了，是个醉心钻研戏剧艺术的人，所以很吸引同学对该剧的兴趣。”

在剧校，曹禺还结识了校务委员会秘书石蕴华（新中国成立后才知道，他就是接近共产党的扬帆）。曹禺一到南京，石蕴华就主动同他接近，两人常在一起散步游玩，很快成为好朋友。石蕴华常当着曹禺的面抨击时政。他对曹禺说：“你在写东西时，不讲明阶级，至少也要讲明阶层啊！”石蕴华还教曹禺唱《国际歌》。他唱得严肃悲壮、深沉有力。在他的指导下，曹禺很快就学会了唱这首歌。“旧世界打个落花流水，奴隶们起来起来”的声音，深深地印在曹禺的心中，影响了他的一生。

曹禺到国立戏剧学校之初，住在南京四牌楼，斜对面就是国民党的“第一模范监狱”，这里囚禁着大批犯人。每当夜深人静时，常可听到犯人痛苦的惨叫声。有时路过，也会看到犯人做苦工备受折磨的惨状。这一时期，打开报纸，充斥版面的不是凶杀、桃色新闻，就是“剿匪讨赤”的消息。兵乱、破产、水灾……都显示着农民问题的日趋严重。凡此种种让曹禺不由得想起幼年时代，想起了同他朝夕相处三年之久的段妈，以及当年她诉说的乡下恶霸残害农民的种种悲惨故事。她那额纹深陷的面颊，没有一丝笑容的苦相，连同这些故事，如电影画面似的在他脑海中闪现。

思绪又飞到南开中学，曹禺目睹一批又一批无家可归的农民到处流浪，沿街乞讨。在漆黑的夜里，曹禺听到从万公馆左侧死胡同里传来的叫卖孩子的凄厉的唤声……

由于积累的素材十分丰富，郁结的感受极其厚实，因此曹禺有了强烈的创作冲动。他决定通过描写一户农民与一户地主两家之间的斗争，集中反映农村势不两立的社会矛盾。《原野》的创作十分顺利，三幕戏一个夏天就完稿了。1937 年 5 月便在靳以主编的《文丛》月刊中连载。

《雷雨》《日出》《原野》在抗战前被人们誉为曹禺创作三部曲，它们是曹禺早期具有广泛影响的剧作。这三部剧作的问世，标志了"五四"以来中国话剧创作的成熟，它使中国的多幕剧创作在容量上和艺术质量上，都出现了一个巨大的突破。它们的相继问世，犹如在中国多幕剧创作园地上建立了一座又一座高大的建筑物，结实而又雄伟，在艺术质量上，达到了我国现代话剧诞生以来多幕剧创作的最高水平。曹禺创作三部曲的发表和演出，突显了曹禺的进步倾向和艺术才华。在文艺界和人民群众中引起了强烈的反响，成为舞台上屡演不衰的优秀剧目，并多次改编成电影上映，从而有力地推动了我国话剧创作、演剧艺术水平的成熟和提高。

恰如中国现代文学史家唐弢所指出的："'五四'以来，话剧方面，许多老一辈剧作家如田汉、欧阳予倩、丁西林、熊佛西等做了许多工作，写过不少好作品。筚路蓝缕，为话剧开拓了一条道路。但真正能够在现代文学史上开一代风气，给人以耳目一新之感的剧作，恐怕还得从曹禺的《雷雨》算起。"

《雷雨》《日出》《原野》这三部里程碑式的优秀剧作的出现，为我国现代戏剧文学创作开创了一个崭新的局面，具有划时代的意义，对我国话剧艺术的发展产生了深远的影响。

四、“中国，你是应该强的！”

1937年7月，曹禺回天津探望母亲，恰逢“七七”卢沟桥事变爆发。在天津，曹禺亲眼看见河东一带被敌机炸得一塌糊涂，死尸遍地，惨不忍睹。天津沦陷后，中国同胞备受日本侵略者的凌辱，曹禺不禁怒火中烧。他得知剧校已在“八一三”后迁往内地，便决定由天津乘商船去香港，然后转往内地。商船一开动，船上的乘客，从六七岁的小孩到六七十岁的老人，异口同声地高唱起救亡歌曲：《义勇军进行曲》《九一八小调》《松花江上》……一个接一个，歌声是那样的悲壮、那样的激昂，听了让人热血沸腾。此情此景使曹禺深深感到：中华民族是不可征服的，中国绝不会亡。

经过长途跋涉，曹禺到达剧校临时驻地长沙，继续任教。在长沙，他为剧校学生导演了《毁家纾难》《炸药》《反正》等宣传抗战的独幕剧，并随剧校师生在湘鄂川地区进行巡回演出，还导演了《疯了的母亲》《觉悟》等街头剧。

这年12月，听说有一位老人在长沙银宫电影院讲演《抗日救国十大纲领》，曹禺闻讯便赶去听。他对老人讲的“抗战必胜、日本必败”的道理深为敬佩。后来才知道，这位老人就是徐特立。他的讲演给了曹禺极大的启示和鼓舞，徐特立同志也就成为曹禺日后创作的抗战剧《蜕变》中主角梁公仰的原型。

1938年春，曹禺随剧校西迁到重庆。剧校暂设校址于七星岗，后定校址于北碚，曹禺住枣子岚垭。在剧校，曹禺担任“戏剧概论”“西洋戏剧史”“剧本选读”“编剧法”等几门课的教学，并兼任教务主任。

1938年秋，为了迎接全国第一届戏剧节，曹禺与剧作家宋之的合写四幕剧《全民总动员》（又名《黑字二十八》），写作时正值武汉失守前夕，因此“总动员来参加抗战工作、打破日寇侵略的迷梦”，“肃清汉奸，变敌人的后方为前线，动员全民服务抗战”便成为此剧的主题。

《全民总动员》是一出描写反汉奸、反间谍尖锐斗争的抗战剧。剧本洋溢着爱国主义情感，歌颂了爱国志士，鞭挞了民族败类，也讽刺了某些以抗战做幌子的无耻之徒。曹禺既是这个戏的编剧之一，又是导演团成员之一，还又一次粉墨登场。当时蜚声剧坛、银幕的许多著名演员如赵丹、白杨、魏鹤龄、舒绣文、张瑞芳等都参加了此剧的演出。

这年冬天，一个晴朗的早晨，曹禺接到时任中共中央南方局书记的周恩来同志的口头邀请，周恩来同志当年的秘书张颖同志说："1939 年到重庆不久，周恩来同志就约曹禺同志见面。当时轰炸相当频繁，整个重庆都炸平了。我们在曾家岩刚刚有了那个小房子。恩来同志和曹禺同志就在曾家岩 50 号见面，进行了详细的交谈，后来他们也就变成了朋友。"与君一席话，胜读十年书。第一次见到周恩来，曹禺就对他佩服到极点。这以后，周恩来通过张颖经常找曹禺、老舍等文艺界人士谈话。他还推荐曹禺看《新民主主义论》。一次，周恩来找剧作家吴祖光谈话，吴祖光回忆说："他与我谈了一个多小时，谈话主要是两个内容：一是问我到上海后干什么，问《新民晚报》的概况；二是谈曹禺，关心他的生活问题。"周恩来对曹禺无微不至的帮助和关怀，给了曹禺莫大的鼓舞，给他增添了无穷的力量。曹禺说，他的话"使我坚强，给我力量。我相信共产党是坚决要抗战到底的！从那时起，我靠近了党"。

1939 年 4 月，日机大肆轰炸重庆，国立戏剧学校奉令疏散至江安。江安地处川南，是长江边上的一个偏僻小县。国立戏剧学校位于江安县城南街。此处原为江安县文庙，坐北向南，规模宏阔。剧校迁至此地后，因陋就简，将东西两间做教室，大殿做音乐室，殿廓做舞台，殿前敞坝辟为简易剧场，后殿做图书馆，前院左、右两面厢房做办公室，办公室后分做男女宿舍。曹禺的寓所在城东垣的乃庐。当年县城内一无电灯，二无自来水，蚊蝇遍地。生活、工作条件都极差。但就在这样的环境下，在江安 3 年的时间里，曹禺在教学之余，还连续创作了《蜕变》《北京人》两个大型话剧和独幕喜剧《正在想》，以及一个未完成的历史剧《三人行》。

为了创作一部反映抗战生活的新剧作，曹禺时时刻刻注意观察现实生活。活跃在他身边的许多爱国知识分子一次又一次地激起他的创作欲望。像黄佐临、丹尼夫妇,他们出身于阔绰的家庭,上海有舒适的花园洋房,但他们并不留恋,毅然长途跋涉,来到大后方,情愿住在潮湿的地下室里,为抗战胜利贡献自己的一切力量。和曹禺同在清华就读过的张骏祥,为了抗战,毅然从美国回国,在江安这样的穷乡僻壤,毫无怨言地拿着微薄的薪金,为培养抗战文艺后备军夜以继日地工作着。

1939年暑期,经过长期的构思,曹禺开始着手写作《蜕变》。写作期间,他闭门谢客,没日没夜地创作达一个月之久。

在艰苦的抗战中,曹禺深信我们的民族是有前途的。在《蜕变》中,他通过某省立后方医院抗战初期的遭遇,揭露了抗战中国统区的动摇分子和腐朽人物,鞭挞了种种黑暗丑恶的现象,并指出我们民族在抗战过程中一定要"蜕掉那一层腐旧的躯壳,新的愉快的生命才能降生"。剧中触到国民党黑暗统治这一尖锐的政治课题,表明了曹禺在党的教育和影响下思想上有了很大的进步。剧本中的爱国主义感情和作者对新的力量的热烈期望,对鼓舞人民抗战热情、坚定人民抗战必胜的信心起了一定的作用。巴金在读了《蜕变》后,为剧本出版所作的后记中写道:"这剧本抓住了我的灵魂。我是被感动,我惭愧,我感激,我看到大的希望,我得着大的勇气。"

顽固派害怕《蜕变》,人民却热烈欢迎《蜕变》,从上海到桂林、从延安到苏北,各地都争相上演《蜕变》。

1941年,《蜕变》在上海"孤岛"的演出尤为成功。这次演出由黄佐临导演,是上海职业剧团成立后演出的第一个剧目。该剧在卡尔登剧院一上演,便大受欢迎,每天日夜两场,长达35天之久,报纸上也赫然登着《街头巷尾争谈〈蜕变〉》的醒目标题。演出时,演员的台词不时被观众雷鸣般的掌声打断。当剧中女主人公丁大夫(丹尼饰)在结尾处向抗日战士讲话,讲到"中国,中国,你是应该强的"时,观众席里,有人大声地喊出了爱国口号,整个剧场为之沸腾。闭幕后,大厅里掌声雷动,观众久久不愿离开剧场。戏剧改造社会的这种特殊功能,吓得租界当局在日本侵略者逼迫下,立即下令禁演。

“中国,你是应该强的!”这既是《蜕变》中爱国志士的心声,也是青年剧作家曹禺的心声。这种爱国主义热情同曹禺急切盼望祖国成为一个自由、民主的新国家的目标联系起来,剧中透出乐观主义精神,在广大观众中产生了震撼人心的鼓舞作用。

五、奔向新天地

1940 年 7 月,国立戏剧学校改名为国立戏剧专科学校,由中专改为大专。曹禺在繁忙的教学之余,仍抓紧剧本创作。这年深秋,在江安古城墙边的一间房子里,在昏暗的煤油灯下,曹禺正夜以继日地撰写《北京人》,桌上铺满了稿纸,窗外是梧桐秋雨。这时,他正热爱着契诃夫的剧作,他像契诃夫那样用深邃的目光观察社会、观察人,以隽永的笔触解剖人的心灵和社会的脓疽。

《北京人》是曹禺又一部代表作。《北京人》在舞台上活跃了半个多世纪之久,是曹禺创作的剧本中思想性、艺术性达到完美结合的高峰之作。此剧通过中国封建士大夫家庭在 20 世纪崩溃过程的描绘,形象地揭示了封建阶级的自私、顽固和腐朽,无情地宣判封建主义必然灭亡的历史命运。曹禺的剧本善于将错综复杂、矛盾尖锐的戏剧冲突通过迂回曲折的形式加以表现,从而引人入胜,发人深省。《北京人》成功地借鉴了民族文艺的传统手法和契诃夫剧作沉郁、朴素的风格,具有很高的艺术性,艺术上更为沉炼、圆熟。

1941 年 10 月,《北京人》在重庆首演,担任首演导演的张骏祥说:“这次演出得到江村和张瑞芳同志的支持,一个演文清,一个演愫芳,使演出获得成功。同时,沈扬演的曾皓、赵韫如演的思懿,耿震演的江泰也很出色。周恩来同志来看了戏,给了这些在重庆初露面的年轻人很大鼓舞,这一炮打响了,我们这些名不见经传的人才算是在重庆站住了脚。归根结底,是靠曹禺的《北京人》这个剧本。”扮演愫芳的张瑞芳说:“现在回忆起来,这次演出在重庆是引起内行一致重视的,对我的演剧生活来说,也是重要的一页,从中学到的东西,一直贯穿到我以后的创作之中。”

从《蜕变》到《北京人》,剧作家曹禺忽然从抗战现实又回到暴露封建大家庭罪恶这个题材上来,这一转折使一些评论家大惑不解。如何评价《北京人》的思想意义,报上的议论众说纷纭,甚至有人认为此剧所体现的精神“不但违背了中国的民族思想,而且阻止了社会的进步”。面对错误的见解和指责,周恩来力排众议,加以澄清。他七次观看此剧的演出,赞扬这是一部“优秀的作品”。中国共产党领导的《新华日报》也发表了一系列评论文章,指出这个戏虽然写的不是抗战生活,但它可以惊醒“那些被旧社会的桎梏束缚得喘不过气来的人们,助之走向太阳,走向光明,走向新的生活”。在正确评论指引下,很快地,延安、香港、桂林等地都广泛上演了《北京人》。

夜已深,重庆抗建堂大厅里观众济济一堂,正在聚精会神地观看《北京人》的演出。演出末尾,曾家花厅外面鸡叫了,天亮了,愫芳和瑞贞毅然地离开了这个腐朽的家,远处传来了两声尖锐的汽笛声。曹禺让两位年轻妇女以出走来反抗压迫和专横,奔向一个新的天地。这天地不是别处,就是周恩来指引给曹禺的那洒满阳光的地方。

1942 年盛夏,曹禺在重庆以东十多公里的唐家沱码头的一艘货轮上,开始了两年前就已构思的话剧《家》的创作。这是根据巴金同名长篇小说改编的一部具有独立艺术价值的大型话剧,是曹禺创作的又一部艺术经典。就在这一年,他还应张骏祥的要求,将莎士比亚《罗密欧与朱丽叶》翻译为舞台演出剧本。

根据巴金的小说《家》改编的戏剧作品不计其数,但唯有曹禺的《家》能在舞台上历演不衰。曹禺以自己深切的生活体验创造性地改编了原作,通过觉新和觉慧在婚姻、爱情问题上的不幸遭遇,集中揭露了封建婚姻制度和封建大家庭的罪恶。曹禺的话剧《家》是将小说改编为剧本的一个典范,其成就并不亚于一部创作作品。全剧激荡着青春朝气和乐观战斗的精神,不但鼓舞着当时的青年,而且反映了曹禺随着时代步伐正在大踏步前进。

1942 年 10 月,中国艺术剧社获得话剧《家》的首演权,由章泯导演,金山饰觉新、张瑞芳饰瑞珏。剧团排练一个月后在重庆公演，轰动山城，连演 3 个月，达 86 场，创下了重庆最高的上座率。《家》是曹禺在抗战后期贡献给祖国文化宝库的又一个艳丽夺目的瑰宝。

这年冬天，他应邀参加匈牙利剧作家贝勒·巴拉兹创作的《安魂曲》一剧的演出，主演莫扎特。这是曹禺在舞台上扮演的最后一个角色，也是他在抗战后期在重庆舞台上创造的一个十分出色的艺术形象。著名戏剧评论家刘念渠在《新华日报》上撰文指出："透过装饰于身上的化妆和服装，曹禺不仅表现了音乐家莫扎特的形象，而且表现了一个受难者的灵魂。"

1946 年 1 月，美国国务院邀请老舍、曹禺赴美讲学，2 月初，曹禺依依不舍地离开了他生活了 8 年之久的巴山蜀水。

由于思念祖国心切，关心祖国未来的前途，曹禺在美国停留了不到 10 个月便归国，并应邀在上海市实验戏剧学校任教，讲授编剧学等课。

在"戡乱"的反动政治空气中，剧作家的写作环境愈益恶化。1947 年，曹禺创作了电影剧本《艳阳天》。他满怀激情地揭露了抗战胜利后蒋管区人民的苦难生活，鞭笞了汉奸、流氓在当局包庇下横行霸道的罪行，表达了广大人民对艳阳天的渴望。此剧次年由曹禺导演拍摄完成，主角阴兆时律师由石挥扮演，李健吾、李丽华、石羽等也参加了演出。

国民党政权的倒行逆施和人民革命战争的迅猛发展，使曹禺进一步看清了中国的政治前途。夜晚，他经常与友人一起收听解放区的广播，为解放军一个又一个的胜利而雀跃。1949 年春，在人民解放军向全国进军的号角声中，曹禺毅然从上海飞往香港，和马寅初、叶圣陶等登上一艘北欧船，冲破重重黑暗，终于到达烟台，抵达了"大地洒满了阳光"的解放区。

六、辉煌《胆剑篇》

1949 年 2 月，曹禺到达北平，迈入了人民大众当家做主的新时代。

1952 年，在周恩来总理的帮助下，曹禺在北京协和医院生活。有整整 3

个月时间他是在这里度过的，做了20本以上笔记。曹禺决定以协和医院为背景，酝酿创作多幕剧《明朗的天》。1954年4月，经过1年的构思，曹禺进入《明朗的天》的创作阶段，前后花了3个半月。从早到晚，毫不间断地进行写作。这年12月，《明朗的天》由北京人艺首演，座无虚席，受到群众热烈的欢迎。

《明朗的天》以与帝国主义文化侵略有密切关系的大医院为背景，描绘了一些高级知识分子在党的教育帮助下前进的历程。在剧中，曹禺第一次表现了有高尚品德的新时代的劳动人民和革命者的形象，无情地揭露和鞭挞了帝国主义分子危害我国人民的滔天罪行。作为新中国成立后曹禺的第一部剧作，在探索表现新的时代、新的主题、新的人物上，《明朗的天》是一次大胆的尝试，《明朗的天》虽然在艺术上尚未突破他以往的水平，但这是曹禺自觉地用文艺为社会主义、为人民服务的第一个成果，标志着他的思想和创作进入了一个新的阶段。

1956年7月，曹禺光荣地加入了中国共产党。同月，赴新德里出席亚洲作家会议筹备会议。8月，去日本参加禁止原子弹、氢弹世界大会。在日本3个月，曹禺到了很多地方，结交了很多日本朋友。尤其使他难忘的是，在东京，他专程拜访了秋田雨雀先生。阳光下，老人由孙女扶着出来会见曹禺，并高兴地为他题了字，曹禺也当面向他表达了深切的感激之情。在赤坂普林斯饭店，曹禺还接待了《雷雨》日文本最早的译者影山三郎的来访，并与之合影留念。

1961年春，面对我国当时经济生活的严重困难和国际霸权主义的严重威胁，曹禺与梅阡、于是之合作，执笔创作了五幕历史剧《胆剑篇》。此剧讲述春秋时代越王勾践卧薪尝胆、复国雪耻的故事，激发了人民的爱国主义精神。剧中的许多对白和独白，尤其是第四幕勾践卧薪尝胆的大段抒情独白，铿锵有力，诗情洋溢，既有浓郁的历史气息，又富有艺术表现力。

《胆剑篇》既尊重历史，又体现时代精神。其写的是先秦故事，抒发的是奋发图强的时代声音。曹禺将全国人民奋发的英雄气概和不屈服于霸权压力的凛凛正气熔铸于历史剧之中，使《胆剑篇》成为一部古为今用的优秀剧作。作品发表和演出后，立即受到文艺界的重视和观众的称赞。茅盾在《关于历史和历史剧》一书中，肯定《胆剑篇》是同类题材中写得最好的一部剧作。在曹禺后期剧作中，《胆剑篇》标志着曹禺创作的新发展和突出成就。全剧气势恢宏，雄浑沉着，笔势健举，在史诗般的悲壮历史画卷中闪耀着磅礴的时代精神、宏大的民族气魄。无产阶级革命家董必武同志读了《胆剑篇》后，手书五律一首，书成条幅，赠给曹禺。诗曰：

辉煌《胆剑篇》，剧表越名贤。
苦成劳塑造，勾践任流传。
智勇西施具，智谋范蠡先。
铁犁初引用，生聚计周全。

《胆剑篇》不仅意味着曹禺开拓了一个新的题材领域，而且在历史剧创作上，也为我国的戏剧文学提供了新的经验。此剧很快在西安、香港等地，甚至日本等也广泛上演，成为威武雄壮、脍炙人口的一部艺术佳品。

作为一位严肃而勤奋的剧作家，完成《胆剑篇》后，曹禺又投入新的创作准备工作中。在周恩来同志的建议下，他决定根据《昭君出塞》的题材，创作一部新的历史剧。他用心搜集王昭君的历史资料，到内蒙古去参观访问，并开始艺术构思。正当他勤奋写作，并已写出《王昭君》前两幕时，极“左”思潮的干扰和破坏接踵而来。接着便是史无前例的“十年浩劫”。曹禺被大字报点名批判，打成“反动文人”“三十年代黑线人物”，关进牛棚，横遭批斗，完全丧失了创作自由。就这样，一位著名的剧作家在中国文坛上销声匿迹了。

1968 年，在无休止的精神折磨下，曹禺病情越发严重，不得不住院治疗。1972 年，曹禺被命令在北京人艺看守传达室，外国报纸遂报道出了“中国的莎士比亚正在给剧团做看大门的工作”的消息。此时的曹禺身心备受摧残，但身处逆境壮心不已。当北京人艺著名演员董行佶冒着挨批斗的风险前来看望他时，他在一张纸上欣然题下了《病中小董挚友见访》这样一首诗：

好风陪君来，豁然满朝气。

古今畅指点，暖情充屋宇。

莫道逾花甲，壮心岂可息。

豪气应犹在，立乘千里驹。

曹禺深信，冬天也有尽了的时候，总有一天，颠倒的历史要再颠倒过来！

1976 年 10 月，打倒“四人帮”后，曹禺心情舒畅，精神焕发，“觉得自己像一台添了油的机器。又可以为社会主义，为人民开转了”。他积极参加政治活动和文艺活动，为复苏和发展社会主义文艺努力工作。

1978 年夏，怀着对周恩来总理无限的深情，曹禺不顾体弱多病，不辞辛劳，长途跋涉，再次奔赴新疆、内蒙古等地区体验生活、搜集素材，续写中断了 10 多年的《王昭君》。终于在 10 月完成全剧。在这部剧作中，曹禺对传统的王昭君题材做了大胆的探索，给民族团结赋予了新意，塑造了一个聪明美丽、有胆有识、自愿请行、远嫁匈奴的王昭君形象。全剧富有浓郁的诗意和浪漫主义气息。

1983 年，曹禺和女儿万方应上海电影制片厂邀约，将话剧《日出》改编为电影。电影剧本在《收获》1984 年第 3 期发表。电影《日出》与同名话剧主题相同，但电影中的陈白露形象更加丰满，展示的社会生活面也更加丰富、广阔。《日出》在话剧改编电影方面的成功，是曹禺在电影创作上又一新的收获。

除繁重的行政工作、社会活动外，曹禺还在为发展中外文化交流方面做了大量的工作。1979 年 9 月和 1980 年上半年，曹禺应邀先后前往瑞士、英国、法国、美国和加拿大五国访问、讲学；1982 年 10 月，曹禺又率中国戏剧家代表团访问日本，他们每到一国都受到各国文化界和广大人民的热烈欢迎。外国朋友盛情接待，并把曹禺列入世界“伟大的剧作家”之中。

莎士比亚是数千年人类进程中的巨人之一，被革命导师马克思推崇为人类历史上最伟大的戏剧家。为了使中国人民更多、更广泛、更深刻地了解莎士比亚，继续开拓世界文明对于“人”的认识，推进祖国的文化和和平事业的不断发展，曹禺不遗余力地向我国人民介绍、宣传莎士比亚，号召我国人民做莎士比亚的知音。1984年12月，他亲自主持中国莎士比亚研究会的筹备工作，成立中国莎士比亚研究会，并积极领导筹备首届中国莎士比亚戏剧节。1986年4月23日，他亲临上海戏剧学院，参加隆重的首届中国莎士比亚戏剧节闭幕式。在致闭幕词时他满怀深情地说：

"4月23日莎士比亚诞生了。同样，又是4月23日，莎士比亚离开了人世。他作为人的生命逝去了，但是他的思想与艺术的生命是永生的。我们永远听得见他的声音，他的语言，他的思想的翅膀在我们头上翱翔，他的激情的火焰在我们心里燃烧。"

又说："我们不光要引进，我们还要把我们的种子撒向世界。悠久的文明是我们的骄傲，今天的中国对世界文化的贡献将更加巨大。"

莎士比亚是人类文化宝库中的一颗璀璨的珍珠，莎士比亚逝世之后，世上又出现了许多文化巨匠、大师。如果我们将莎士比亚当作戏剧高峰的代名词，那么每个国家都有自己的莎士比亚，杰出的戏剧大师——曹禺，就是我国现代的莎士比亚。从少年时代起，曹禺就把自己献身给戏剧文学事业，在半个世纪的岁月中，他以笔为武器，为我国新文学事业贡献了15部作品、一部散文集和一部戏剧论文集。由于他的剧作在思想和艺术上取得很高的成就，使他的剧作和他的名字远扬中外，成为中国现代最负盛名的剧作家。中国人民热爱曹禺，中国人民懂得曹禺。半个世纪以来，他的主要剧作不断再版，在国内话剧剧坛上，不仅演遍了祖国四面八方，而且被改编成京剧、评剧、滇剧、沪剧、越剧、甬剧、庐剧、琼剧等20多个戏曲剧种，以及电影、电视剧、歌剧、音乐剧及舞剧等，深入到县城、小城镇和穷乡僻壤。在世界剧坛上，曹禺的优秀剧作也成为各国人民心心相通的桥梁，广泛活跃在美国、英国、苏联、日本、德国、罗马尼亚、匈牙利、朝鲜、越南、阿尔巴尼亚、巴西、澳大利亚、埃及、印度尼西亚、马来西亚、新加坡、菲律宾等五大洲20多个国家的舞台上，并译成日、英、俄、法、德、印地、朝、越等多种文本。曹禺的杰作不仅在中国人民中获得知音，而且在世界人民中找到了广泛的知音。

1978年11月,中国新文化运动的先驱者、一代文化巨匠茅盾赠给了曹禺这样一首诗:

当年海上惊雷雨,雾散云开明朗天。

阅尽风霜君更健,昭君今继越王篇。

这是对曹禺50年生活道路和创作道路的生动写照。今天,曹禺虽已年逾古稀,但仍精力充沛,壮志未衰,准备在有生之年再写几部新作。

"阅尽风霜君更健"。我们热烈地期待着这位杰出的戏剧家,为我国社会主义文艺的繁荣和精神文明的建设做出新的贡献。

附记:此片1987年由中央电视台、上海戏剧学院联合摄制。1988年2月、8月由中央电视台两次向全国播放。1990年11月由上海电视台第三次播放。

湖北潜江曹禺纪念馆展陈文字方案

（修订稿）

2004年8月

创意、撰稿：曹树钧

曹禺雕像

一本展开的巨著

（左页上写“曹禺全集”　右页上写“曹禺”）

前言（500字）

曹禺生平年表（简明扼要，不超过1000字）

一、创作篇　“我求的是一点希望，一丝光明”——曹禺

二、演出篇　“剧本的生命在于演出”——曹禺

三、管理篇　“我一半的生命与这个剧院紧紧连在一起”——曹禺

四、教育篇　“一切戏剧学问都要在实践中检验”——曹禺

五、交流篇　“开出更茂盛、更美好的人民友谊之花”——曹禺

六、知音篇　“他是一位真正的艺术家”——巴金

七、乡情篇　“我是潜江人”——曹禺

八、缅怀篇　“当年海上惊雷雨”——茅盾

前　言

曹禺(1910～1996),湖北潜江人,“五四”新文化运动培育起来的一代宗师,当代杰出的戏剧家。他承接了鲁迅、郭沫若等新文学开拓者所燃起的火炬,奋勇前进。在戏剧创作、戏剧艺术管理、戏剧教育、戏剧评论、中外文化交流等方面做出了卓越贡献。

曹禺是中国现代首屈一指的剧作家。他的剧作清晰地透视出中华民族在20世纪上半期由贫困衰败走向现代文明的苦难历程,艺术而真实地再现了作者在这个历程中独特的感受和思考,表现了其彻底的反封建精神和爱国主义精神。他的剧作既继承了中国古典戏剧高度凝练的审美特色,又创造性地吸收了西方几千年戏剧的精华养分。它们能随着岁月的推移,长久地保留在中外剧坛上,焕发着超越时代的艺术生命力。

作为世界级的戏剧大师,曹禺对戏剧主要的贡献在于:他在世界戏剧画廊中塑造了一系列血肉丰满、光彩照人的典型的中国人物形象。这使他和他的作品毫无疑义地屹立于世界第一流戏剧的行列之中,并将获得世界更加广泛的肯定。他的杰作将会更加频繁地、以更加多姿多彩的形态活跃在世界各国的舞台上。

曹禺生平年表

1910年	9月24日生,湖北潜江人。原名万家宝,字小石,小名添甲
1915年	入私塾读书
1920年	去天津官银号汉英译馆学习英语
1922年秋	到天津南开中学学习
1925年	入南开新剧团,开始戏剧活动
1928年	入南开大学政治经济学系学习。演出《玩偶之家》,主演娜拉
1930年	9月,入清华大学西洋文学系二年级学习
1933年	创作话剧《雷雨》。清华大学毕业,任保定育德中学英语教员
1934年	7月,《雷雨》在《文学季刊》第一卷第三期上发表
1934年	9月,在天津河北女子师范学院任教
1936年	6月,在《文季月刊》上发表《日出》
1936年	8月,在南京国立戏剧学校任教
1937年	4月,在广州《文丛》上发表《原野》。与郑秀结婚
1938年	随剧校内迁重庆。改编《全民总动员》(与宋之的合作)
1939年	随剧校迁四川江安县,创作《蜕变》,改编《正在想》
1940年	创作《北京人》
1942年	改编巴金小说《家》为四幕话剧。翻译《罗密欧与朱丽叶》
1946年	与老舍一同赴美讲学
1947年	任上海文华影业公司编导。创作电影剧本《艳阳天》,并自任导演
1949年	2月,抵达北京。10月,任国立戏剧学院(即今中央戏剧学院前身)副院长
1951年	与郑秀离婚,与方瑞结婚
1952年	6月,任北京人民艺术剧院院长
1954年	9月,在《剧本》和《人民文学》上发表《明朗的天》

1958 年	9 月,散文集《迎春集》出版
1960 年	7 月,历史剧《胆剑篇》(与梅阡、于是之合作)在《人民文学》上发表
1966 年	十年浩劫开始,曹禺被打入牛棚
1974 年	方瑞逝世
1978 年	11 月,历史剧《王昭君》在《人民文学》上发表
1978 年	12 月,任中央戏剧学院名誉院长。从本届起任全国人民代表大会五届、六届常务委员
1979 年	与李玉茹结婚
1984 年	电影剧本《日出》(与万方合作)在《收获》上发表
1984 年	12 月,《曹禺戏剧集》由四川人民出版社出版。中国莎士比亚研究会在上海成立,任该会会长
1988 年	任第七届全国政协常委,全国文联执行主席
1988 年	10 月,因病住进北京医院
1996 年	12 月 13 日,在北京医院病逝

一、创作篇

“我求的是一点希望，一丝光明”——曹禺

曹禺，1910 年 9 月 24 日生，湖北潜江人，我国现代文学史上杰出的戏剧大师。

曹禺一生为中国现代文学事业贡献了 15 部话剧、电影作品，一部散文集和一部戏剧论文集，其中堪称中国现代文学乃至世界戏剧经典作品的有话剧《雷雨》《日出》《原野》《北京人》和《家》。曹禺优秀剧作的诞生，标志着我国现实主义戏剧艺术的成熟，使我国的多幕剧创作在数量上、艺术质量上都出现了一个巨大的突破，在中国话剧发展史上具有划时代的意义。曹禺的剧作，对我国话剧艺术的全面发展产生了十分深远的影响。

一、“八年学徒”——曹禺的创作准备

曹禺原名万家宝，出身于一个封建官僚家庭。童年时代开始接触戏剧，爱好文学。1922 年至 1933 年先后在天津的南开中学、南开大学和北京的清华大学学习，积极参加校园戏剧演出活动，阅读了几百部中外名剧，为他以后的戏剧创作打下了坚实、全面的基础，这段时期被曹禺称为“八年学徒”时期。

（一）万公馆（曹禺旧居）外景、内景。（照片和曹禺家世简表）

（二）曹禺（曹禺出世三天，生母去世）的继母薛咏南。（照片）

（三）南开中学校园、南开中学瑞廷礼堂，南开校友名录。

（四）“戏原来是这样一个迷人的东西”——观摩大量中外名剧，如《小放牛》《秦香莲》《风波亭》《断臂说书》《打渔杀家》《群英会》《斩黄袍》《林冲夜奔》（昆曲）。（演出剧照）

名演员谭鑫培、龚云甫、陈德霖、杨小楼、王长林、裘桂仙、余叔岩、侯永奎的肖像。

话剧《洪承畴》《新茶花》《织工》《少奶奶的扇子》等演出剧照。

文明戏演员秦哈哈的肖像。曹禺的导师、南开新剧团负责人张彭春照片。

(五)博览中外文学名著

四书、五经、《史记》《古文观止》《三国演义》《水浒传》《西游记》《红楼梦》《聊斋》《镜花缘》《官场现形记》《二十年目睹之怪现状》《呐喊》《彷徨》《女神》《沉沦》《东方杂志》《创造》《戏考》;英文版《易卜生全集》《圣经》《最后一课》《鲁滨孙漂流记》《块肉余生记》《大卫·科波菲尔》《钦差大臣》《威尼斯商人》《林肯传》等。

(六)初露文学才华

发表诗歌《林中》《"菊"、"酒"、"西风"》《南风曲》《不久长,不久长》《四月梢,我送别一个美丽的行人》,发表中篇小说《今宵酒醒何处》,发表杂文《偶像孔子》《杂感》,发表翻译小说《房东太太》《一个独身者的零零碎碎》(均为莫泊桑原著),发表改译的外国剧本《太太》《冬夜》(均为独幕剧)。

(七)多方面的舞台艺术实践

演出话剧《压迫》《获虎之夜》《国民公敌》《娜拉》《换个丈夫吧》《马百计》等,演出京剧《走雪山》《打渔杀家》《打棍出箱》,导演话剧《少奶奶的扇子》《冬夜》等。《南开双周》对曹禺的演出给予高度评价。

二、早期创作三部曲

从1933年至1937年,曹禺在23岁、26岁、27岁分别创作出《雷雨》《日出》《原野》三部大型话剧,被称为"早期创作三部曲"。它们的问世标志了"五四"以来中国话剧创作的成熟,达到了我国现代话剧诞生以来多幕剧创作的最高水平,有力地推动了我国话剧创作、演剧艺术水平的成熟和提高,从而奠定了曹禺中国杰出戏剧家的地位。

(一)"一声惊雷"——《雷雨》的诞生

1.曹禺在清华大学毕业前夕写《雷雨》。

①清华大学图书馆。

②曹禺在阅览室撰写《雷雨》。

③曹禺在清华。

④曹禺在清华大学毕业获外国语文文学学士时的留影(1933 年夏)。

2. 巴金慧眼识《雷雨》。

①北京三座门大街——《文学季刊》社社址。

②巴金回忆《雷雨》的发表。

③巴金谈《雷雨》问世。

④《雷雨》在《文学季刊》第 1 卷第 3 期上发表(1934 年 7 月)。

3.《雷雨》的首演。

①国内春晖中学首演《雷雨》(1934 年 12 月),照片和报道。

②国外日本东京首演《雷雨》(1935 年 4 月),剧照和报道。

③日本首演导演之一杜宣。

④巴金发表《〈雷雨〉在东京》。

⑤《雷雨》日译本郭沫若作序,郭沫若称“作者在中国作家中应该是杰出的一个”。

⑥曹禺与巴金结下终生友谊(曹禺与巴金合影)。

(二)探地狱,盼《日出》

1. 20 世纪 30 年代上海,天津富贵胡同。

2. 天津惠中饭店——《日出》××旅馆原型。

3. 唐若青、阮玲玉——陈白露的两个原型。

4. 章靳以——方达生原型之一。

5. 曹禺撰写《日出》时,在天津河北女子师范学院任教。

6. 撰写《日出》时,女友郑秀(字颖如)毕业留影(1936)。

7. 曹禺与郑秀参加同学婚礼。

8. 曹禺写《日出》时与陆孝曾合影。

9.《日出》在《文季月刊》上发表。

10.《日出》在上海首演,首演纪念特辑。

11. 曹禺给郑秀的特殊赠品:《雷雨》《日出》单行本。

(三)《原野》上响起了一声霹雳

1.写《原野》时，曹禺在南京国立戏剧学校任教。校址：薛家巷8号。

2.曹禺住址的对面为南京第一模范监狱。

3.曹禺构思《原野》，回忆起儿时宣化时代的生活：宣化城楼、宣化城墙。

4.《原野》在广州发表(1937年4月至8月)。

5.关于《原野》致导演的一封信(1988)。

三、从《全民总动员》到《艳阳天》(1938～1948)

(一)抗战初期的曹禺剧作

1.《全民总动员》在重庆国泰大戏院首演(1938)。

2.曹禺随剧校迁居四川江安，“中国，你是应该强的”——国立剧专演出《蜕变》(1940)。

3.《正在想》《蜕变》由文化生活出版社出版(1940)。

(二)奔向新天地——《北京人》诞生(1940)

1940年，曹禺在小城江安完成三幕话剧《北京人》。此剧通过对中国封建士大夫家庭在20世纪崩溃过程的描绘，宣判了封建主义必然灭亡的历史命运。此剧在曹禺剧作中属思想性、艺术性达到完满结合的一个高峰。

1.《北京人》在抗建堂首演(1941)。

2.《北京人》主角愫方和曾皓，分别由张瑞芳、沈扬扮演。

3.《北京人》在重庆首演时的海报。

4.《表演艺术论文集》收入曹禺、丹尼合写的《我们的表演基本训练的方针和方法》。《北京人》由文化生活出版社出版。

5.茅盾、胡风等高度评价《北京人》。

(三)轰动山城又一《家》(1942)

1942年盛夏，曹禺在重庆改编话剧《家》，剧作家以其深切的生活体验创造性地改编了原作。曹禺的《家》是由小说改编为剧本的一个典范，其成就并不亚于创作一部作品。话剧《家》是曹禺在抗战后期献给祖国文化宝库的又一瑰宝。

1.重庆唐家沱码头——话剧《家》在此诞生。

2. 首演剧照——觉新与瑞珏(金山与张瑞芳合影)。

3.《家》单行本(插图四幅)。

①觉新:“啊,这是杜鹃,耐不住寂寞……”(第一幕)

②鸣凤:“不来了,这次走了,真走了。”(第二幕)

③觉慧:“你为什么欺负她?”(第三幕)

④瑞珏:“不过冬天也有尽了的时候。”(第四幕)

(四)战后创作的《桥》和电影剧本《艳阳天》

抗战胜利后,曹禺在上海实验戏剧学校任教。曹禺开拓现实题材新领域,创作了话剧《桥》,只完成了两幕。1947 年夏,曹禺任上海文华影业公司编导。同年秋,写电影剧本《艳阳天》,由上海文华影业公司拍摄,曹禺任导演。

1.《桥》在《文艺复兴》上发表(1946)。

2.《艳阳天》由上海文化生活出版社出版(1948)。

3. 电影《艳阳天》剧照,由石挥、李丽华主演。

四、曹禺后期的艺术创作

新中国成立后,曹禺跨进了人民大众当家做主的新时代,先后创作了大型话剧《明朗的天》(1954)、《胆剑篇》(1961,与梅阡、于是之合作,曹禺执笔)、《王昭君》(1978)、电影剧本《日出》(与万方合作)、散文集《迎春集》(1958)。此外,还出版了《曹禺论戏剧》(1985)、《曹禺论创作》(1986)。

(一)正在写《明朗的天》时的曹禺

1.《明朗的天》在北京首演,演出说明书。

2. 观众评《明朗的天》。

3. 剧本《明朗的天》两种单行本、重印本。

(二)《胆剑篇》在《人民文学》连载(1961)

1.《胆剑篇》在北京首演。

2.《胆剑篇》演出说明书。

3.《胆剑篇》出版(1962)。

(三)曹禺参加广州创作的座谈会(1962)

1.曹禺在北戴河度夏,构思《王昭君》(1978)。

2.曹禺出席第四次文代会,当选全国剧协主席(1979)。

3.《王昭君》在寓所完稿,《王昭君》初稿手迹。

4.《王昭君》在《人民文学》上发表(1978)。

5.《王昭君》单行本(1979)。

6.为《王昭君》剧组说戏,向香港电影演员石慧介绍《王昭君》的剧情。

7.香港电影演员夏梦向《王昭君》剧组祝贺。

8.《王昭君》创作谈(1978)。

9.北京人艺首演《王昭君》剧照。

(四)电影《日出》剧照

1.电影《日出》颁奖。

2.曹禺为电影《日出》剧组说戏。

二、演出篇

“剧本的生命在于演出”——曹禺

戏剧是一门综合性艺术,它不仅要有剧作家的一度创作,也要有舞台艺术工作者的二度创作,以及广大观众参与的三度创作。剧本的生命在于演出。曹禺剧作之所以有如此长久的生命力,影响如此广大,是因为它历演不衰的舞台艺术生命力。

一、新中国成立前,曹禺剧作广泛演出

新中国成立前,曹禺的《雷雨》《日出》《原野》《蜕变》《北京人》《家》《正在想》是戏剧舞台上久演不衰的保留剧目,演出地遍及祖国的大江南北。《雷雨》是新中国成立前所有话剧作品中演出频率最高的剧作。

(一)《雷雨》《日出》演遍天南海北

1.山东六一剧社演出《雷雨》(1934)。

2. 天津孤松剧团演出《雷雨》(1935)。

3. 南通女师公演《雷雨》(1936)。

4. 复旦剧社公演《雷雨》(1935,演出特刊)。

5. 中国戏剧学会公演《雷雨》(1937)。

6. 北京剧社演《雷雨》(1938,剧照 7 张,说明书 2 张)。

7. 北京剧社演《日出》(1940,剧照 4 张)。

8. 北京剧社“干部人员养成班”演《雷雨》(1940,剧照 4 张),演《日出》(剧照 6 张),《原野》(剧照 3 张,说明书 3 种)。

9. 南通两次演出《原野》(1943、1945)。

(二)演出曹禺剧作最多的职业剧团——中国旅行剧团(简称“中旅”)

1. 团长唐槐秋照片,“中旅”成员名单,“中旅”演出曹禺剧作一览。

2. “中旅”公演《雷雨》《日出》《原野》《北京人》《家》剧照。

(三)重庆“雾季公演”中演出的曹禺剧作:《北京人》《家》《蜕变》

(四)曹禺剧作在解放区

1. 西北战地服务团(团长丁玲)演出《雷雨》(1940)。

2. 抗敌剧社演出《雷雨》《日出》。

3. 西北文艺工作团演出《蜕变》《北京人》。

4. 延安工余剧人协会演出《日出》(1940)。

5. 苏北一师服务团演出《蜕变》。

6. 西青救剧团公演《雷雨》。

7. 火线剧社演出《日出》。

8. 新四军拂晓剧团演出《雷雨》《日出》《原野》。

(五)曹禺剧作在上海的多次演出

1. 上海剧艺社演出《雷雨》《日出》《原野》《北京人》《镀金》《正在想》。

2. 上海观众演出公司演出《雷雨》《日出》《北京人》,赴台湾演出《雷雨》。

3. 新中国剧社赴台湾演出《日出》海报。

4. 苦干剧团演出《蜕变》(1941)。

(六)演剧四队在柳州演出《蜕变》

二、新中国成立后,曹禺剧作遍地开花

(一)北京、上海、天津、重庆的演出

1.中国青年艺术剧院演出《家》《原野》(附剧照、说明书和曹禺讲话)。

2.北京电影制片厂演员剧团演出《日出》《家》。

3.中央广播电视实验剧团演出《北京人》。

4.中央广播文工团演出《北京人》剧照。

5.北京市实验话剧团演出《原野》。

6.北京师范大学北国剧社演出《雷雨》《镀金》的说明书。

7.上海人民艺术剧院演出《雷雨》《日出》《家》《明朗的天》。

8.上海电影演员剧团演出《家》《雷雨》《北京人》《镀金》的说明书。

9.天津人民艺术剧院六演《雷雨》剧照及《日出》《家》剧照。

10.重庆市话剧团演出《雷雨》《日出》《北京人》《蜕变》。

(二)六个大区争演曹禺剧作

1.哈尔滨话剧院演出《雷雨》《日出》《家》的说明书,曹禺题词并接见。

2.辽宁人民艺术剧院演出《雷雨》《日出》《原野》《胆剑篇》。

3.河北省话剧团公演《雷雨》(1961)。

4.湖南省话剧团演出《雷雨》(1956)。

5.山西省运城地区文工团演出《雷雨》。

6.陕西人民艺术剧院公演《雷雨》《胆剑篇》。

7.宁夏话剧团公演《雷雨》。

8.西安电影制片厂演员剧团演出《雷雨》。

9.陕西省广播文工团演出《雷雨》。

10.四川人民艺术剧院公演《家》《雷雨》《胆剑篇》《原野》。

11.广州市话剧团公演《雷雨》《日出》。

12.安徽省话剧院演出《日出》。

13.河南省话剧院、郑州市话剧公演《雷雨》。

14. 武汉话剧院演出《雷雨》《日出》《原野》。

15. 江苏人民艺术剧院公演《雷雨》《家》。

16. 浙江话剧团五演《雷雨》、三演《日出》,曹禺与主演握手。

17. 贵州省话剧团四演《雷雨》,1957 年公演《日出》。

(三)港澳台舞台上的曹禺剧作

1. 台北"国家戏剧院"演出《雷雨》《北京人》,曹禺题字祝贺(1993)。

2. 香港演出《曹禺与中国》,李援华编写。

三、各种舞台艺术形式的改编争奇斗艳

半个多世纪以来,曹禺剧作不仅以话剧形式演遍全国,而且被改编成歌剧、舞剧、音乐剧、戏曲(京剧、花鼓戏、楚剧、汉剧、评剧、唐剧、滇剧、湘剧、沪剧、越剧、甬剧、庐剧、粤剧、琼剧等多种不同剧种),这些就使曹禺的剧作不仅在大中城市广泛上演,而且深入县城小镇和穷乡僻壤,拥有了最广大的观众。

1. 歌剧《雷雨》《原野》;《原野》演唱会。

2. 芭蕾舞剧《雷雨》;舞剧《原野》(剧照)。

3. 音乐剧《日出》北京、上海两个版本。

4. 各种戏曲形式的曹禺剧作。

①京剧《王昭君》《原野》《孙美人》。

②川剧《原野》(附剧照和说明书)、《王昭君》。

③评剧《家》(1982,沈阳评剧院)。

④甬剧《雷雨》。

⑤沪剧《雷雨》《日出》《原野》。

⑥琼剧《雷雨》。

⑦花鼓戏《原野》。

⑧越剧《昭君公主》《雷雨》。

⑨粤剧《昭君公主》。

⑩滇剧《王昭君》(剧本、说明书)。

四、银幕、屏幕上的曹禺

曹禺的剧作自20世纪30年代起，就已经被搬上银幕，《雷雨》被7次改编成电影，《日出》被3次改编成电影。新时期以来，曹禺早期三部曲均被改编成电视连续剧。反映曹禺先生和创作的电视艺术片也一再出现在电视屏幕上，成为广大观众了解曹禺及其文化艺术价值的重要途径。

1. 电影《雷雨》(剧照4张)，《日出》《原野》(剧照、说明书)。

2. 电视连续剧《雷雨》(20集)、《日出》(22集)、《原野》(20集)先后播出，电视剧《镀金的城》。

3. 反映曹禺生平与剧作的电视艺术片。

①大型电视传记片《杰出的戏剧家曹禺》(1987，又名《曹禺》，由曹树钧撰稿)剧本，曹禺接见剧组照片。

②电视艺术片《雷雨》(1997)。

③电视艺术片《文化名人故里行·曹禺篇》(由北京人艺、北京电视台合拍，2004)。

④电视传记片《曹禺》(曹树钧撰稿)的拍摄。

⑤河北省电视艺术片《不朽的艺术精魂——曹禺》(1997)。

三、管理篇

“我一半的生命与这个剧院紧紧连在一起”——曹禺

在中国文化发展史上，曹禺不仅是一位立于世界戏剧之林的戏剧大师，而且是一位杰出的艺术管理家。

作为中国首屈一指的剧作家，曹禺把自己的一生都献给了中华民族的戏剧事业。在他众多的社会职务中，北京人艺院长这个职务，是他倾注心血最多的一个。从1952年建院到他生命最后一刻，他一直领导和关怀着剧院的艺术建设。近半个世纪来，北京人艺前后14次排演了他的9部剧作，他的作品培养了北京人艺一代又一代的导演、演员、舞台美术工作者，也培养了北京人艺一代又一代的观众。

曹禺一半的生命是与北京人艺紧紧连在一起的。

一、建院30周年纪念序言

“在这个剧院里，我是院长，但也不过是院长，没尽多少力量。我的剧本在这个剧院的舞台上演出过，我感到光荣。但这是小事。在30周年纪念中，我感到最深的是，我一半的生命与这个剧院紧紧连在一起。我们相信我们这个剧院将与祖国长存。”

——曹禺

注：序言全文用压缩照片陈列。

二、北京人艺演出曹禺剧作一览

北京人艺是新中国成立后演出曹禺剧作最多的一个剧院，如《雷雨》《日出》《原野》《蜕变》《北京人》《家》《明朗的天》《胆剑篇》《王昭君》。

三、曹禺与北京人艺其他领导关心人艺建设(照片)

1. 曹禺与他所培育的北京人艺的中青年艺术家们(照片)。

2. 曹禺关注、培育北京人艺的话剧观众(照片)。

四、曹禺的9部剧作在北京人艺舞台上演出的照片

五、在曹禺领导下，北京人艺演出的其他优秀剧目(照片)

(一)中国经典剧目：《茶馆》《虎符》《蔡文姬》《名优之死》《关汉卿》《狗儿爷涅槃》《天下第一楼》《霓虹灯下的哨兵》《风雪夜归人》《骆驼祥子》

(二)外国经典剧目：《悭吝人》《智者千虑必有一失》《三姊妹》《带枪的人》《推销员之死》《伊索》《女人的一生》《贵妇还乡》《二次大战中的帅克》《等待戈多》《哗变》《洋麻将》

(三)其他优秀剧目：《李白》《丹心谱》《小井胡同》《万水千山》《绝对信号》《野人》《古玩》

(四)写给《绝对信号》剧组的一封信

六、曹禺高度关注话剧观众的培养

1. 曹禺为《人艺之友》画册作序(1986)。

2.曹禺为《人艺之友》三周年题词。

3.《人艺之友》名誉会长曹禺讲话。

4.感谢北京人艺的老师(北京师范学院团委)。

5.曹禺和校园戏剧。

6.北京大学生戏剧夏令营致曹禺老师的信(1990)。

7.北京人艺艺术家为北京工业大学学生排练《雷雨》《家》《北京人》。

四、教育篇

“一切戏剧学问都要在实践中检验”——曹禺

曹禺的才华、贡献不仅表现在戏剧创作上和对戏剧事业的领导上,也表现在戏剧教育事业上。1936年～1941年,曹禺在国立戏剧专科学校(原国立戏剧学校)任教6年,新中国成立后长期兼任中央戏剧学院负责人。他以锲而不舍的治学精神感染学生,并用他全部的生命力量震撼学生的生命。他引导学生从中外名剧中领会戏剧的创作规律,并引导学生以自己的全部身心去接触中外戏剧大师的伟大灵魂——他们对人类命运的憧憬,他们对人生价值的追求。

一、曹禺在南京国立戏剧学校任教

1.任教时,同事有余上沅、马彦祥、杨帆、吴祖光等。

2.排练《镀金》《日出》。

二、剧专在长沙、重庆、江安

1.和剧专学生梅朵等合影,导演《凤凰城》、导演街头剧《疯了的母亲》。

2.同事有黄佐临、张骏祥、梁实秋、陈白尘、洪深、陈瘦竹、焦菊隐等。

三、曹禺和剧专学生谢晋、张瑞芳、骆文等

四、剧专学生演出《蜕变》《正在想》《雷雨》《日出》等剧

五、剧专学生崔小萍1940年的两则日记

四川江安:曹禺的办公室和学生宿舍

六、剧专学生赴北京医院看望曹禺

七、曹禺一直关心中央戏剧学院的教学与建设

1. 曹禺在1950年建院大会上讲话，1977年任名誉院长。

2. 曹禺多次参加中央戏剧学院的各项重大活动。

3. 曹禺在1980年参加学院建院30周年纪念大会，并致贺词。

4. 曹禺在1985年参加学院教职工代表大会及学院建院35周年庆祝活动。

5. 曹禺在1986年参加学院开学典礼，10月与学院表演系教学小组讲教学问题。

6. 曹禺在1987年为学院学报《戏剧》创刊30周年题词“播佳种在田”。

7. 曹禺在1987年教师节，代表学院向先进教师授奖并讲话。

8. 曹禺在1988年参加已故首任院长欧阳予倩诞辰100周年纪念大会并讲话。

八、曹禺多次观看中央戏剧学院学生演出的剧目

《彼尔金特》(1984)、《俄狄浦斯王》(1986)、《复活》(1987)、《地狱之火》(1987)、《桑树坪纪事》(1988)等。

九、热爱学生，热情支持艺术学子的创造活动和艺术探索，接待中戏首届导演博士生王晓鹰，观看他富有创意的导演作品《雷雨》

十、曹禺剧作是我国艺术院校的基本教材之一，哺育了一代又一代艺术学子

1. 中央戏剧学院演出《雷雨》《日出》《原野》《北京人》。

2. 上海实验戏剧学校演出《雷雨》《原野》《镀金》《北京人》。

3. 上海戏剧学院毕业公演《雷雨》《日出》《原野》《北京人》《家》及《王昭君》等片断。

4. 上海戏剧学院戏剧文学系编写的“曹禺研究”教学大纲。

5. 上海戏剧学院评论写作——评电影《原野》。

6. 上海谢晋明星学校第三届毕业实习汇报演出《雷雨》《日出》《原野》片断。

7. 上海教师话剧研究会演出《原野》(1986)。

8. 北京电影学院公演《雷雨》《北京人》。

9. 湖南、浙江等省级艺术学校演出《雷雨》。

五、交流篇

“开出更茂盛、更美好的人民友谊之花”——曹禺

随着中国经济建设的发展、国际地位的提高,我国与国际交往日益频繁,曹禺的外事活动也与日俱增。曹禺剧作的演出成为各国人民心心相通的桥梁,尤其是改革开放的新时期,曹禺剧作演出遍及全球,演出剧目更加广泛,演出风格也开始多样化。通过舞台,世界人民听到了曹禺的声音,感受到他的激情的火焰。

一、出访欧美、日本

1980年,曹禺应邀出访英国、瑞士、法国和美国。在英国,他得以实现造访久已向往的世界戏剧圣地——莎士比亚故乡斯特拉福的夙愿。在瑞士、法国、美国,他都受到了热情的欢迎和接待,增进了与各国人民的友谊。

1. 在英国接受记者采访(1980)。

①与英国国家剧院著名演员保罗·斯科菲尔德会面。

②在英国文化协会做客,谈及协会编印的年报。

③参观英国广播公司(BBC),受到总部总监格雷格森的欢迎,在欢迎晚会上宾主互相敬酒。

④与BBC电台对外广播部远东组副主任茂拉克等合影,英若诚翻译。

⑤伦敦的鸽群在街头欢迎中国戏剧家代表团。

⑥在伦敦海德公园拜谒马克思墓。

⑦在英国文化协会送别宴会上宾主互赠礼品。

⑧《北京日报》“伦敦通信”:《曹禺在莎士比亚的故乡做客》。

2. 曹禺应邀赴美讲学。

①现身在纽约曼氏剧场《北京人》公演开幕式上(1980 年 3 月)。

②在曼氏剧场与美国友人在一起。

③在美国东道主欢迎会上,阿瑟·米勒演讲后与曹禺合影。

④参观美国旧金山,与白先勇等在一起(照片 14 张)。

3. 中国戏剧家代表团访问日本(照片 12 张)。

二、曹禺与莎士比亚

莎士比亚是世界数千年文化史上的巨人之一,被马克思推崇为人类历史上最伟大的剧作家。莎士比亚是曹禺最推崇、最敬佩的一位戏剧大师。为了使中国人民更多、更广泛、更深刻地了解莎士比亚,继续开拓世界文明对于“人”的认识,推进祖国的文化与和平事业,曹禺不遗余力地向中国人民介绍、宣传莎士比亚,希望我国人民做莎士比亚的知音。

1. 中国莎士比亚研究会成立(1984),曹禺撰写祝词。

2. “中莎会”在曹禺支持下出版《莎士比亚研究》,刊登由他撰写的《发刊词》。

3. 曹禺出席首届莎剧节开幕式,会见英国莎学家(1986)。

4. 曹禺与莎剧节上海组委会中心组合影。

5. 曹禺与国际莎协主席菲力浦·布洛克班克及其夫人在一起。

6. 曹禺与黄菊亲切交谈。

7. 曹禺观看《李尔王》《终成眷属》《驯悍记》《奥赛罗》《无事生非》等剧。

8. 曹禺在首届莎剧节上致闭幕词,首届莎剧节总说明书(内有曹禺题词、文章)。

9. 曹禺为’94 上海国际莎剧节题词。

10. 为首届莎剧节节目单写贺词,为中国青艺、《威尼斯商人》写贺词。曹禺与国际莎协主席、莎学专家合影(1986)。

11. 首届莎剧节简报上关于曹禺活动的报道。

12. 曹禺致“中莎会”副会长方平的信。

13. 曹禺论'94上海国际莎剧节。

14. 曹禺审议“中国莎学代表团”首次出国参加世界莎士比亚大会的报告。

15. 曹禺题词、指导的《中华莎学》(共9期)。

三、曹禺与外国友人交往

1. 会见美中学术交流委员会成员玛丽·布洛克(1979)。

2. 与美籍华人刘君若在礼士胡同合影(1979)。

3. 陪同美国喜剧大师鲍勃·霍普观看《雷雨》(1979)。

4. 宴请美国友人谭宁邦(1980)。

5. 会见日本友人影山三郎、杉村春子(1980)。

6. 授予日本戏剧导演艺术家千田是也“中国剧协名誉会员”称号(1981)。

7. 接见美籍华人周采芹(周信芳之女)(1981)。

8. 与日本作家井上靖及其夫人合影(1983)。

9. 会见苏联戏剧家代表团(1987)。

10. 曹禺获法国荣誉勋位勋章(1987)。

四、曹禺剧作在国外的版本和研究

曹禺剧作在国外的影响逐渐壮大。据不完全统计,他是中国剧作家中剧本被译成他国文字最多的一个,其中尤以日译本最多,他的主要剧作均被翻译出版。与此同时,对曹禺剧作的研究,在海外也逐步展开。

1. 英、法、俄、日、越南、朝鲜、韩国、罗马尼亚等国的译本。

2. 俄文版《曹禺戏剧集》(上、下),附有论文:《论曹禺的戏剧创作》(B.彼德洛夫著,曹树钧翻译)。

3. 韩相德翻译的韩国版《雷雨》《日出》《原野》。韩相德发表《曹禺剧作在韩国》。

4.《日本曹禺研究史》(日本,饭冢容)、《〈原野〉的再评价》(日本,饭冢容)、《鲁迅与厨川白村》(日本,牧阳一)、《建国后曹禺作品上演史》(日本,濑户宏，在曹禺诞生 90 周年研讨会上的论文）。

5. 日本东京“中国演剧展”关于曹禺剧作的介绍，美籍学者刘绍勉出版的《曹禺》。

6. 西德马乌韦・克劳特：《戏剧家曹禺》。

7. 澳籍学者陆葆泰：《曹禺的写剧技巧》《曹禺的写剧技巧》。

8. 韩国赵浚熙：《试论曹禺的家族意识》。

五、曹禺剧作在五大洲的舞台上

（一）亚洲

1. 日本民艺剧团演出《日出》。

2. 日本关西大学演出《雷雨》。

3. 新加坡实践话剧团演出《雷雨》。

4. 越南演出《雷雨》。

5. 菲律宾演出《北京人》。

6. 马来西亚演出《雷雨》。

7. 印度尼西亚演出《雷雨》。

8. 韩国演出《雷雨》（4 次）。

9. 新加坡演出《北京人》（1958）、《雷雨》（3 次）、《日出》（1938、1955）、《家》（1954、1959）、《原野》（1997）。

10. 蒙古国演出《雷雨》。

（二）欧洲

1. 苏联演出《雷雨》数千场。

2. 罗马尼亚演出《雷雨》（1959、1981、1989）。

3. 匈牙利演出《日出》（1958）。

4. 阿尔巴尼亚演出《雷雨》（1963）。

5. 捷克斯洛伐克演出《雷雨》（1961）。

6. 德国演出歌剧《原野》。

(三)美洲

1.美国演出《日出》、《北京人》(1953、1980)、《家》(1982)、《雷雨》。

2.美国华盛顿演出歌剧《原野》。

3.巴西演出《雷雨》。

(四)非洲

埃及演出《雷雨》(1990)。

(五)澳洲

澳大利亚演出《雷雨》(1988)。

六、中国剧团赴国外演出曹禺剧作

1.1985年9月,上海人民艺术剧院应邀访问日本,演出《家》10场。

2.1986年1月,南开大学外文系《雷雨》(英语话剧)剧组访问美国,并演出10场。

备注:设立电视机A,将曹禺五大经典话剧滚动式播出。

六、知音篇

“他是一位真正的艺术家”——巴金

艺术与人民群众是否保持密切的联系,这是艺术能否永葆青春的关键。曹禺的剧作,反映的是人民的生活、人民的心声,因此受到人民的欢迎。中国人民热爱曹禺,中国人民懂得曹禺。随着思想解放的不断深入,曹禺的剧作越来越受到研究者的关注和重视。研究曹禺的论著不断地涌现,1978年到2003年,全国共发表研究曹禺的论文、剧评等共400余篇,专著数十部。曹禺的杰作不仅在中国获得了知音,而且在世界也找到了广泛的知音。

一、党和国家领导人高度重视曹禺的艺术成就

1.周恩来论曹禺　陈毅论曹禺是国宝　邓颖超祝贺信。

2.江泽民出席北京人艺建院40周年座谈会,与曹禺亲切交谈。

3.文化部1990年隆重举行祝贺曹禺从事戏剧活动65周年活动,中宣部副部长、文化部代部长贺敬之讲话，赵炜宣读邓颖超写给曹禺的祝贺信（照片6张）。

二、曹禺拥有最广大的读者和观众

1. 曹禺剧作的各种单行本、选集，《曹禺戏剧集》《曹禺全集》等。

2. 中学语文课选择剧本《雷雨》片断作为教材。

3. 各种曹禺剧本的导读本，如《曹禺读本》（田本相等编）。

4. 河北师范大学中文系演出《镀金》（1997）。

5. 中学生剧团演出《雷雨》全剧；四川新都一中学生演出《雷雨》专刊。

6. 各种不同剧本的连环画：《雷雨》《日出》《原野》《北京人》《家》《胆剑篇》《王昭君》《柔蜜欧与幽丽叶》（曹禺译本）。

三、已出版的数十种研究曹禺的专著

《〈雷雨〉人物谈》（钱谷融）；《曹禺剧作论》《曹禺传》《曹禺年谱》《曹禺评传》（均为田本相）；《走向世界的曹禺》《曹禺成才之路》《影视剧创作心理研究》《曹禺剧作演出史》《曹禺经典的新解读与多样化演绎》（均为曹树钧）；《摄魂——戏剧大师曹禺》（曹树钧、俞健萌）；《大小舞台之间》（钱理群）；《〈日出〉导演计划》（欧阳山尊）；《论曹禺的戏剧创作》（朱栋霖）；《困惑与探索》（宋剑华）；《金钱与衣裳——曹禺与外国戏剧》（焦尚志）；《曹禺剧作魅力探微》（陆葆泰）；《曹禺：历史的突进与回旋》（马俊山）；《曹禺戏剧欣赏》（赵惠平）；《曹禺评传》（胡叔和）；《曹禺剧作艺术探索》（华忱之）；《曹禺的戏剧艺术》（辛宪锡）；《曹禺剧评》（张慧珠）；《曹禺剧作启示录》（李丛中）；《二十世纪文学泰斗·曹禺》（刘艳）等。

四、研究曹禺的学士论文、硕士论文与博士论文层出不穷

《曹禺后期剧作研究》（钱亦焦）；《论新版〈雷雨〉》（吕效平）；《现代性视野下的曹禺剧作研究》（李扬）；另有胡润森、陈东城、郝明工、易红霞、张大伟、库慧君等学者写的论文。

五、“曹禺学术研讨会”研究步步深入

1. 1985年10月，南开大学“曹禺戏剧活动60周年学术研讨会”。

2.1990年10月,文化部等单位联合主办曹禺戏剧创作学术研讨会。

3.1991年8月,第一届曹禺研究国际学术研讨会,南开大学等单位发起。

4.1993年12月,第二届曹禺研究国际学术研讨会,武汉大学等单位发起。

5.1997年12月,河北师范大学等单位联合主办"第三届曹禺研究国际学术研讨会"。

6.2000年10月,第四届曹禺研究国际研讨会,由潜江市政府主办。

7.2004年10月,第五届曹禺研究国际研讨会,由潜江市政府主办。

以上7次会议出版了6本曹禺研究论文集。

七、乡情篇

"我是潜江人"——曹禺

曹禺的故乡潜江,是荆楚文化的发祥地之一。曹禺生前深深地眷恋着故土,他特别关心家乡的建设和发展。对故乡的文艺事业,他更是格外关注。家乡人民也无时无刻不牵挂着曹禺。为了表达潜江人民对曹禺的热爱、崇敬之情,1989年潜江市政府兴建了曹禺著作陈列馆、2000年召开了曹禺国际学术研讨会,2004年又举办了"中国(潜江)曹禺文化周"。

曹禺是潜江优秀儿女的代表,是潜江人民的光荣和骄傲。他卓越的艺术成就和高尚的人格魅力,永远铭刻在潜江人民的心里。(此章是本馆的重点之一,也是本馆"人无我有"的一大特色。)

一、地灵人杰育英才

1.龙湾遗址。

2.李汉俊、李书城在潜江。

二、曹禺眷恋故土,关注家乡建设

1.1983年,为家乡美酒题词:"万里故乡酒,美哉园林青。"

2. 1984 年，思乡诗："明月故乡晓钟，远隔千里心同。今日不知何处，犹在相思梦中。"

3. 1988 年，为潜江撤县建市题词："添水乡异彩，建盐都新城。"另外，曹禺出国护照上籍贯填写潜江。

三、支持故乡文艺、教育事业

1. 观看潜江剧团演出的花鼓戏《家庭公案》，并上台祝贺演出成功。

2.《光明日报》发表曹禺剧评《潜江新花——推荐〈家庭公案〉》。

3. 为潜江中学、潜江幼儿师范学校题写校名。

4. 为潜江作家王国海长篇小说《丽人湖畔》题写书名。

四、曹禺著作陈列馆引起巨大社会反响

1. 万枚子题写馆名。

2. 花鼓戏《原野》首演、专家座谈。

3. 刘厚生（剧协副主席）、徐晓钟（中戏院长）、于是之（著名表演艺术家）等座谈建馆意义，李玉茹、万方及众学者于 1989 年参加隆重的陈列馆落成典礼，万方赠送曹禺的题词"我是潜江人"。

4.《曹禺研究通讯》第一、二期出版。

5.《人民日报》《光明日报》《湖北日报》等 10 多家媒体做了报道。

6. 中央电视台制作播放专题电视片《悠悠故乡情》。

五、荆楚千年忆章华——潜江人民痛悼曹禺逝世

1. 巨幅挽联痛悼文坛巨星陨落。

2. 潜江建造"曹禺陵墓"。

3. 李玉茹遵照曹禺遗愿向潜江赠送曹禺手稿、书信、实物。

六、花鼓戏《原野》誉满京城

1. 1990 年 10 月，花鼓戏《原野》进京演出，曹禺会见花鼓戏《原野》剧组。

2. 1996 年 12 月，曹禺逝世，花鼓戏《原野》再次上演，《人民日报》刊登评论《特殊的纪念》。

3. 1998 年，花鼓戏《原野情仇》荣获中国文华奖，主演胡新中（仇虎）、李春华(金子)双获中国戏剧梅花奖,孙世安获中国文华表演奖。

4. 潜江荆州花鼓戏剧团升格为湖北省实验花鼓剧院,2000 年 2 月,剧院负责人赴京出席全国文化先进表彰大会,国家领导人亲切接见。

七、神州雷雨——纪念曹禺诞辰 90 周年

1. 多位领导、专家聚集潜江,举行纪念座谈会、学术研讨会,会上,专家们各抒己见,李玉茹给纪念会贺信。

2. 湖北人民出版社出版《神州雷雨——曹禺诞辰 90 周年纪念文集》(曹树钧、郑学国主编)。

八、规模空前的"中国(潜江)曹禺文化周"

1. 潜江市领导举行曹禺文化周动员大会,制订文化周工作方案,原名"中国曹禺文化节"。

2. 潜江市领导拜访中国文联、文化部有关领导。

3. 新建"曹禺文化广场",新建"曹禺纪念馆"(照片)。

4. 修缮潜江"曹禺陵园"。

5. 成立潜江市曹禺研究会,出版《曹禺研究》年刊。

备注:设立电视机 B,播放花鼓戏《原野》演出录像。

设立录音机一台:播放曹禺在北京同乡联谊会上的讲话录音。

八、缅怀篇

"当年海上惊雷雨"——茅盾

1996 年 12 月,曹禺与世长辞,他将丰富的文化遗产留给了中国,也留给了世界。曹禺作为人的生命逝去了,但是他的思想与艺术的生命是永生的。我们永远听得见他的声音、他的语言。他思想的翅膀在我们头上翱翔,他剧作中激情的火焰在我们心里燃烧。人民将永远怀念他。

一、巨星陨落,举国痛悼

1. 1996 年 12 月 13 日,曹禺逝世,媒体纷纷报道。

2. 1996 年 12 月 22 日，曹禺治丧办公室发出讣闻。

3. 1996 年 12 月 27 日，上午，八宝山殡仪馆举行向曹禺遗体告别仪式。

4. 1997 年 4 月 28 日，曹禺魂归故里，骨灰葬于潜江市森林公园。

二、2000 年各地隆重纪念曹禺诞辰 90 周年（有部分纪念演出活动筹备于 2000 年，正式公演于 2001 年）

（一）北京召开纪念座谈会，李默然发表缅怀文章

1.《中国戏剧》2000 年（九、十）期特辟纪念专栏。

2. 北京人艺纪念曹禺特辑（1997）。

3. 北京人艺在 8 月至 10 月举办“曹禺经典剧作展”，演出《雷雨》《日出》《原野》3 出不同风格的戏。

4. 北京人艺院刊《北京人艺》第三期出了纪念专号。

5.《文艺报》2000 年 9 月刊发表万方、万欢缅怀文章和万昭评《日出》《原野》文章。

6. 中央戏剧学院 9 月举行纪念座谈会，演出《雷雨》。

（二）上海戏剧界纪念曹禺诞辰 90 周年

1. 2000 年 9 月 22 日，上海剧协、上海话剧艺术中心举行曹禺学术研讨会、出版纪念专刊。

2. 2001 年 12 月，上海文联艺术团演出沪剧《雷雨》。

3. 2001 年，上海歌剧院演出歌剧《雷雨》。

4. 2001 年，上海戏剧学院表演系毕业公演，演出小剧场话剧《原野》，由何雁导演。

（三）重庆市《重庆文化史料》刊出纪念曹禺专辑

（四）出版界出版各种有关曹禺的著作，缅怀戏剧大师

1.《曹禺文集》，王晖主编，2001 年 1 月由吉林摄影出版社出版。

2.《倾听雷雨——曹禺纪念集》，李玉茹、钱亦焦编，2000 年 3 月由上海文艺出版社出版。

3.《简明曹禺词典》，田本相、黄爱华主编，2000 年 5 月由甘肃教育出版

社出版。

4.《曹禺剧作魅力探微》,陆葆泰著,2000 年 8 月由华东师范大学出版社出版。

(五)各地刊物《广东艺术》《四川戏剧》《戏剧之家》《名人传记》《新华文摘》《上海戏剧》《艺术百家》《作家文摘》《章回小说》《新儿童剧》《歌剧艺术研究》等期刊,发表曹禺研究文章和纪念文章共 68 篇

三、曹禺剧作不断地活跃在各地舞台上

1. 1999 年,上海戏剧学院表演系毕业公演《家》。

2. 2001 年,北京人艺《雷雨》在各地巡回演出。

3. 2002 年,陈佩斯等演出音乐剧《日出》,吴贻弓编导;天津人艺演出《雷雨》。

4. 2003 年 11 月,上海国际艺术节演出明星版《家》、沪剧《家》、川剧《家》。

5. 2004 年 11 月,上海国际艺术节演出明星版《雷雨》。

备注:设电视机 C,播放电视传记片《杰出的戏剧家曹禺》,其中有曹禺讲话录音。

安徽教授曹禺妻弟郑还忆曹禺

——答曹树钧问

[编著者按]

曹禺前妻郑秀的胞弟郑还，1923年生，福州人，1945年毕业于中央大学电机系。1946年春赴晋察冀解放区参加革命。新中国成立后为安徽省合肥市电子工程学院教授，1988年离休。2012年7月6日，曹禺研究专家曹树钧与潜江曹禺纪念馆名誉馆长傅海棠一行5人，专程赴安徽合肥采访郑还教授，以下为采访主要内容，供曹禺研究者参考。

问题1：1982年，郑秀在接受别人采访时说："我的弟弟就是曹禺把他介绍给总理，去了解放区的。"此事您能否具体谈一谈，时间、地点及大体情况。

郑答：我于1945年毕业于重庆原中央大学电机系。8月8日响应党的号召并经校内秘密组织（受南方局直接领导的地下工作"据点"）安排启程前往鄂豫皖解放区，行至半途，因日寇投降而折返重庆。此前我曾想通过曹禺向总理（那时称周副主席）请求指导，因为我知道曹禺能接触南方局高层，并与夏衍等同志有来往。从郑秀处我了解到曹禺当时住在重庆南岸，但具体地址需找张骏祥打听，我去了张骏祥家，但只见到白杨（张当时与白同居），白杨说她也不知道（估计是不愿告诉我）。所以去解放区前未能见到曹禺，当然也没有请他联系总理的事了。回到重庆后见到曹禺，告诉他未去成解放区，他曾问我是否是CP，我说还不是，未谈其他。后来总理率中共代表团参加重庆谈判，代表团要南方局青年组选送一批有英文基础的进步同学到张家口晋察冀解放区参加“整军”翻译工作，我也在这个时候（1946 年 4 月）经青年组推荐，到达了解放区，但并没有直接惊动总理。所以确切地说，我并不是由曹禺介绍给总理，去了解放区的。

问题 2：郑秀还说，“文革”中您还换上便服去看望曹禺。这大约在什么时间，是去张自忠路的曹禺家中，还是去了北京人艺？

郑答：“文革”期间，大约是在 1968 年，我曾去东城铁狮子胡同曹禺家中看望曹禺，当时曹已遭“人艺”批斗，家中有人监控，我是穿便服去的，好像还见到方瑞。我告诉他不必太紧张，只要与彭真没有组织联系，不会有太大问题。具体情况是，1968 年的时候发动“文革”的目标已基本明确，所以我放心地去看望曹禺，穿便服去是为了不影响曹禺。后来 1969 年，清队时，我们单位的军宣队还查问过这件事，我虽是批判对象，但对军宣队的查问我都坦然以对，如实说明了看望的过程和谈话内容，他们也没有多追究。

问题 3：（1）郑秀说，郑烈是由伯父资助到日本留学的，伯父是谁？（2）郑秀说，郑烈是郑秀舅舅林文介绍给同盟会的，两人成莫逆之交。您能不能做一些具体介绍？

郑答：（1）郑秀伯父郑宪成（原名则善，后改名建）曾就读于南京水师学堂，与先进同学密倡革命。1903 年前后东渡日本，参与留日学生组织的反对沙俄染指我辽东半岛的“军国民教育会”，追随孙中山从事革命活动。后受邀与张继、赵声等革命党人同在长沙实业学堂（今湖南大学前身）执教，该校名为官办实乃反清革命集团，郑烈即为该校首期学生之一。先前，郑烈与郑宪成同在南京水师学堂就读时，即受乃兄思想影响，入实业学堂后进一步接受革命教育，从此走上革命道路。随后，郑烈于 1905 年由其兄郑宪成资送留学日本，入东京日本大学学习法律，并经林文推介，参加同盟会。

（2）关于林文

①林文与同盟会

林文，福建侯官（今福州市区）人，1887 年生于中国台湾。林文字南散，初名时塽字广尘，1910 年改用一名字。父母早卒，与幼妹佩瑛一同寄居于长姊(晚清重臣沈葆桢)家中。家学渊源有来由,林文天资聪颖,诗与字皆极佳。1904年,林文由沈葆桢次子东渌夫妇资送留学日本,在东京日本大学攻读哲学及法律,都有较深造诣。1905年,林文的革命胆识深为孙中山及黄兴所倚信,乃受命参与组织同盟会及创办《民报》,并担任第十四支部(即福建支部)支部长。初期加入福建支部的盟员多为留日学生中的先觉精英分子,均由林文亲自主盟。林文善于团结同志,率身垂范,其革命胆识、领导才能深受同志敬佩。林文曾与黄兴纵论革命攻略与立国之道,黄兴为之倾倒。林文主持盟务,派人在福建组建同盟会分会,大力发展组织,积极开展策动新军反正及秘密联络会党的工作,至于其他各省闽籍同志亦安排相关干部进行联系和领导,使福建支部成为各省同盟会支部中战斗力较强的支部之一。

②林文与辛亥黄花岗起义

辛亥年三月二十九日(公元1911年4月27日),在清朝统治下的广州,黄兴领导的数十百位革命志士在力量悬殊的情况下,毅然决然地向总督衙门发起进攻,史称辛亥广州起义(或黄花岗起义)。林文是在起义中壮烈牺牲的黄花岗七十二烈士之一。

在这次起义中,林文率领所部的闽籍精英及死士(敢死队员)30余人作为先锋,主攻敌酋张鸣岐总督衙门,战斗中林文奋勇当先,左挟炸弹,右执号角(即喇叭筒),挥众扑向督署前门,毙其卫队管带,我军随后争先奋击,续歼多人,将顽抗之敌击溃,且有数人弃枪投降,乃令其引导入内。此时黄兴偕朱执信、李文甫等也率众攻入侧门,两方会合后遍搜不见张贼踪影,乃火其衙出。黄兴及林文所率大队出督署方抵东辕门,而敌提督李准的精锐部队已驰至,列阵以待。林文曾闻李部有同志潜伏,乃以号角向敌军喊话,意谓我等为还我河山而战,彼此皆为汉人,义属一家,何不合而为一,以建新国。语未毕,敌突伏地发枪,林文欲还击,而脑及其他要害已中弹,壮烈牺牲,年仅二十五岁。林尹民怒极,眼角都瞪裂了,即举枪将发弹者击毙。我同志及死士见先锋主闽籍同志及死士,乃从黄兴转战而南,期与约定反正的清军巡防营会合，不意相遇时彼竟举枪欲发，我闽籍精英奋起迎战，虽以陈与燊、林觉民等之温文亦奋身击敌，锐不可当。但终因寡不敌众，我同志及死士大部阵亡，少数被执。其战况的惨烈，起义志士英勇牺牲、慷慨就义的大无畏精神，实足以惊天地、泣鬼神。

此次起义中殉难的七十二烈士葬于广州的黄花岗，实际牺牲有姓名可查的，至少为九十二人。闽籍志士殉难者凡十五人，其中知识分子精英十人，他们是林文、林觉民、陈与燊、林尹民、方声洞、陈更新、陈可钧、冯超骧、刘钟群、刘锋，前七人皆为留日学生。

这次广州起义虽然失败了，但其直接影响推动武昌起义取得成功，随后全国响应，迅速推翻了清朝专制统治。失败的原因首先是起义计划多次改变，以致作战力量不能适时集中，同盟会总部原已在香港调集三四百人（其中有作为主干的知识分子精英数十人，募集日临时入盟死士数百人），但最终由黄兴统率参加起义的只有数十百人。其次是策动新旧军反正悉成泡影，其他各路亦全无响应，以致孤军无援。起义日期初定为辛亥年三月二十九日后，负重责同志有一批军械被敌破获，敌已有备，坚主改期。黄兴不得已，乃命已入粤同志陆续退港候命。令发之后已是二十八日黄昏，四川喻培伦同志忽得悉清吏即将清查户中，进行搜捕，则滞留未行的同志及军械势难保全。喻培伦知林文素为黄兴所重，急举以告林，林文方以改期则此后欲谋重聚所部及进行筹款将极为困难，乃毅然以恢复原议为己任。当时小东营总机关部主持者为黄兴与林文及朱执信三人，林文、喻培伦乃向黄兴力争恢复原议，如期发动起义，他们认为：(1)省垣同志纵能于一二日内退至香港，而排除万难运到的枪械及子弹，亦无从运出。(2)彼慷慨捐输者必认为我等胆小怕死，甚至误为借词相欺，以后再谋筹款，谁复响应？(3)又所募死士必极失望，重聚不易。况新军第二标中同志颇多，如期发动或得其助。在此情势下与其束手待毙，何如先发制人？但能攻入敌巢，擒杀张贼，则李逆丧胆，吾辈不惜肝脑涂地率先击敌，继以新军配合，起义就有可能取得成功。即使发而莫应，起义失败，吾辈抛头颅洒热血，前仆后继视死如归的精神，亦足以感动海内外同胞起而响应，虏运告终指日可待，则今日的失败，即为他日成功的基础。林文慷慨陈词，喻亦声泪俱下以和之，黄兴为之动容，毅然改变前命，决定如期起义。乃于二十九日晚五时半，集林文所部闽籍同志三十余人，蜀苏皖同志若干人，莫纪彭、徐维扬部花县同志四十余人，刘古香部广东同志十余人，及其他，计数十百人，誓师小东营，义无反顾地发难了。辛亥冬，革命政府成立于南京，孙中山就任临时大总统，以我民国如无此次起义打下基础，则武昌起义各省风从就无从发生；而此次起义如无林文与喻培伦烈士的力争，则必定改期了，改期无异解散，解散就没有此次起义。缅怀二烈士功绩，首以明令，皆追赠为大将军。

③林文与郑烈

林文与郑烈的关系带有传奇色彩，郑烈字晓云，1888 年生，福建闽县（今福州郊区）人，是林文的亲密同志和战友，福建同乡，日本东京大学同窗。此外，林文还把胞妹推介给郑烈，革命政府成立后才结为伉俪。林文 1904 年到日本留学，郑烈次年赴日，同年林文受命组建同盟会第十四支部，郑烈是林文主盟的第一批留日学生盟员之一。郑烈长期在林文领导下从事革命工作，是林文的主要助手之一。林文密设同盟会第十四支部于东京郊外大久保，颜曰“田野”。“田野”寓庐迄为超级支部机关所在地，常居“田野”者有林文、林觉民、陈与桑、林尹民、郑烈、李恢等六人，朝夕相处、情若兄弟。以后这六人都参加了黄花岗起义，林文、林尹民、陈与桑壮烈牺牲，林觉民慷慨就义。郑烈、李恢于三月二十八日先期入粤，后奉命退港，待三十日晨随赵声、胡汉民所率数十百人后续队伍赶到广州时，则满江尽是清军黄龙旗，城门闭不得入，始知已于二十九日晚发难，并且失败了，就全部折返香港，故郑、李生还。郑烈二十七日晚在香港犹与林觉民、陈更新同睡一床，林觉民起就灯下草绝命书致其夫人，彻夜未眠，不意转瞬之间竟成永诀。

郑烈于黄花岗起义失败后奔返日本，曾以“天啸生”笔名撰有《黄花岗福建十杰纪实》一文，刊于当时上海各报，其中《林尹民传》曾被选用于中学语文课本十余年。顾乃成于创巨痛深之余，不免拉杂无章，轻重详略失宜，实不足以阐发先烈崇高的革命精神。其中林文烈士者，实乃此次起义前福建全体同志唯一的领袖。由于数十年来对其详尽功绩缺乏佳传弘扬，知者甚少，几近湮灭。郑烈对此引为至憾，乃于林文牺牲四十二年后的垂暮之年，重撰《林大将军传》一文。贡其所知，对失传事迹加以补充，对失实问题加以辨正，尽力恢复历史原来面貌。郑烈在1905～1911年的“三·二十九”起义前夕一直与林文朝夕相处，进攻督署战斗虽未身列行阵，但当日战况素曾就教于亲历战斗并幸存的三位同志，《林大将军传》所述应较为确实。（该文被收入于1953年中国台湾出版的《历代人物评传·林大将军传合刊》一书中。）

问题4：1926～1927年，郑烈在南京工作，您和他在一起吗？郑秀去北京上学，您在哪儿求学？

郑答：1927年国民政府定都南京，郑烈就任最高法院检察署检察长，此后一直担任该职直到1948年退休。我们举家由福州迁往南京，那时我4岁，刚上小学。郑秀则随其姨母，也是干妈沈林氏（林文烈士长姊）到北平定居，入贝满女中，此后她一直在北平生活和上学，到1936年大学毕业后才回到南京。

问题5：1933年，曹禺、郑秀在清华演《罪》，您看过他们的演出吗？您看过曹禺在清华的演出，或曹禺的其他戏吗？（例如《娜拉》《马百计》《骨皮》，等等）

郑答：1933年，我在南京，小学还没毕业，不可能看过曹禺和郑秀在清华的演出，或曹禺的其他演出，也没有听说过。我是一个缺少文艺细胞的人，只在1934年暑期第一次见到曹禺时，看过在《文学季刊》上刊载的《雷雨》，抗战时期看过《蜕变》，新中国成立后看过《明朗的天》等少数几部作品，至于演出也看过不多，而且都是公演，如《雷雨》《日出》和电影《原野》等。

问题6：1933～1934年，您认识巴金、孙毓棠、孙浩然、靳以吗？他们与曹禺的交往如何？

郑答：在上一个题中我已讲过，我于1934年暑期小学毕业，同曹禺也才认识，所以并不了解曹禺同这几位作家的交往情形。我只知道巴金是发现并赏识曹禺的人，并把《雷雨》刊登在他所办的《文学季刊》上。

问题7:曹禺在天津南开中学、南开大学学习时，受张彭春影响很大。您认识张彭春先生吗？看过曹禺在南开演出的京戏《打渔杀家》《南天门》或其他话剧，如《财狂》《争强》吗？

郑答:我并不认识张彭春先生，但听过他1940年左右在重庆南开中学一次关于戏剧的演讲。据说他是曹禺在清华读研究院时的导师，曹禺在他的成名作《雷雨》的扉页上题有“献给我的导师张彭春”字样。至于曹禺在天津南开中学学习时和张先生的交往我则一无所知，因为那时我还很小(曹禺比我长12岁)。曹禺会唱京戏我是听说的，因为南开中学的一位老生活老师(也是曹禺的生活老师)跟我们聊过在操场上“逮住”曹禺唱京戏的事(那时南开不让学生唱京戏)。我也没有看过曹禺在南开演出的京戏和话剧。

问题8:您见过曹禺的哥哥万家修、继母薛咏南吗？他们给您留下什么印象？

郑答:我没有见过曹禺的哥哥和继母，我只知道曹禺和郑秀订婚时，他的继母专程从天津来南京参加典礼，并曾到过我们家。

问题9:1936年10月26日，曹禺、郑秀在南京订婚，订婚典礼您参加了吗？除了巴金、靳以、田汉外，还有哪些人出席？田汉送了一幅中堂，您还有印象吗？

郑答:我没有参加曹禺和郑秀的订婚典礼，但我知道典礼是在南京“德瑞奥同学会”举行的。我们家只有父亲、继母和上大学的三哥参加了，其他的小孩子都没有去。上海来了不少文化人。听说有巴金、田汉等人，剧校的余上沅、马彦祥也参加了。

问题10:曹禺的哥哥1937年因什么病去世的？他的舅舅薛延年您见过吗？现在还健在，在武汉吗？

郑答:曹禺哥哥的情况我不了解，我也没有见过他的舅舅。

问题11:郑烈1937年为什么起先不同意郑秀、曹禺在长沙办结婚，后来为什么又同意了？结婚典礼有哪些人参加了？

郑答：1937年曹禺和郑秀在长沙结婚，是由剧校主办的，郑烈和我们家人都没有参加，因为“七七”事变以后，我们全家已移居上海租界，郑烈一人留守南京，南京失陷前撤往武汉。所说郑烈起先不同意、后来又同意他们结婚的事恐系误传。郑烈对曹禺和郑秀婚姻的态度是经历过一些变化的，大致情况是，郑烈对儿女婚姻的态度还是比较开明的，郑秀刚入清华时，郑烈即要她留意自觅对象，两年后即1934年暑期曹禺随郑秀由北平到南京“相亲”，在我们家住了一个多月。那时曹禺已因《雷雨》崭露头角，是有名的清华才子，郑烈比较满意。但对曹禺的政治倾向有些不放心，所以事后又托人请清华校长梅贻琦调查了解，梅反馈“思想‘左’倾，但不是共产党”。郑烈受国民党右派思想影响，生怕曹禺和左翼有大的瓜葛，所以对郑秀没能早些征求他的意见有些埋怨，但并没有反对他们继续交往。后来，1936年秋他们一道回到南京，郑秀住在家里，曹禺下班后到家中见面。那学期我正好因病走读，也住在家里，所以比较了解他们这期间交往的情况。他们10月份订婚时，我不知道有郑烈不同意这门亲事而发生激烈争执的事。郑烈的确曾因郑秀的生活习惯与她有过龃龉，曹禺和郑秀也对郑烈偶有闲言，但这些“争执”与他们的亲事无关。所以我认为郑烈没有反对，虽然有所保留（主要因不放心曹禺的政治倾向而劝过郑秀）。

问题12：1939～1941年，曹禺随剧校迁四川江安，您那时在哪儿就学？去过江安？认识方瑞（邓译生）吗？

郑答：1939～1941年，我由上海到重庆，入南开中学，就读到毕业。我没有去江安，也不认识邓译生其人。

问题13：抗战胜利后，您在上海见过曹禺吗？郑烈在上海《新闻报》上登过一则郑秀与曹禺婚姻的启事吗？

郑答：1946年4月至6月，我身在解放区，所以抗战胜利后我没有在上海见过曹禺，直到1949年6月在北京看望他为止。我没有听说过郑烈在上海《新闻报》上刊登的事。

问题 14:郑秀与曹禺离婚前夕,您做了哪些工作?协议离婚时,有哪些人参加了?您参加了吗?

郑答:1950 年秋,郑秀由福州来北京处理与曹禺的婚姻矛盾,那时我在西郊军委通信部工作,所以开始阶段我参加了调解。郑秀最初的意思是要曹禺搬回家中,恢复夫妻关系,并要我到铁狮子胡同邀曹禺到干面胡同家中面谈(有二三次)。曹则表示既已分居多年,且方瑞已随他来北京,此事不可能做到。他们谈得不是很投机,甚至互相指责,最后曹禺提出离婚,郑秀拒绝。我主要是和稀泥,一方面劝曹禺妥善处理,另一方面也劝郑秀面对现实,总之没有起到多大作用。同时,参加调解的主要是郑秀在中国银行的直接领导张文秋以及中戏学院的领导。他们的调解工作也没有结果。1951 年 6 月份以后我因开会及到外地工作,没有参与调解,到年底前回到北京时,才获悉曹禺和郑秀已协议离婚了。据说经过双方领导劝说,可能还有中央统战部的同志出面做工作,郑秀最后同意离婚。我没有参加协议离婚会,参加者可能有欧阳予倩、张庚、光未然、李伯钊等人,具体情况可向他们的后人或亲友了解。

问题 15:郑秀和曹禺曾经志趣相投吗?你与曹禺的后续交往怎样?

郑答:①郑秀与曹禺邂逅于 1931 年高中毕业前,其间他们漫步清华园,从相识到相知,加深了对彼此的了解,打下了坚实的感情基础;面对阻力,坚持婚恋自主,矢志不渝,圆梦南京;战乱流离中,书信往来不辍,思念之深溢于言表,见证了他们对爱情的忠贞;长沙喜结良缘,尤其是曹禺蜚声文坛的三部曲《雷雨》《日出》《原野》都是在他们幸福的相伴下完成的。所以说,郑秀与曹禺曾经是志趣相投的伴侣,是一点也不为过的,而那种认为郑秀不适合曹禺的观点至少是不公正或不了解实际情况的。诚然他们的婚姻是以悲剧而告终,个中原因除了郑秀的某些性格弱点以及在处理婚变事件上有所失当外,主要还是由于第三者插足,没有第三者插足他们的婚姻,或许不致走到不可挽回的地步。

②我与曹禺的后续交往回忆

郑秀与曹禺离婚后，我曾两次去看望曹禺，第一次是在郑秀去世前，曹禺因病住院，我到医院去看望他。那时“四人帮”虽已倒台，但文艺界的境况还处于乍暖还寒时节，交谈中曹禺流露出心有余悸。我鼓励他要向前看，只要坚持正确路线不动摇，文艺界的春天是一定会到来的。

另一次看望曹禺是在1995年，当时他已病入膏肓，靠洗肾维持生命，但精神很好，谈到文艺创作，他对新中国成立后写不出东西感到极度苦闷。我对他说这不是他一个人的问题，茅盾、巴金他们不也是一样吗？这是时代的“悲剧”，也许是为了革命需要所必须付出的代价。因此不必过多地从个人的得失方面看待这个问题，要“看破红尘”。由于当时有李玉茹在场，我们没有多谈。

对本文中若干问题的补充说明

①关于“家学渊源有自”。“有自”不很通俗，可改为“有来由”。（林文烈士祖父林鸿年为清道光状元，父亲为当时闽中十才子之一，故云。）

②关于曹禺1934年暑期在南京的活动情况

1934年暑期，曹禺随郑秀由北平回到南京“相亲”，这是我父亲和我初次见到曹禺。那时郑秀和曹禺已初步定情，曹禺下汽车后谦恭地对郑烈一鞠躬，并尊称郑烈为“老伯”，两人相谈甚欢。当时我家租住“石鼓路63号”一座楼房的二层和三层，郑秀和家人一同住在二楼，曹禺则住在三楼的客房里。当时我小学刚毕业，郑烈曾要曹禺教我英文，后因我一时掌握不了英文的读音要领，上了几次课就停止了。那年暑期郑秀在家里住了一个月，曹禺则可能先期离开南京，没待那么长时间，不知道是回天津还是去了上海。

③关于郑烈托清华梅贻琦校长了解曹禺政治倾向的具体情况

1934年曹禺到南京“相亲”后，郑烈对曹禺的政治倾向不很放心，所以事后托人请梅贻琦校长帮助了解。此事郑烈和郑秀都没有讲过，而是我从家人的交谈中听到的。郑烈看到曹禺和郑秀两人在清华园的合影后，曾经抱怨郑秀没有早些征求他的意见，现在关系这样深了，他还能有什么回旋的余地呢？所以急于了解曹禺的政治倾向，幸好梅贻琦校长处很快有了回音，说曹禺只是“思想‘左’倾”，郑烈也就释然了。此后，抗战初期郑烈还通过曹禺在重庆结识了梅贻琦校长。

④关于1936年秋曹禺和郑秀一道回南京后的交往情况

回南京后，郑秀在审计部任职，曹禺受聘在国立剧专（即剧校）任教。郑秀住在家里（山西路天竺路17号），曹禺住在学校，每天下班后到郑秀家中见面、谈心。他们这时期正处于热恋中，晚上在楼下客厅谈到很晚。后来郑烈因郑秀的生活习惯问题与郑秀发生争执，郑秀赌气从家中搬到女青年会去。时间可能在他们10月份订婚前不久。郑秀从家里搬走后，曹禺已在剧专附近租了一套房子，他们的来往就更密切了。

在安徽合肥曹禺妻弟郑还家中，曹树钧和夫人与其合影

参考文献

[1] 田本相,刘一军主编. 曹禺全集:1-7[M]. 石家庄:花山文艺出版社,1996.

[2] 曹禺. 迎春集[M]. 北京:北京出版社,1953.

[3] 田本相,黄爱华主编. 简明曹禺词典[M]. 兰州:甘肃教育出版社,2000.

[4] 潘克明编著. 曹禺研究五十年[M]. 天津:天津教育出版社,1987.

[5] 贾长华主编. 曹禺与天津[M]. 天津:天津社会科学出版社,2015.

[6] 耿发起,田本相,宋宝珍编. 雷雨八十年[M]. 天津:天津古籍出版社,2015.

[7] 刘勇,李春雨编. 曹禺评说七十年[M]. 北京:文化艺术出版社,2007.

[8] 曹禺研究会编. 曹禺研究:第十辑[M]. 北京:中国戏剧出版社,2013.

[9] 曹禺研究会编. 曹禺研究:第十一辑[M]. 武汉:长江文艺出版社,2014.

[10]《剧专十四年》编辑小组编. 剧专十四年[M]. 北京:中国戏剧出版社,1995.

[11] 浙江摄影出版社. 当代中国文化名人传记画册:曹禺[M]. 杭州:浙江摄影出版社,1995.

[12] 曹禺. 没有说完的话[M]. 济南:山东友谊出版社,1998.

[13] 李玉茹,钱亦焦. 倾听雷雨——曹禺纪念集[M]. 上海:上海文艺出版社,2000.

[14] 陈樾山主编,刘平副主编. 唐槐秋与中国旅行剧团[M]. 北京:中国戏剧出版社,2000.

[15] 戏剧编辑委员会. 中国大百科全书·戏剧[M]. 北京:中国大百科全书出版社,1989.

[16] 李晓主编. 上海话剧志[M]. 上海:百家出版社,2002.

[17] 柏彬. 中国话剧史稿[M]. 上海:上海翻译出版公司,1991.

[18] 中国话剧运动五十年史料集编辑委员会编. 中国话剧运动五十年史料集:第 1-3 辑[M]. 北京:中国戏剧出版社,1985.

[19] 赵家璧主编. 中国新文学大系戏剧卷:第 1 辑[M]. 上海:上海良友图书公司,1936.

[20] 丁罗男主编. 上海话剧百年史述[M]. 桂林:广西师范大学出版社,2008.

[21] 阎折梧编. 中国现代话剧教育史稿[M]. 上海:华东师范大学出版社,1986.

[22] 中国艺术研究院话剧研究所主编. 中国话剧艺术家传:第一辑[M]. 北京:文化艺术出版社,1984.

[23] 中国艺术研究院话剧研究所主编. 中国话剧艺术家传:第二辑[M]. 北京:文化艺术出版社,1986.

[24] 中国艺术研究院话剧研究所主编. 中国话剧艺术家传:第三辑[M]. 北京:文化艺术出版社,1986.

[25] 中国艺术研究院话剧研究所主编. 中国话剧艺术家传:第四辑[M]. 北京:文化艺术出版社,1987.

[26] 中国艺术研究院话剧研究所主编. 中国话剧艺术家传:第五辑[M]. 北京:文化艺术出版社,1987.

[27] 中国艺术研究院话剧研究所主编. 中国话剧艺术家传:第六辑[M]. 北京:文化艺术出版社,1989.

[28] 胡振编著. 中国话剧史:上册、下册[M]. 香港:利源书报社有限公司,2005.

[29] 王卫国,宋宝珍,张耀杰. 中国话剧史[M]. 北京:文化艺术出版社,1998.

[30] 山东师范学院中文系编.《曹禺研究资料汇编》[M]. 1960(内部资料).

[31] 鲁迅. 鲁迅日记:上卷、下卷[M]. 北京:人民文学出版社,1976.

[32] 唐弢主编. 中国现代文学史[M]. 北京:人民文学出版社,1979.

[33] 夏衍. 夏衍杂文随笔集[M]. 北京:生活·读书·新知三联书店,1980.

[34] 鲁迅博物馆,鲁迅研究室编. 鲁迅年谱:第一卷[M]. 北京:人民文学出版社,1981.

[35] 鲁迅博物馆,鲁迅研究室编. 鲁迅年谱:第二卷[M]. 北京:人民文学出版社,1983.

[36] 鲁迅博物馆,鲁迅研究室编. 鲁迅年谱:第三卷[M]. 北京:人民文学出版社,1984.

[37] 鲁迅博物馆,鲁迅研究室编. 鲁迅年谱:第四卷[M]. 北京:人民文学出版社,1984.

[38] 吴祖光. 吴祖光论剧[M]. 北京:中国戏剧出版社,1981.

[39] 黄会林. 中国现代话剧文学史略[M]. 合肥:安徽教育出版社,1990.

[40] 田本相总主编. 中国话剧艺术通史[M]. 太原:山西教育出版社,2008.

[41] 曹树钧,孙福良.莎士比亚在中国舞台上[M].哈尔滨:哈尔滨出版社,1989.

[42] 孙福良主编,曹树钧执行主编.'94上海国际莎士比亚戏剧节论文集[M].上海:上海文艺出版社,1994.

[43] 曹树钧.莎士比亚的春天在中国[M].香港:天马图书有限公司,2002.

[44] 曹树钧执行主编.中华莎学:1-9[C].中国莎士比亚研究会,1989-2002.

[45] 傅海棠主编.曹禺研究:第九辑[M].北京:中国文史出版社,2012.

[46] 董健.田汉传[M].北京:北京十月文艺出版社,1996.

[47] 刘平.戏剧魂——田汉评传[M].北京:中央文献出版社,1998.

[48] 陆炜.田汉剧作论[M].南京:南京大学出版社,1995.

[49] 张向华编.田汉年谱[M].北京:中国戏剧出版社,1992.

[50] 何寅泰,李达三.田汉评传[M].长沙:湖南人民出版社,1984.

[51] 李辉.田汉——狂飙中落叶翻飞[M].郑州:大象出版社,2002.

[52] 陈美英编著.洪深年谱[M].北京:文化艺术出版社,1993.

[53] 古今,杨春忠编著.洪深年谱长编[M].北京:中国戏剧出版社,2009.

[54] 上海戏剧学院熊佛西研究小组编.现代戏剧家熊佛西[M].北京:中国戏剧出版社,1985.

[55] 曹树钧,俞健萌.摄魂——戏剧大师曹禺[M].北京:中国青年出版社,1990.

[56] 曹树钧.走向世界的曹禺[M].成都:天地出版社,1995.

[57] 曹树钧执笔.电视传记片《杰出的戏剧家曹禺》(6集).1988年2月中央电视台首播.

[58] 曹树钧."神童"曹禺——曹禺成才之路[M].上海:上海教育出版社,1998.

[59] 曹树钧.影视剧创作心理研究[M].福州:海峡文艺出版社,1999.

[60] 曹树钧,刘清祥主编.神州雷雨[M].武汉:湖北人民出版社,2002.

[61] 曹树钧,郑学国主编.世纪雷雨[M].北京:中国文史出版社,2005.

[62] 曹树钧等主编.永生雷雨[M].武汉:长江文艺出版社,2011.

[63] 曹树钧.曹禺剧作演出史[M].北京:中国戏剧出版社,2006.

[64] 曹树钧.曹禺经典的新解读与多样化演绎[M].上海:上海远东出版社,2013.

[65] 朱栋霖.论曹禺的戏剧创作[M].北京:人民文学出版社,1986.

[66] 杨海根.曹禺的剧作道路[M].上海:上海文艺出版社,1988.

[67] 田本相,张靖编著.曹禺年谱[M].天津:南开大学出版社,1985.

[68] 田本相,刘一军编著.苦闷的灵魂——曹禺访谈录[M].南京:江苏教育出版社,2001.

[69] 北京人艺大事记编辑组.北京人民艺术剧院大事记:1980-1996[M].北京人民艺术剧院.

[70] 李辉等主编.中国现代戏剧电影艺术家传:一[M].南昌:江西人民出版社,1981.

[71] 李辉等主编.中国现代戏剧电影艺术家传:二[M].南昌:江西人民出版社,1984.

[72] 陶令昌,金义端.陶金——舞台银幕五十秋[M].香港:香港开益出版社,1988.

[73] 董健编.陈白尘写作生涯[M].天津:百花文艺出版社,1986.

[74] 顾也鲁.影坛艺友悲欢录[M].北京:中国电影出版社,1996.

[75] 潘孑农.舞台银幕六十年[M].南京:江苏古籍出版社,1994.

[76] 赵云声,冼济华.话剧皇帝:金山传[M].北京:中国文联出版社,1998.

[77] 王复民,蒋维国等编.朱端钧的戏剧艺术[M].北京:中国戏剧出版社,1985.

[78] 文化部文学艺术研究院编. 周恩来论文艺[M]. 北京:人民文学出版社,1979.

[79] 人民文学出版社编辑部. 纪念鲁迅诞生一百周年文献资料集[Z]. 北京:人民文学出版社,1983 年.

[80] 张耀杰. 戏剧大师曹禺呕心沥血的悲喜人生[M]. 太原:山西教育出版社,2003.

[81] 赵丹. 地狱之门[M]. 上海:上海文艺出版社,1980.

[82] 张帆. 走进辉煌——献给热爱北京人艺的观众[M]. 北京:中国戏剧出版社,2007.

[83] 安葵. 张庚评传[M]. 北京:文化艺术出版社,1997.

[84] 胡绍轩. 现代文坛风云录[M]. 重庆:重庆出版社,1991.

后记

HOUJI

在学术研究领域，我们需要的是共同探讨、相互切磋的民主的学术空气。在学术问题上，学者们可以畅所欲言、各抒己见，这样才有利于艺术的进步和学术的繁荣。

在一次国际性的学术研讨会上，学者们在对曹禺研究要不要求真，要不要一分为二地分析杰出剧作家的得失问题上产生了激烈的争论。

有的学者认为应该尊重曹禺本人的意愿，在编《曹禺全集》时应当删去曹禺在"反胡风""反右派斗争"时期发表的错误文章。针对这种观点，本人在会上明确指出：曹禺是一位伟大的剧作家，但他不是完人。研究者必须坚持用辩证唯物主义与历史唯物主义的观点做指导，坚持唯物论，反对唯心论。我们应该看到：作为一个人，曹禺前后的思想、性格是有变化、有发展的。金无足赤，人无完人，曹禺在人生道路上也有失误。从创作心理角度研究、描写曹禺，我们就必须研究曹禺具体的创作道路、剧作具体的创作过程，从而全面地、实事求是地评价曹禺及其剧作。我们在充分肯定他的作品成就和历史地位的同时，也不能讳言他的缺点和不足。

就《曹禺全集》中要不要收录曹禺在"反右派""反胡风"时期写的错误文章的问题，本人认为完全应该收，否则不能称其为全集。1996 年，花山文艺出版社出版的七卷本《曹禺全集》，为弘扬中华文化、推动中国戏剧的发展做出了重要的贡献。但这一版全集有一个明显的缺憾:将曹禺“反胡风”“反右派”时期写的文章全部删去。这样的做法为学者、艺术家全面研究曹禺,尤其是描写曹禺所处的时代,造成了不可避免的麻烦。

当然,对于“反胡风”“反右派”时期写的错误文章,曹禺本人建议不收,他的心情我们可以理解,他不想再一次伤害朋友;但是学者从事的是科学工作,科学就必须要求真,要坚持实事求是的原则。传主不愿意收可以做工作,也可以采用在编《曹禺全集》时加一编者按,明确指出传主的态度,让读者对传主思想的进步,有一个清晰的了解。

鉴于这样的现状,本人在撰写这本《曹禺晚年年谱》时,要求自己力图较全面、较客观地反映曹禺晚年的生活和他的创作心态。

1996 年 12 月 13 日,曹禺作为人的生命逝去了,但他的剧作却一直活跃在舞台上。在中国现代文学研究领域里,曹禺研究一直是一个热点,涌现了一批坚持求真务实的科学精神和具有学者独立品格的曹禺研究学者,上海华东师范大学的钱谷融教授就是其中最突出的一位。

在曹禺逝世的第 2 年,石家庄举行了一次曹禺国际学术研讨会。会上,一位学者在讲话中提到,我国出版第一部研究曹禺的专著是某某某撰写的 1981 年出版的一部著作。本人当即更正说:“先生你记错了,应该是上海的一位教授,钱谷融先生的《〈雷雨〉人物谈》,早在 1980 年 10 月,就由上海文艺出版社出版了。”我之所以要立即发言纠正,是因为这不仅是一个客观事实,而且钱谷融是我几十年研究曹禺剧作的一个楷模。他的独创精神、勇于追求真理的治学态度使我深深敬佩。

《〈雷雨〉人物谈》这本书并不是鸿篇巨制,它只有 12 万多字,但它却是钱谷融先生“文学是人学”审美理论的具体体现,是中国现代文学批评史上文艺批评、戏剧批评的一部经典之作。我们在谈及文艺批评经典时,经常谈到莱辛的《汉堡剧评》,谈到别林斯基、杜勃罗留波夫评《钦差大臣》《大雷雨》的著名论著,其实我们可以毫不夸张地说,《〈雷雨〉人物谈》就是中国当代文艺批评家撰写的一部戏剧评论的经典。此书的第一篇文章:“你忘了你自己是怎样一个人啦！——谈周朴园”，早在1959年9月便发表了，并且自那时开始，便产生了广泛的社会影响。另外，从20世纪50年代起，钱谷融先生便向文艺评论、戏剧评论中的极“左”思潮，展开了英勇的挑战。

曾经有人问钱谷融先生，艺术创作、理论研究如何才能创新？钱先生说：“求真求深，新便在其中。”文艺评论的具体对象是文学作品，一不能做空洞抽象的议论；二不能炫耀自己也未必弄懂的外国名词，而需要踏踏实实地深入研究好作品是如何诞生的。要从艺术创作心理学的角度，饱含感情地分析、评论作品，这样才能准确地、深入地评价作品的成败得失，才能评出新意来。

求真的学术著作同求真的艺术作品一样，具有永恒的价值。钱谷融先生关于曹禺研究的真知灼见，富有永恒的生命力，必将在国内外产生更加深远的影响。

本人努力按照“求真求深，新在其中”的理念，撰写这本年谱。然而学海无涯，本人也深知任何完美都是相对的，此书的缺点、不足在所难免，欢迎专家、读者不吝批评指正。

为了帮助读者了解笔者曹禺研究的轨迹，丰富晚年年谱的内容，除本谱、谱后两部分外，另有附录4篇与插图数十幅，仅供读者参考。

这本20多万字的书稿能够顺利问世，还要感谢安徽大学出版社社长陈来先生，编辑刘金凤女士，由于他们的关心、支持和督促，使此书能够克服种种困难，按时完稿，在此向他们表示衷心的感谢！

末了，笔者还要特别感谢妻子徐田英，没有她数十年如一日默默无闻的支持和帮助，承担了全部的家务劳动，笔者的任何学术成果的完成都是难以想象的。

曹树钧

2015年10月于上海